Edition Philosophie

Verena Mayer

Semantischer Holismus

Akademie Verlag

Edition Philosophie

Verena Mayer

Semantischer Holismus

Eine Einführung

Gedruckt mit Hilfe der Geschwister Boehringer Ingelheim Stiftung
für Geisteswissenschaften in Ingelheim am Rhein.

Die Deutsche Bibliothek – CIP-Einheitsaufnahme

Mayer, Verena:
Semantischer Holismus : eine Einführung / Verena Mayer.
Berlin : Akad. Verl., 1997
(Edition Philosophie)
ISBN 3-05-002940-4

Der Akademie Verlag ist ein Unternehmen der R. Oldenbourg-Gruppe.

Das eingesetzte Papier entspricht der amerikanischen Norm ANSI Z.39.48 – 1984
bzw. der europäischen Norm ISO TC 46.

Typographie: Hans Neudecker
Umschlaggestaltung: Hans Neudecker und Ralf Michaelis
Satz: Akademie Verlag, Hans Herschelmann
Druck: GAM Media GmbH, Berlin

Printed in the Federal Republic of Germany

Inhalt

Einführung 7

I Was ist Holismus? 13
1 Fremde Welten 13
2 Einige Ausgangspunkte 17
3 Versuch einer Ortsbestimmung 25
4 Ariadnefäden 29
5 Resümee 35

II Fundament und Fundierung 37
1 Ein Paradigmenwechsel 37
2 Stücke 40
3 Gestalten 46
4 Teil, Ganzes, Summe 53
5 Abhängigkeit und Fundierung 60
6 Der Aufbau der Welt 67
7 Ausblick 76
8 Resümee 78

III Protokolle 81
1 Urteile 81
2 Satzbedeutung 89
3 Verifikation 92
4 Logische Bilder 99
5 Konstatierungen und Phänomene 104
6 Physikalische Protokolle 108
7 Abstraktion und Kohärenz 112

8 **Satzvariable** 116
9 **Ausblick** 118
10 **Resümee** 120

IV **Theorie und Erfahrung** 121
1 **Ein Besuch im Dschungel** 121
2 **Analytische und synthetische Aussagen** 125
3 **Bestätigung** 133
4 **Radikale Übersetzung** 137
5 **Ein mißglückter Versuch** 145
6 **Das Netz der Überzeugung** 147
7 **Ausblick** 151
8 **Resümee** 156

V **Interpretationen** 159
1 **Das Verstehen von Bedeutung** 159
2 **Tarskis Theorie der Wahrheit** 164
3 **Radikale Interpretation** 167
4 **Die Auflösung der Sprache** 176
5 **Ausblick** 183
6 **Resümee** 190

VI **Lebensformen** 193
1 **Das Ende der Analyse** 193
2 **Gewißheit** 200
3 **Lebensform** 209
4 **Fremde Welten** 214
5 **Resümee** 228

Anmerkungen 231
Glossar 243
Literaturverzeichnis 247
Register 259

Einleitung

Semantik ist die Lehre von der Bedeutung sprachlicher Ausdrücke, Holismus ist die Lehre, daß jeder Teil eines Ganzen durch dieses Ganze bestimmt ist. Semantischer Holismus ist die Auffassung, daß die Bedeutung sprachlicher Ausdrücke durch das Ganze der Sprache gegeben ist. Eine der klassischen Formulierungen des semantischen Holismus steht in Wittgensteins *Blauem Buch*, wo es heißt: „Das Zeichen (der Satz) erhält seine Bedeutung von dem System der Zeichen, von der Sprache, zu dem es gehört. Kurz: Einen Satz verstehen, heißt, eine Sprache verstehen." (Wittgenstein 1984, Bd. 5, S. 21) Eine moderne Variante dieser Idee lautet: Die Bedeutung eines Ausdrucks ist seine Rolle in der Sprache.

Die eine oder andere Form des semantischen Holismus wird heute von sehr vielen analytischen Philosophen vertreten. Umso bemerkenswerter ist es, daß kaum eine andere zeitgenössische These so vehemente Ablehnung erfahren hat. Ein kompromißloser Holismus wurde als in sich widersprüchlich, als offenbarer Unsinn und sogar als verrückt bezeichnet, und manchen gilt eine Argumentation schon deshalb als falsch, weil sie auf die Richtigkeit von semantischem Holismus hinausläuft. Etwas nüchterner betrachtet mag Wittgensteins These tatsächlich sowohl eigenartig als auch unbedeutend erscheinen. Eigenartig deshalb, weil sich unmittelbar die Frage stellt, *wie* denn die Bedeutung des „Ganzen der Sprache" bestimmt sein mag, wenn nicht durch die Bedeutung seiner Teile, der einzelnen Zeichen. Und unbedeutend scheint diese Behauptung, weil die Sprache nur einen Teil unserer Wirklichkeit darstellt und viel gewichtigere „Holismen" im Umlauf sind, etwa die holistische Physik von David Bohm und die zahlreichen Ansätze zu einer ganzheitlichen Medizin, Weltwirtschaft, Ökologie etc.

Der Chemiker Ostwald formulierte in seinen Vorlesungen über Naturphilosophie ein pragmatisches Prinzip, das noch immer ein gutes Scheidemittel für philosophische Begrifflichkeiten darstellt. Ostwald fragte, in welcher Beziehung die Welt anders wäre, wenn diese oder jene Alternative wahr wäre? Und er schloß, daß die Alternative keinen Sinn hat, wenn sich durch ihre Wahrheit nichts an der Welt ändern würde. Was also wäre anders, wenn der sematische Holismus wahr wäre? Die verschiedensten Folgerungen sind gezogen worden: Wenn die Bedeutungen unserer Ausdrücke nicht durch die Welt, auf die wir sie beziehen, sondern durch das System der Sprache bestimmt sind, innerhalb dessen wir sie gebrauchen, dann könnten wir nicht erwarten, daß wir Tatsachen sprachlich einfach beschreiben oder abbilden können, ohne ihnen den Stempel des Systems aufzuprägen. Wir könnten uns nicht ungefiltert durch Sprache einfach auf die Dinge der Welt beziehen. Es wäre denkbar, daß unsere Wahrnehmungen und Interpretationen in gewissem Sinne durch die Sprache vorgegeben ist. Wir könnten Behauptungen nicht einfach an der Wirklichkeit überprüfen. Wir hätten Verständigungsprobleme mit Menschen, die nicht gerade unsere Sprache sprechen. Wir könnten verschiedene Sprachen nicht ineinander übersetzen, ohne rudimentäre Gemeinsamkeiten vorauszusetzen.

Je nachdem, wie sehr wir Sprache und kognitive Prozesse identifizieren, wären einzelne Überzeugungen, Hypothesen oder Begriffe vom Ganzen des Systems her bestimmt. Die Abhängigkeit des Einzelnen vom Ganzen würde sich daher auf ganze Weltbilder, Theorien oder Überzeugungssysteme übertragen. Konkurrierende wissenschaftliche Thesen, kulturelle Gegensätze oder überhaupt unterschiedliche Meinungen wäre nicht direkt miteinander vergleichbar. Grundbegriffe und Grundüberzeugungen unseres Denkens – etwa unsere Vorstellungen von Rationalität – müßten relativiert werden. Die Maßstäbe, mit denen wir uns selbst messen, könnten wir nicht ohne weiteres an andere anlegen. Ein gemeinsamer Anker müßte gesucht werden, aber es wäre unsicher, ob wir einen solchen finden könnten. Die Annahme, daß wir durch *Analyse* von Begriffen oder Sätzen zu eindeutigen Abgrenzungen gelangen könnten, würde zweifelhaft und ihren Sinn verlieren. Michael Dummett schreibt 1988, die analytische Philosophie kennzeichne „erstens die Überzeugung, daß eine philosophische Erklärung des Denkens durch eine philosophische Analyse der Sprache erreicht werden kann, und zweitens die Überzeugung, daß eine umfassende Erklärung nur in dieser und keiner anderen Weise zu erreichen ist.“[1] Wenn der semantische

Holismus richtig ist, könnten wir jedoch die Sprachanalyse nicht mehr ohne weiteres als eine nützliche oder gar als die einzig sinnvolle Methode der Philosophie betrachten.

Wem diese Folgerungen nicht unwahrscheinlich, sondern durchaus vertraut erscheinen, muß sich allerdings auch den Konsequenzen stellen, die aus einer kleinen Verschärfung der Behauptung hervorgehen. Wenn die Bedeutung eines Ausdrucks wirklich vom Ganzen der Sprache abhängig ist, dann wird eine minimale Variation der Bedeutung eines Wortes die Bedeutung jedes anderen Ausdrucks dieser Sprache verändern. Zwei Menschen, deren Begriffe sich in einem Detail geringfügig unterscheiden, würden bereits verschiedene Sprachen sprechen. Wie ist unter solchen Umständen Verständigung möglich, wie die Veränderung von Überzeugungen, der Vergleich von Theorien oder der Erwerb von Sprache? Und da wir all dies, so die Gegner des semantischen Holismus, ohne prinzipielle Schwierigkeiten meistern, ist die These offensichtlich absurd.

Weder die plausiblen, noch die absurden Konsequenzen folgen aus Wittgensteins These unmittelbar und auf den ersten Blick. Viele dieser Folgerungen setzen weitere Annahmen voraus, andere können durch zusätzliche Annahmen verhindert oder abgemildert werden. Ostwalds Test zeigt aber, wie weit die Behauptung, daß die Bedeutung eines Zeichens durch das Ganze bestimmt sei, um sich greift und wie grundsätzlich unser Denken davon betroffen ist. Die These ist also nicht sinnlos; sie ist im Gegenteil eine der interessantesten und folgenreichsten der neueren Philosophie.

Zumindest ist dies *eine* mögliche Einschätzung der Sachlage. Eine andere ergibt sich, wenn wir fragen, was die These eigentlich bedeutet. Was soll es genau heißen, daß die Bedeutung eines Ausdrucks vom ganzen System der Sprache „bestimmt" ist"? Schon in unserer kurzen Einführung haben wir von verschiedenen Formulierungen der These Gebrauch gemacht – Formulierungen, die in Wirklichkeit verschiedene *Varianten* des semantischen Holismus darstellen. Denn es ist offenbar ein Unterschied, ob die Bedeutung eines Ausdrucks vom Ganzen der Sprache „bestimmt", von ihm „abhängig" durch das Ganze „gegeben" oder „seine Rolle" in der Sprache ist. Andere Formulierungen des semantischen Holismus oder seiner Verwandten sind nicht aufschlußreicher. Bei Davidson etwa lesen wir, daß wir die Bedeutung eines Satzes (oder Wortes) nur angeben können, indem wir die Bedeutung *jedes* Satzes (und Wortes) der betreffenden Sprache angeben[2] – eine sicherlich unerfüllbare Forderung. Nach einer weiteren Beschreibung besteht semantischer Holismus in der Behauptung, daß *in Wirklichkeit* nur ganze Sätze, Theorien oder Überzeugungssysteme Bedeutung besitzen.[3] Eine vornehmere Umschreibung in Bezug auf wissenschaftliche Aussagen bei Quine lautet: „Die Einheit empirischer Signifikanz ist die Wissenschaft als gesamte."[4] Oft wird in diesem Zusammenhang ein Bild des Neopositivisten Otto Neurath zitiert, wonach wir in Bezug auf unsere Überzeugungen und/oder Sätze mit Seeleuten vergleichbar seien, die ihr Schiff auf offener See umbauen müßten. Analogien und Metaphern dieser Art prägen die Sprache des Holismus. Der semantische Holismus unterliegt deshalb demselben Einwand, wie andere holistische Thesen auch: So beeindruckend sie klingen, so vage sind ihre Formulierungen und so gering ist auch die Chance ihrer Überprüfbarkeit.

In der jüngsten Debatte um den semantischen Holismus hat deshalb ein Prozeß eingesetzt, den man als analytische Scholastik betrachten könnte. Unübersehbar viele Varianten holistischer Thesen in bezug auf Semantik im weitesten Sinne werden unterschieden, analysiert, verglichen und bewertet, und die Diskussion der verschiedenen Holismen und ihrer gegenseitigen Abhängigkeitsbeziehungen ist zu einem eigenen Spezialgebiet analytischer Forschung geworden. Es gibt inzwischen nicht nur einen semantischen, sondern (u. a.) einen Übersetzungsholismus, einen Überzeugungsholismus, einen Bestätigungsholismus, einen epistemischen Holismus, einen Referenzholismus und einen Semi-Holismus, nicht zu vergessen gemäßigte Varianten wie den Anatomismus, Molekularismus oder Lokalismus, deren jeweilige Positionen manchmal als Vorstufen, manchmal als Parallelen und manchmal als Gegner des semantischen Holismus gelten. In diesem Buch befassen wir uns *nicht* mit den verschiedenen Protagonisten der gegenwärtigen Kontroverse und den jeweiligen Varianten dessen, was man mit einem etwas paradoxen Ausdruck unter dem Sammelbegriff „analytischer Holismus" fassen könnte. Statt dessen wird die Frage verfolgt, wie die These Wittgensteins und ihre heutigen Verwandten entstanden ist, was moderne Philosophen dazu bewegt hat, die eine oder andere Form des semantischen Holismus zu vertreten. Die Untersuchung ist also zu einem Teil historisch, jedoch interessieren uns historische Positionen nur als *systematische* Standpunkte[5]. Es geht weder um geschichtliche Vollständigkeit, noch um exegetische Genauigkeit. Aus den vielen tatsächlich vertretenen philosophischen Theorien, die man mit mehr oder weniger Recht als holistisch bezeichnen könnte, wurden solche ausgewählt, die im engeren Sinne mit der analytischen Philosophie verknüpft sind; die europäische Hermeneutik wurde also ebenso vernachlässigt, wie der linguistische Strukturalismus, obwohl beide durchaus holistisches Denken vermittelt haben. Die ältere deutsche Gestalttheorie und einige Aspekte der Phänomenologie Husserls, die im zweiten Kapitel eine Rolle spielen, gelten zwar nicht als unmittelbare Vorläufer analytischer Philosophie, aber sie haben entscheidend zu einer holistischen Wende im Denken von Philosophen beigetragen, die an der Naturwissenschaft orientiert waren und hermeneutischem Denken eher mißtrauisch gegenüberstanden.

Die Auswahl soll anhand der jeweiligen Theorien bestimmte Denkschritte darstellen, die sukzessive zu einem immer umfassenderen semantischen Holismus führen. Das erste Kapitel ist einem Überblick über das Thema „Holismus“ gewidmet: verschiedene Spielarten des Themas werden unterschieden und einige grundsätzliche Ausgangspunkte skizziert. Das zweite Kapitel befaßt sich mit der Entdeckung von Ganzheiten, die nicht auf ihre Teile reduzierbar sind, den sog. Gestalten, und einigen philosophischen Folgen dieser Entdeckung. Das dritte Kapitel ist den erkenntnistheoretischen Konsequenzen einer eher bescheidenen holistischen These gewidmet, der Behauptung, daß der *Satz*, nicht etwa das Wort oder die Idee, die grundliegende semantische Einheit sei. Das vierte Kapitel wendet sich einer der einflußreichsten holistischen Theorien der analytischen Philosophie zu: der Behauptung Quines, daß ganze Theorien die Bedeutung sprachlicher Ausdrücke liefern. Im fünften Kapitel untersuchen wir eine Variante dieser Idee, die Interpretationstheorie Davidsons, die nicht Theorien, sondern ganze Äußerungskontexte zum ursprünglichen *Holon* der Bedeutung erklärt. Das sechste Kapitel schließlich befaßt sich mit einer natürlichen Verschärfung dieser Variante, dem praktischen Holismus, der in verschiedenen Formen von Richard Rorty und dem späten Wittgenstein vertreten wurde. Das *Ziel* dieser Darstellung ist es, den Leser mit der Motivation und den Hauptargumenten einiger wichtiger semantischer Holisten vertraut zu machen, so daß er den Sinn und Hintergrund der aktuellen Kontroverse verstehen und beurteilen kann. Auf Argumente und Positionen in dieser aktuellen Diskussion wird bei Gelegenheit hingewiesen, sie werden aber nicht im einzelnen dargestellt. Wie Wittgenstein einmal in einer holistischen These formuliert hat, vermittelt eine „übersichtliche Darstellung" Verständnis, indem sie Fakten nach bestimmten Ähnlichkeiten ordnet und dadurch eine Art Weltanschauung darbietet. Auch die folgende Übersicht über holistische Theorien ist eine solche Weltanschauung und andere sind möglich.

Dieser Band ging aus einem Forschungsprojekt der Deutschen Forschungsgemeinschaft über semantischen Holismus am Institut für Philosophie in München hervor. Ich danke Wilhelm Vossenkuhl und den Teilnehmern des Holismus-Seminars, die mit großem Sachverstand und Interesse an der Entstehung dieses Buchs Anteil genommen haben. Ich danke auch Matthias Varga von Kibéd für seine Ermutigung und kritische Unterstützung. Insbesondere danke ich Katrin Wille für die sorgfältige Durchsicht und Korrektur des Manuskripts. Alle verbliebenen Fehler sind natürlich meine eigenen.

München, im Juni 1997 Verena Mayer

I Was ist Holismus?

„Unsere Erfahrung ist weithin fließend und bildsam; sie enthält nur weniges, was starr ist und vieles, was unbegrenzt um sie herum ist. Wir sollten soweit wie möglich der Versuchung widerstehen, diese plastische Erfahrung in die Formen unserer starren und engen vorhergedachten Begriffe zu pressen, und wir sollten selbst auf die Gefahr hin, das, was wir erfahren, nicht genau erklären zu können, jene Erfahrung ihrem Wesen gemäß verwenden. Auf diese Weise kann ein großer Teil von dem, was wir heute als endgültige Erkenntnis zu haben glauben, noch einmal fragwürdig werden; die festen und anerkannten Wegmarken können nocheinmal verloren gehen."
(J. C. Smuts 1938)

1 Fremde Welten

In einem Kriminalroman, der im alten China der Tang-Zeit spielt, begegnen zwei Chinesen namens Yau und Tschiao Tai einem weitgereisten arabischen Seefahrer mit dem Namen Mansur. Es entwickelt sich eine spannungsgeladene Unterhaltung, da die beiden Parteien sich gegenseitig als Barbaren einschätzen. Im Bemühen um ein unverfängliches Konversationsthema fragt Yau den Araber: „Ist es wahr, daß im Westen des Kalifenreiches weißhäutige Menschen mit blauen Augen und gelbem Haar leben?" – „Solche Menschen kann es nicht wirklich geben!" protestiert Tschiao Tai sofort. „Das müssen Geister oder Teufel sein!" – „Sie existieren tatsächlich", erklärt jedoch Mansur. „Sie können sogar schreiben, allerdings schreiben sie verkehrt herum, von links nach rechts." – „Dies ist der Beweis!" erwidert Tschiao Tai voller Genugtuung. „Es sind Geister. In der Unterwelt geschehen die Dinge gerade anders als in der Welt der Menschen."[1] Der kleine Trialog zeigt, was man heute mit einem Ausdruck Hansons die Theoriebeladenheit unserer Urteile nennt. Das Weltbild, nicht die Wirklichkeit, entscheidet darüber, was es gibt. Tschiao Tai zieht seinen Beweis aus Prämissen, die zum unantastbaren Rahmen seines Denkens gehören. Das Begriffsnetz scheint gegen Revision immun.

Immer dann, wenn sich fremde Welten dem Gesichtkreis einer Kultur öffnen, wird die Relativität der eigenen Grundsätze zum Problem und Prozesse der Abschottung oder der Revision werden in Gang gesetzt. Der englische Sozialanthropologe Evans-Pritchard (1902–1973) veröffentlichte im Jahr 1937 ein Werk über den südsudanesischen Stamm der Azande[2], das in einem solchen Prozeß entscheidend mitgewirkt und seither nicht nur Ethnologen, sondern auch Soziologen und Philosophen beschäftigt hat. Evans-Pritchard beschreibt in seiner Studie den Glauben der Azande an Hexerei und Magie, der zur Zeit seiner Untersuchungen ihren ganzen Alltag durchzog und selbst gegenüber einschneidenden sozialen Veränderungen resistent schien. Nach Überzeugung der Azande war die Fähigkeit zu hexen eine angeborene Eigenschaft, die in einer körperlich lokalisierbaren Hexereisubstanz bestand und sich von einem Elternteil geschlechtergleich auf die Kinder vererbte. Fast jedes negative Ereignis, jeder Unglücksfall und auch der Tod eines Menschen wurde von den Azande auf die Einwirkung von Hexerei zurückgeführt. Natürliche Ursachen leugneten sie dabei nicht. So erkannten sie durchaus, daß der Einsturz eines Getreidespeichers seine unmittelbare Ursache darin hatte, daß Termiten die Pfeiler des Daches angefressen hatten; *daß* die Termiten dies getan hatten, führten sie jedoch auf Hexerei zurück – wieviele Getreidespeicher blieben schließlich Jahr für Jahr von ihnen unbehelligt. Der für einen Schaden verantwortliche Hexer wurde durch ein Giftorakel ermittelt, bei dem Hühnern eine bestimmte giftige Substanz verabreicht wurde. Tod oder Überleben des Huhns waren die entscheidenden Kriterien. Die Azande glaubten ebenso bedingungslos an die Wirklichkeit der Hexerei wie an die Zuverlässigkeit und Objektivität des Ermittlungsverfahrens. Selbst als die anglo-ägyptische Kolonialregierung die überlieferte Sozialstruktur durch die Entmachtung der herrschenden Königsfamilien, Umsiedlungsaktionen und die Einführung einer vollkommen neuen Agrarwirtschaft zerstörte, und darüberhinaus das britische Rechtssystem einsetzte, wurde diese Überzeugung nicht berührt. Evans-Pritchard berichtet von Azande, die das Orakel fast täglich konsultierten. Sprunghaftes, ungewöhnliches oder sogar grob unhöfliches Verhalten wurde von der Gemeinschaft akzeptiert, wenn es auf einen Orakelentscheid zurückging. Der Forscher selbst gewöhnte sich so sehr an diese Denkweise, daß er spontan Zande-Schlüsse zog und seine Entscheidungen nach dem Orakel ausrichtete, übrigens ohne daß er bei den Ergebnissen seiner Handlungen einen faktischen Unterschied zu seinen „rationalen" Entscheidungen bemerkt hätte.

Die Azande sind jedoch nicht so sehr wegen ihrer magischen Überzeugungen berühmt geworden, sondern wegen eines Details ihres Weltbildes, das den westlichen Verstand besonders irritiert hat. Ein Clan bestand bei den Azande aus einer Gruppe von Personen, die in männlicher Linie biologisch miteinander verwandt sind. Da sich Hexerkraft geschlechtergleich vererbt, müßte sie sich von einem Vater auf alle Söhne vererben. Wenn also feststeht, daß eine Person Hexer ist, sollten alle, die zu seinem Clan gehören, ebenfalls Hexer sein. Die Azande verstanden, wie Evans-Pritchard schreibt, den Sinn dieses Arguments, erkannten die Schlußfolgerungen daraus jedoch nicht an. Eine solche Anerkennung hätte ihre ganzen Vorstellungen von Hexerei in Widersprüche verwickelt. Die Schlußfolgerung, die hier gezogen werden sollte, läßt sich sehr vereinfacht in der Form des *modus ponens* darstellen (eine ausführliche Variante diskutieren wir in Kap. VI): Unter der Voraussetzung, daß gilt „Wenn A, dann B" und A , folgt B:

(A→B) Wenn Z ein Hexer ist, dann ist auch sein Sohn ein Hexer.
(A) Z ist ein Hexer
(B) Z's Sohn ist ein Hexer.

Die Gültigkeit des *modus ponens* ist für unser Denken so fundamental, daß wir das Leugnen einer solchen Schlußfolgerung nicht leicht verstehen. Hat Evans-Pritchard die Azande hier wirklich korrekt interpretiert? Haben sich Übersetzungsfehler eingeschlichen? Zeigen die Azande auch bei anderen Gelegenheiten, daß sie den *modus ponens* nicht akzeptieren? Oder handelt es sich um einen lokalen Ausfall der Rationalität? Gibt es Hintergrundinformationen, die dieses scheinbar irrationale Verhalten erklären? Solche Fragen signalisieren zweierlei: Erstens, daß es gewisse Urteile oder Formen von Urteilen gibt, an deren Gültigkeit wir unter allen Umständen festhalten wollen, und zweitens, daß wir die Bedrohung solcher Urteile mit

Manipulationen an anderen Urteilen kompensieren können. Das magische Denken der Azande stellt den Feldforscher damit gerade vor jene Probleme, die durch holistische Thesen gelöst oder mindestens erklärt werden sollen.

Evans-Pritchards Bericht über die Azande ist nicht die *Ursache* für holistische Theorienbildung gewesen, sondern eher ein Symptom dafür, daß holistisches Denken bereits in die einzelnen Wissenschaften vorgedrungen war. Noch im 19. Jahrhundert hätte man die Azande wegen ihrer Weigerung, den *modus ponens* anzuerkennen, als primitive Wilde betrachtet. Evans-Pritchard beschrieb sie jedoch als intelligent, scharfsinnig und fortschrittlich. Zunehmend erschien es möglich, daß Weltsichten und Denkweisen, die von den unseren radikal verschieden sind, trotzdem in sich stimmig und vielleicht in derselben Weise „wahr" sind, eine Möglichkeit, die in der Folge nicht alle Philosophen anerkannt haben, auch nicht alle Holisten. Was sollte schließlich „in sich stimmig" bedeuten, wenn die fundamentalen Anforderungen an logische Konsistenz nicht gewährleistet waren? Auf der anderen Seite: Was berechtigt uns, logische Konsistenz nach *unseren* Maßstäben für grundlegend zu halten, wenn wir schon einmal bereit sind, andere Denkweisen als gleichwertig anzuerkennen? Der Konflikt der Ethnologen, der eine eigene interessante Entwicklungslinie holistischen Denkens markiert, zeigt, daß Bewegung in ein altes Denkmuster gekommen war. Traditionelle Dogmen des *common sense* waren zweifelhaft geworden.

Ein Komplex solcher Dogmen war die Überzeugung, daß wir uns mit Ausdrücken in verschiedenen Sprachen im wesentlichen auf dieselben Dinge beziehen oder *referieren*, daß diese die Ursache unserer Bezeichnungen sind und daß aus diesem Grund Ausdrücke eindeutig von einer Sprache in die andere übersetzbar sind. Natürlich ist es kein Geheimnis, daß die *Wörter* sich in verschiedenen Sprachen nicht direkt entsprechen, so daß es z. B. kein deutsches Wort gibt, daß alle Bedeutungsnuancen des englischen „mind" wiedergibt. Aber wir gehen doch im allgemeinen davon aus, daß komplexe Ausdrücke solche Verschiebungen ausgleichen können. Das Dogma könnte man also als die *realistische* Überzeugung beschreiben, daß es eine sprachunabhängige Welt gibt, die wir mit unseren Theorien und sprachlichen Rastern verschieden beschreiben, daß aber keine prinzipiellen Probleme bestehen, uns über die Verschiedenheit dieser Raster zu verständigen, da eine intersubjektive Welt den gemeinsamen Bezugspunkt bildet. Das fremde Denken der Azande stellte plastisch vor Augen, daß in unseren sprachlichen Bezug auf die Welt die impliziten Definitionen im Hintergrund wesentlich mit eingehen. Ist dies aber bei den Fremden der Fall, weshalb nicht auch bei uns? Es wurde also zweifelhaft, ob wir wirklich über *dieselbe* und nicht vielleicht über *verschiedene Welten* sprechen, mit anderen Worten: ob es überhaupt eine sprachunabhängige Welt gibt. Wenn dies aber nicht der Fall ist, wie kommt es, daß wir die abweichenden Auffassungen der Azande so gut beschreiben können? Oder müssen wir schließen, daß unsere Beschreibung nur scheinbar deren wirkliches Denken wiedergibt und verschiedene Welten unüberbrückbar nebeneinander bestehen? Darüberhinaus: Wenn Unterschiede zwischen Begriffen in verschiedenen Sprachen Unterschiede im ganzen *Begriffsschema* ausdrücken, dann könnte derselbe Faktor auch dort wirken, wo *innerhalb* einer Sprache verschiedene Begriffsraster aufeinandertreffen, nur daß die Unterschiede hier noch unmerklicher und die Täuschungsmöglichkeiten größer sind. Und letzten Endes: Woher wissen wir, daß *wir selbst* mit unseren Ausdrücken dasselbe meinen, wie zuvor? Wenn wir den Zande nicht richtig verstehen *können*, dann können wir, so scheint es, auch uns selbst nicht richtig verstehen, und dann verschwimmen unsere üblichen Vorstellungen von Erkenntnis. Die Interpretation eines Fremden wurde damit in der Philosophie zum Modellfall für Interpretation überhaupt, des anderen oder eigenen Denkens und unter den Namen der Urübersetzung und Urinterpretation (*radical translation* und *radical interpretation*) ein beliebtes Gedankenexperiment zu Klärung holistischer Zusammenhänge zwischen Sprache, Welt und Bedeutung.

2 Einige Ausgangspunkte

Das holistische Denken des letzten Jahrhunderts hatte mehrere Ausgangspunkte, von denen wir hier drei genauer betrachten, die für die Entwicklung der analytischen Philosophie von Bedeutung waren. Der erste Ausgangspunkt ist die Entwicklung der Gestaltpsychologie, durch die der ältere englische Empirismus widerlegt wurde. Sie hatte wesentliche Einflüsse auf Husserl, Carnap, und vermutlich auf Wittgenstein, und führte zur allgemeinen Akzeptanz einer „ganzheitlichen Sichtweise“ auch in vielen wissenschaftlichen Bereichen. Einer der Hauptsätze der Gestaltpsychologen, „Das Ganze ist mehr als die

Summe seiner Teile", ist inzwischen schon fast zu einem Gemeinplatz des *common sense* geworden. Der zweite Ausgangspunkt ist die These des Wissenschaftsphilosophen Pierre Duhem, daß es in der Physik kein *experimentum crucis* geben könne, das erlaubt, zwischen konkurrierenden Hypothesen zu entscheiden. Die These Duhems wurde im Wiener Kreis aufgegriffen und von Otto Neurath auf die gesamte Wissenschaft und das Alltagsdenken erweitert. W. V. O. Quine formulierte in den sechziger Jahren eine ganz ähnliche Position, zunächst ohne Duhem zu kennen. Der dritte Ausgangspunkt ist die Idee einer Identifikation von Teilen eines Ganzen durch die Beschreibung seines Ortes in der Struktur, die Carnap seinem *Logischen Aufbau der Welt* aus dem Jahr 1928[3] zugrundelegte.

Die ältere deutsche Gestalttheorie nahm ihren Anfang mit dem Aufsatz „Über Gestaltqualitäten" des Philosophen Christian von Ehrenfels aus dem Jahr 1890.[4] Die damals vorherrschende Assoziationspsychologie betrachtete Bewußtseinsinhalte als „Aggregate" aus einzelnen Sinnesempfindungen oder Vorstellungen, und in dieser Auffassung spiegelt sich eine mechanistische Sicht der Welt, die für die Wissenschaft des 19. Jahrhunderts charakteristisch war. Der Aufsatz von Ehrenfels machte auf eine prinzipielle Lücke in den Erklärungsmöglichkeiten dieser Assoziationspsychologie aufmerksam. Obwohl Ehrenfels selbst in dieser frühen Schrift eher eine Schönheitsoperation, als eine prinzipielle Wende im Denken vollzog, schuf er doch mit dem Begriff der *Gestalt* einen neuen Ansatzpunkt, der sich auch für die Philosophie als folgenreich erwies.

Ausgangspunkt von Ehrenfels' Überlegungen war eine Beobachtung, die schon Ernst Mach in seiner *Die Analyse der Empfindungen* beschrieben hatte und die einer grundlegenden Behauptung der Assoziationspsychologie widersprach. Die Assoziationspsychologie versuchte die Wahrnehmung von Komplexen auf räumliche Nähe oder zeitliche Abfolge von Sinnesempfindungen zurückzuführen, die die eigentlichen Bestandteile des Denkens sein sollten. Alles Denken und Wahrnehmen bestand nach Auffassung dieser Psychologie aus „Aggregaten" oder „Summen" solcher Elemente. Mach und nach ihm Ehrenfels entdeckten, daß *Melodien* ein Gegenbeispiel darstellen. Eine Melodie läßt sich aus den folgenden beiden Gründen nicht als „Summe" von Tönen beschreiben: 1. Melodien können in andere Tonarten transponiert werden und bestehen dann aus anderen Elementen (Tönen). 2. Melodien haben Eigenschaften, die nicht Eigenschaften ihrer Elemente sind. Die beiden Merkmale der *Transponierbarkeit* und der *Übersummativität* (die sog. „Ehrenfelskriterien„) sind für Gestalten jeder Art kennzeichnend, also auch z. B. für die Formen räumlicher Gegenstände oder die Struktur von sozialen Organisationen. Solche Gestalten (Ehrenfels spricht zunächst von Gestaltqualitäten) entstehen nicht *durch* Zusammensetzung von Elementen, sondern bilden sich *über* einem Komplex von Elementen gewissermaßen auf natürliche Weise. Ehrenfels beschreibt daher eine Melodie als „ein gleichsam über jenem Komplexe [von Tönen] schwebendes neues Element".

Die Entdeckung der Gestalten war nun auch philosophisch von größter Bedeutung. Die englischen Empiristen hatten als Vorläufer der Assoziationspsychologen behauptet, daß alle Erkenntnis auf einer bloßen Assoziation von Sinnesdaten oder ihren schwächeren Abschattungen, den Ideen beruhe und daher auf solche Daten reduzierbar sei. Die Gestalten entpuppten sich nun als ein *irreduzibles* Element des Bewußtseins. Ehrenfels faßte sie ursprünglich tatsächlich als ein solches weiteres *Element neuer Art*, das auf rätselhafte Weise zu den übrigen elementaren Daten hinzutritt. Die Berliner Schule der Gestalttheorie, zu der Wertheimer und Köhler zählten, erkannte dagegen, daß die Ehrenfels-Gestalten im Grunde Gesamtstrukturen sind, aus denen sich Ort und Funktion der Teile bestimmt, und nicht umgekehrt, wie die Assoziationspsychologie behauptet hat. Experimentelle Untersuchungen in großer Zahl bestätigten diese Auffassung. Ein Ganzes, so die Lehre, die von den Anhängern der Gestalttheorie gezogen wurde, ist nicht (oder nicht immer) aus unabhängigen Teilen zusammengesetzt, sondern der Teil ist (in vielen Fällen) eine Abstraktion aus dem Ganzen; die *Figur* ist nur *vor einem Hintergrund* bestimmt. Man kann unter diesem Aspekt die Vorstellungen der Azande über Magie oder der Bewohner des alten China über Schrift als eine Gestalt betrachten. Es ist offensichtlich, daß es ganz verschiedene Teil-Ganzes-Beziehungen und sehr komplexe Verschränkungen von Gestalten gibt. Schon Ehrenfels hatte darauf hingewiesen, daß Ähnlichkeiten zwischen Gestalten ganz verschiedener Sinnesgebiete möglich sind, z. B. die Ähnlichkeit zwischen einem musikalischen Crescendo, dem Zunehmen des Lichtes beim Anbrechen des Tages und dem Ansteigen einer Erwartung. Man beobachtete also, daß eine bestimmte Gestalt auf der Grundlage von Ähnlichkeiten zwischen ganz verschiedenen Ereignissen oder Dingen entstehen kann. Der Gedanke lag nahe, daß alle unsere Gestaltvorstellungen in diesem Sinne auf eine *Abstraktion aus Ähnlichkeiten* zurückzuführen sind, eine Idee, die sich philosophisch als besonders folgenreich erweisen sollte.

Der andere Ausgangspunkt holistischen Denkens in der analytischen Philosophie ist Duhems Auffassung von der Struktur physikalischer Theorien, die für die Entwicklung der Wissenschaftstheorie des 20. Jahrhunderts von großer Bedeutung war. Duhem ging in seinem Werk über *Ziel und Struktur physikalischer Theorien* von Naturerklärungen aus, wie sie aus der Philosophiegeschichte bekannt sind. Solche Erklärungen unterscheiden sich je nach den zugrundegelegten Auffassungen vom wahren Wesen der Natur und sind nicht miteinander zu vereinbaren. Die Frage, wie die Wirkung entsteht, die ein Magnet auf Eisen ausübt, wird von einem Anhänger des Aristoteles, Newtons, einem Atomisten, einem Magnetisten oder einem Cartesianer völlig verschieden beantwortet, wobei die Fakten fast beliebig im Sinne der Theorie gedeutet werden. Es ist aber unmöglich, die „Richtige" unter diesen Theorien durch Tatsachenbeobachtung zu ermitteln. Duhem wollte die Physik von metaphysischen Debatten unabhängig halten, indem er sie als ein System mathematischer Lehrsätze betrachtete, die aus einer kleinen Zahl von Grundsätzen abgeleitet und deren Zweck Beschreibungen experimenteller Gesetze sein sollten. Dieses Verfahren befaßt sich nur mit mathematischen Symbolen und experimenteller Beobachtung. Aber gerade Duhem hat betont, daß selbst in einer solchen mathematisierten Physik die Beobachtung von der Theorie bestimmt wird und nicht etwa umgekehrt. Zunächst besteht ein physikalisches Experiment nicht in einer bloßen Beobachtung von Fakten. Ein physikalischer Laie könnte keinen solchen Vorgang „beobachten", er würde nichts anderes wahrnehmen, als ihm unbekannte Apparaturen und für ihn unverständliche Ereignisse. Ein Experiment besteht mit anderen Worten in der *Interpretation* von sinnlichen Daten in der Sprache der Theorie, und diese setzt Kenntnis der Theorie voraus. Die abstrakte Bedeutung von Ausdrücken wir „Druck", „Volt", „Ampère" etc. ist nicht eine bloße Zeigerstellung auf einem Meßgerät, sondern zwischen der Bedeutung und dem sinnlichen Datum liegen komplizierte theoretische Mittelglieder, Definitionen, Deduktionen und andere Begriffe und Lehrsätze der Theorie. Betrachten wir also den klassischen Fall der Anwendung eines Experiments in der Physik: An einer bestimmten Stelle der Theorie entsteht die Frage, ob eine Behauptung H richtig ist oder nicht, und diese Frage versucht der Physiker durch ein Experiment zu entscheiden, das zum Ergebnis E führen muß, wenn H wahr ist. Angenommen, das erwartete Ergebnis bleibt aus, dann ist damit nach landläufiger Vorstellung H widerlegt. Aber tatsächlich gibt es keinen logischen Grund, weshalb gerade die Behauptung H durch das Ausbleiben von E widerlegt sein sollte. Die Interpretation eines Experiments setzt ein ganzes System von Lehrsätzen, Begriffen und Deduktionen voraus. Das Experiment zeigt also nur, daß in diesem System ein Fehler liegen muß, nicht aber, an welcher Stelle er liegt. Daraus folgt aber auch, daß es nicht notwendig ist, die Hypothese H zu opfern, wenn sie experimentell nicht bestätigt wird. Man kann auch andere Hypothesen oder Randbedingungen der Theorie, z. B. die experimentelle Situation, die Ungenauigkeit der Meßgeräte etc., für das Scheitern des Experiments verantwortlich machen. So galt Newtons Emissionstheorie des Lichts durch ein Experiment von Foucault als widerlegt, aber Duhem glaubte, daß man nur einen genügend hohen Preis auf die Rettung der Theorie hätte ausschreiben müssen, um eine Lösung zu finden, die Newtons Auffassung mit Foucaults Experiment versöhnt hätte. Der Physiker unterwirft also nie eine isolierte Hypothese, sondern immer nur eine ganze Gruppe von Hypothesen der Kontrolle eines Experiments. „Die Physik ist keine Maschine, die sich demontieren läßt. [...] Die physikalische Wissenschaft ist ein System, das man als Ganzes nehmen muß, ist ein Organismus, von dem man nicht einen Teil in Funktion setzen kann, ohne daß auch die entferntesten Teile desselben ins Spiel treten [...].“[5] Der *Organismus* wird hier, ebenso wie bei den späteren Gestalttheoretikern, zum Modell für holistische Zusammenhänge überhaupt.

In seinem *Logischen Aufbau der Welt* aus dem Jahr 1928 verfolgte Carnap die Idee einer Strukturbeschreibung, die davon ausgeht, daß zur Identifikation von Teilen eines Ganzen die Angabe ihrer Orte in einer Struktur ausreichend sein muß, wenn man nur genügend viele Zusammenhänge berücksichtigt. Carnaps berühmtes Beispiel ist die Eisenbahnkarte des europäisch-asiatischen Bahnnetzes, das wir hier etwas ausführlicher zitieren wollen:

„Diese Karte möge nicht maßstabsgerecht gezeichnet, sondern verzerrt sein, wie es in Kursbüchern üblich ist, oder in beliebigem, noch stärkeren Grade. Sie gibt dann nicht die Entfernungen, aber doch die Zusammenhangsverhältnisse des Bahnnetzes richtig wieder, (in geometrischen Ausdrücken:) nicht die metrischen, sondern die topologischen Eigenschaften des Netzes. [...] Wir nehmen nun weiter an, daß alle Bahnstationen durch Punkte markiert seien, aber die Karte soll keinen Namen enthalten und auch keine anderen Einzeichnungen als die Bahnlinien. Die Frage ist nun: können wir durch Anschauen des wirklichen Bahnnetzes feststellen, welches die Namen der Punkte unserer Karte sind? An Stelle des wirklichen Bahnnetzes, das ja schwierig zu betrachten ist, mag uns auch eine zweite, mit allen Namen versehene Karte dienen. Da unsere (erste) Karte viel schlimmer verzerrt sein kann, als es die üblichen Kursbuchkarten sind, so wird uns das Suchen nach charakteristischen Gestalten, etwa nach der langen sibirischen Linie, nichts helfen. Aber auf einem anderen Wege kommen wir weiter. Wir suchen die Knotenpunkte höchster Ordnung auf, d. h. solche, in denen die größte Zahl von Linien zusammenläuft. Von diesen gibt es nur eine kleine Anzahl. Angenommen, wir fänden, daß es zwanzig Knotenpunkte gibt, von denen je acht Strecken ausgehen. Wenn wir dann bei jedem Punkt die Anzahl der Stationen bis zu den nächsten Knotenpunkten auf jeder der acht Linien zählen, so werden wohl kaum zwei von diesen zwanzig Punkten in allen acht Zahlen übereinstimmen; damit wären dann die zwanzig Punkte identifiziert. Sollten aber doch noch zwei oder gar alle zwanzig hierin übereinstimmen, so brauchten wir nur die Verbindungen der je acht Nachbarknotenpunkte unter einander ins Auge zu fassen: ob sie direkte Verbindungen miteinander haben oder nicht, und wieviele Stationen dazwischen liegen, wieviele Strekken von jedem Nachbarknotenpunkt ausgehen usw., um ganz gewiß im heutigen, wirklichen Bahnnetz keine Übereinstimmung mehr zu finden. Hätten wir es aber mit einem Bahnnetz zu tun, bei dem auch die genannten Merkmale noch keine Unterscheidung ergäben, so müßten wir Schritt für Schritt weitergehen von den Nachbarknotenpunkten zu ihren Nachbarknotenpunkten usf., um immer weitere Hauptcharakteristika für die Hauptknotenpunkte zu finden. Wir gehen weiter, bis wir solche Charakteristika finden, die nicht mehr übereinstimmen, auch wenn wir dabei das ganze Netz durchmustern müßten."[6] Lassen sich auf diese Weise immer noch keine strukturellen Unterschiede finden, dann müssen eben weitere Zusammenhänge betrachtet werden: Nachbarschaft durch Straßenverbindungen, Telefonnetze, Beziehungen zwischen Einwohnerzahlen, Wirtschaftsvorgänge oder klimatische Beziehungen. „Gehen wir dann zu einer neuen Art von Beziehungen über und berücksichtigen auch ebenso etwa alle historischen Beziehungen zwischen den Orten usf., so werden wir schließlich alle realwissenschaftlichen Begriffe, die physischen und die kulturellen, benutzt haben. Sollte nun nach Erschöpfung sämtlicher zu Gebote stehenden wissenschaftlichen Beziehungen sich noch kein Unterschied zwischen den beiden Orten ergeben haben, so sind sie eben nicht nur für die Geographie, sondern überhaupt für die Wissenschaft ununterscheidbar."[7] Ein solcher Ort ist also durch seine Beziehungen im Ganzen einer komplexen Struktur und nicht durch „interne" Eigenschaften identifizierbar. Wir werden im nächsten Kapitel (Abschnitt II.6) sehen, wie Carnap diese Idee zu einer strukturellen „Konstitution" der Welt benutzt. Die Annahme, daß eine Identifikation von Teilen eines Ganzen durch reine Strukturbeschreibung möglich sei, wird in vielen holistischen Thesen stillschweigend zugrundegelegt. Sie zeigt sich etwa in der Formulierung, daß die Bedeutung eines Wortes oder Satzes durch das Ganze der Sprache „gegeben" sei (vgl. I.4). Nach Carnap gibt es nur noch wenige Versuche, die These zu konkretisieren. Als eine ausgeführte Version der zugrundeliegenden Intuition, einen Gegenstand durch seine strukturellen Beziehungen zu beschreiben, könnte man die strukturalistische Wissenschaftstheorie von Suppes, Sneed und Stegmüller betrachten. Während in herkömmlichen Vorstellungen Theorien als unstrukturierte Klassen von Sätzen aufgefaßt werden, betrachtet der Strukturalismus sie als abstrakte Gegenstände mit einer komplexen Struktur, die als Mengen von (mathematischen) Modellen dargestellt werden können. Die modelltheoretische Darstellung macht eine Theorie unabhängig von der *Sprache*, in der sie formuliert wird; der Strukturalismus geht also „nicht-linguistisch" vor und setzt nicht, wie die Auffassungen, die wir hier betrachten, voraus, daß Theorien oder Überzeugungen notwendig sprachlicher Natur sind. Theorien sind nicht Aussagen, sondern werden benutzt, um Aussagen zu machen.[8] Der wissenschaftstheoretische Strukturalismus, der zu den formal ausgefeiltesten gemäßigt holistischen Metatheorien gehört, fällt daher nicht eigentlich in unseren Themenbereich.[9]

Der Begriff „Holismus" selbst wurde erst 1926 von J. C. Smuts im Rahmen der Biologie eingeführt. Smuts leitete den Begriff aus dem griechischen Wort *holon*, „das Ganze", ab und bezeichnete damit die von ihm beobachtete Tendenz natürlicher Gegenstände und

Prozesse, Ganzheiten zu bilden. In seinem Buch *Die holistische Welt* beschreibt Smuts ein Unbehagen am Vorgehen der etablierten Wissenschaften, das seither viele holistische Theorien leitet. „Die orthodoxe Wissenschaft hat sich (...) zu sehr ausschließlich mit der Zergliederung und mit der synthetischen Wiederherstellung des Lebenden und der nichtlebenden Dinge aus ihren analytisch gewonnenen Elementen befaßt, und sie hat dabei eine überaus wichtige Seite der Wirklichkeit übersehen, und zwar insofern, als das Ganze stets mehr ist als seine Teile und Elemente, selbst wenn sie allesamt zusammengenommen werden." (Smuts 1938, S. X) Smuts stellt die Behauptung auf, daß die ganzheitliche Betrachtung der Welt nicht nur eine bestimmte *Betrachtungsweise* ist, die von der Einstellung des Betrachters abhängt, sondern ein reales Prinzip innerhalb der Wirklichkeit spiegelt. Die Ganzheit selbst ist ein realer Faktor, der in allen Teilen zum Ausdruck kommt, an dem alle Teile Anteil haben und der somit konstitutives Element des Wirklichen ist. Zwar bezieht sich Smuts in erster Linie auf organische Ganze im eigentlichen Sinne, also Lebewesen, aber das „holistische Prinzip" wirkt nach seiner Auffassung auch in der anorganischen Natur und in der geistigen und sozialen Organisation des Menschen. Es gibt im Grunde weder isolierte Gegenstände noch starre Begriffe mit scharfen Definitionsgrenzen. Dinge und Begriffe sind Felder analog den elektromagnetischen Kraftfeldern[10]. Ein Begriff hat ein „helles" Zentrum, in dem seine Bedeutung einigermaßen festliegt, und eine umgebende „schattige" Bedeutungssphäre aus verschiedenen Assoziationen und Modifikationen, so daß wir in bestimmten extremen oder sehr ungewöhnlichen Situationen nicht mehr sicher sagen können, ob er paßt oder nicht. Auch ein wahrgenommenes Ding ist nicht scharf von seiner Umgebung getrennt, sondern ist von einem Bereich vager Sinnesdaten umgeben. Aus diesem Grund ist die bevorzugte Tätigkeit der Erkenntnis im allgemeinen, und des Wissenschaftlers im besonderen, das Hervorheben oder die Abstraktion von Einzelheiten aus dem Kontext und nicht etwa die Zusammensetzung von Daten zu einem Gesamtbild.

Die analytische Methode der Wissenschaften betrachtet Smuts nicht als nutzlos – ihr verdanken wir wesentliche Fortschritte in den Naturwissenschaften –, aber ohne die Ergänzung durch eine holistische Betrachtungsweise geht sie an den Tatsachen der Wirklichkeit vorbei. Ihre Wirkung ist suggestiv: Sind einmal Elemente einer

Situation isoliert, dann neigen wir dazu, die Elemente als die natürlichen *Bestandteile* und die Situation als deren *Ergebnis* zu betrachten, während gerade umgekehrt die Elemente Ergebnis der Analyse sind und die Situation ihr Ursprung. Das Abstrakte wird also zum Wirklichen gemacht, das Konkrete wird als zweitrangig betrachtet. So hatte man in der Physik die Körper in die Elemente Materie und Kraft zerlegt, und glaubte nun, daß diese realer als die bloß aus ihnen zusammengesetzten Körper seien. Das analytische Denken erzeugt auf diese Weise eine Welt aus isoliert nebeneinander stehenden Einzelteilen, die gewissermaßen durch Lücken getrennt sind und für deren Verbindung alle möglichen Kräfte und Energien postuliert werden müssen. Diese Anschauung ist nach Smuts künstlich, sie ignoriert unsere tatsächliche, lebendige Erfahrung, sie preßt die Wirklichkeit in ein Prokrustesbett vorgefertigter Begriffsraster und kann sie daher auch nicht unvoreingenommen verstehen oder beschreiben.

3 Versuch einer Ortsbestimmung

Holismus charakterisiert man manchmal unter Verweis auf die These der Gestalttheoretiker

(G) Ein Ganzes ist mehr als die Summe seiner Teile.

Dies gilt auch für gewisse Versionen des semantischen Holismus: Das Netz der Begriffe läßt sich nicht auf seine Teile reduzieren, es ist mehr als eine bloße Summe von Begriffen. In dieser Version ist die These ebenso vage und schwach wie die ursprüngliche Ehrenfelssche Variante. Daß das Begriffsnetz „mehr" als die Summe der Teile ist, legt nahe, daß es eine solche Summe gibt und könnte auch bloß bedeuten, daß ein zusätzliches, z. B. strukturelles Element hinzukommt. Holistische Thesen wollen aber meist mehr ausdrücken; sie behaupten wie die späteren Gestaltpsychologen oder wie Duhem und Smuts, daß die Teile vom Ganzen in irgendeiner Weise *bestimmt*, von ihm abhängig sind, oder daß es überhaupt keine vom Ganzen unabhängigen Teile gibt.

Betrachten wir jedoch zunächst nur die schwache Version der These. Es ist nützlich, sich die Schwierigkeiten bewußt zu machen, die mit ihrer Interpretation verknüpft sind, da sich hier bereits viele Vorwürfe gegen holistische Positionen im allgemeinen offenbaren. Einer der häufigsten Kritikpunkte lautet, daß die These (und damit gewisse Varianten holistischen Denkens) entweder falsch, inhaltsleer oder trivial sei. Interpretieren wir (G) als Allaussage („Jedes Ganze ist mehr als die Summe seiner Teile"), dann scheint die These falsch: Eine arithmetische Summe ist gewiß ein Ganzes und gleichzeitig per definitionem eine Summe ihrer Teile. Der Gestalttheoretiker mag einwenden, daß er gerade nicht an mathematische Summenbildung gedacht habe. (G) muß also relativiert werden zu

(G') Das Ganze X ist mehr als die Summe seiner Teile, wenn „X" keine mathematische Summe bezeichnet.

Nun erhebt sich aber sogleich die Frage, was eine „Summe" außerhalb des mathematischen Kontextes sein soll. Psychologen erläuterten den Begriff mit Hilfe von Ausdrücken wie „Assoziation" oder auch „Aggregat" oder „Komplex", die nicht weniger erklärungsbedürftig sind. Moritz Schlick glaubte, daß Summen außerhalb des mathematischen Sprachgebrauchs gerade solche Komplexbildungen sind, bei denen etwas Neues zu den Teilen hinzutritt, so daß die These überflüssig wird, weil es gar nichts gibt, das zu erklären wäre.[11] Ähnlich unscharf wie der Begriff der Summe sind die übrigen Bestandteile von (G): Was ist mit einem „Ganzen" gemeint? Was mit seinen „Teilen"? Denn es steht ja keinesfalls von vornherein fest, was die Teile des bayerischen Landtags, einer Person oder der Sixtinischen Kapelle sind, vorausgesetzt wir betrachten diese als Ganzheiten. Und schließlich wissen wir auch nicht, was der Ausdruck „mehr" an dieser Stelle bedeuten soll. Ist er quantitativ oder qualitativ gemeint? Bezeichnet er ein zusätzliches Element, eine Struktur oder eine ganz andere Art von Gegenstand?

Die Unbestimmtheiten werden nicht geringer, wenn wir die These in einem starken Sinne deuten, etwa als

(B) Die Teile eines Ganzen sind durch das Ganze bestimmt.

Dies ist nicht eigentlich eine Lesart von (G), sondern eine neue und stärkere holistische Behauptung, die aus den Schwierigkeiten folgt, (G), wie es Ehrenfels ursprünglich versuchte, in einem atomistischen Sinne zu interpretieren. Die Bedeutung von (B) hängt ersichtlich u. a.

davon ab, was unter „bestimmen" zu verstehen ist. Schwächere Versionen von (B) behaupten, daß die Teile vom Ganzen abhängig oder durch das Ganze gegeben sind. In manchen Formulierungen heißt es, daß die Teile nur durch das Ganze *erklärt* oder nur im Kontext des Ganzen *verstanden* werden können. Dies sind epistemologische Abwandlungen von (B). Auch (B) ist offensichtlich falsch, wenn es als Aussage über jede mögliche Ganzheit interpretiert wird. Die Teile einer beliebig zusammengewürfelten Menge von Gegenständen sind offenbar nicht „durch das Ganze bestimmt", es sei denn, man betrachtet das beliebige Zusammenwürfeln als „Bestimmung", was die These wiederum trivial erscheinen läßt.

Aussagen wie (G) und (B) sind daher eigentlich als *Schemata* aufzufassen, die erst bedeutungsvoll werden, wenn Bezeichnungen bestimmter Ganzer und ihrer Teile eingesetzt werden. So ist eine sinnvolle Version von (B) die folgende Behauptung:

(B1) Die Bedeutung eines Ausdrucks ist durch den Satzzusammenhang bestimmt.

Wiederum eine schwächere Variante von (B1) geht auf Frege zurück:

(B1*) Nur im Satzzusammenhang hat ein Wort Bedeutung.[12]

Moderne Versionen des semantischen Holismus lassen sich oft, wenn auch nicht immer, auf eine solche, sehr allgemeine Form von B reduzieren, etwa auf das folgende Schema:

(K) Nur im Kontext von Y hat X Z.[13]

Aus (K) entsteht z.B. die folgende Behauptung, die so allgemein ist, daß viele analytische Philosophen sie unterschreiben würden:

(K1) Nur im Kontext einer Sprache hat ein Satz Bedeutung,

oder die viel spezifischere Variante, die sich ähnlich in Wittgensteins *Tractatus* findet:

(K2) Nur im Kontext eines Satzes hat ein Wort Bezug zur Welt.

Durch die Einsetzung von verschiedenen Ausdrücken in (G), (B) und (K) entsteht so eine Vielzahl holistischer Thesen, deren innerer Zusammenhang nicht unmittelbar auf der Hand liegt. Bedeutende Versionen des Holismus ergeben sich auch dann, wenn man, wie die meisten analytischen Philosophen, Überzeugungen, Begriffen, Theorien und anderen „geistigen" Entitäten eine *sprachliche Natur* zuschreibt, wenn man also behauptet, daß sie nur sprachlich individuierbar sind. Aus (K) entsteht auf diese Weise die folgende Variante:

(K3) Nur im Kontext einer Theorie hat eine Hypothese Bedeutung,

die *cum grano salis* als eine Version der Quine-Duhem-These gelten kann. Alle unsere Schemata lassen sich durch Einsetzung von „Begriff", „Überzeugung", „Hypothese", „Theorie" etc. entsprechend modifizieren. Die in der Einleitung erwähnten verschiedenen Holismen ergeben sich, wenn man etwa in (K) die Variable X durch „Übersetzung" ersetzt (*Übersetzungsholismus*), oder die Variable Y durch „Überzeugung" (*Überzeugungsholismus*), oder die Variable Z durch „Referenz" (*Referenzholismus*), jeweils mit den entsprechenden Einsetzungen für die restlichen Variablen.

Holismus ist daher ein *relativer* Begriff. So kann man wie Frege (B1*) vertreten, ohne zu glauben, daß die Bedeutung von Sätzen durch das Ganze der Sprache oder das Ganze der Sprache durch eine Lebensform bestimmt sei, und ohne auf irgendeinem anderen Gebiet holistische Überzeugungen zu vertreten. Tatsächlich kommen solche partiellen Holismen häufig vor, denn solange die holistische Inflation an irgendeinem Punkt begrenzt werden kann, drohen nicht die absurden Konsequenzen, die vor allem den semantischen Holismus in Verruf gebracht haben. Je umfassender das übergreifende „Ganze", umso näher rückt allerdings diese Gefahr. Eine Version von (B), die auf Davidson zurückgeht, lautet etwa:

(B2) Die Bedeutung eines Satzes ist durch die Bedeutung aller Sätze einer Sprache bestimmt[14],

eine These, aus der abgeleitet werden kann, daß die Bedeutung eines Satzes nur versteht, wer die Bedeutung *jedes* Satzes der Sprache versteht, woraus wiederum hervorgeht, daß die Bedeutung von einzelnen Sätzen nicht verstehbar ist. Behauptungen wie (B2) sind daher isoliert genommen gar nicht sinnvoll, sondern stehen im Rahmen einer Gesamttheorie, die erklärt, wie wir Bedeutung *trotzdem* verstehen können. Dies sind die eigentlich interessanten holistischen Theorien, die in einem größeren Ausmaß auf andere Bereiche der Philosophie Zugriff nehmen. Wer eine Behauptung wie (B2) vertritt, muß gleichzeitig eine Theorie des Verstehens, des Weltbezugs, der Überzeugungsbildung etc. anbieten können. In diesem Sinne haben sich auch die ursprünglich lokalen holistischen Thesen von Ehrenfels und Duhem zu immer globaleren semantischen, wissenschaftstheoretischen und epistemologischen Systemen ausgeweitet. Die Thesen (G) und (B) zeigen dabei, daß Holismus in verschiedenen Graden von Stärke vertreten werden kann. Die Berliner Gestalttheoretiker Wertheimer und Köhler vertraten einen stärkeren Holismus als Ehrenfels, denn sie lehrten eine existentielle *Abhängigkeit* der Teile vom Ganzen, während Ehrenfels die Gestalt *neben* den Teilen eines Ganzen bestehen ließ. Eine noch schwächere Behauptung ist die, daß Gestalten durch die Kombination der Teile *erzeugt* werden - eine Auffassung, die die Grazer Schule der sog. Produktionstheorie von Gestalten (ausgehend von Meinong) vertrat und die nicht mehr als holistisch gilt. Am untersten Ende dieser Skala stehen atomistische Auffassungen, die Gestalten als bloße „Komplexe" oder „Aggregate" von Teilen betrachten. Holismus kann auch in dem Sinne „schwach" sein, als er an irgendeiner Stelle durch ein unabhängig gegebenes „Fundament" relativiert wird. So glaubte Frege zwar, daß die Bedeutung von Ausdrücken vom Satzganzen abhängt, die Bedeutung eines Satzes, der „Gedanke" aber unabhängig vom Subjekt gegeben ist.

4 Ariadnefäden

Die verschiedenen Möglichkeiten holistischer Thesenbildung haben die Diskussion um *den* Holismus in der Philosophie verwirrend und unüberschaubar gemacht. Nahezu jeder, der sich zu holistischen Themen äußert, legt eine andere Art von Holismus-Definition zugrunde. So würden die einen keine Theorie als holistisch bezeichnen, die von der Vorstellung einer zugrundeliegenden Struktur ausgeht, während viele andere Holismus gerade als diejenige Auffassung betrachten, die Gegenstände durch ihren Strukturzusammenhang definiert. Die Vorliebe der Holisten für Metaphern und Analogien anstelle von Definitionen verstärkt die Schwierigkeiten, zu einer klaren Beschreibung von Holismus zu finden. Das Bild des elektromagnetischen Feldes wird etwa von Smuts für die Beschreibung von biologischen Individuen, von Köhler für die Beschreibung von psychologischen Ganzheiten und von Quine für die Beschreibung von Theorien verwendet. Es scheint geradezu ein herausragendes Merkmal holistischer Zusammenhänge, daß sie sich am besten durch Analogien darstellen lassen. Obwohl das analytische Vorgehen diese Tatsache als rational unbefriedigend empfindet, wäre es möglich, daß es aus prinzipiellen Gründen anders gar nicht geht. *Das typisch Holistische*, könnte man vermuten, widerspricht gerade der Analyse. Gehen wir davon aus, daß Holismus mit strukturellen Eigenschaften zu tun hat, dann könnte man im Sinne von Wittgenstein's *Tractatus* behaupten, daß solche Eigenschaften immer nur in anderen Strukturen abgebildet („gezeigt") werden können und ihren Sinn verlieren, wenn sie in ihre Bestandteile zerlegt werden: Das Ganze ist eben mehr als die Summe seiner Teile. Diese Argumentation scheint so offensichtlich zirkulär, daß die Positionen der Analytiker und der radikalen Holisten schließlich unvereinbar werden und nicht durch Argument oder Evidenz entscheidbar sind. Es geht hier offenbar um das, was nach Thomas Kuhn etwas vage als ein Paradigma bezeichnet wird: gewisse intuitive Einstellungen einer Philosophengemeinschaft gegenüber ihren Forschungsgegenständen, sowie gewisse Auffassungen über die zulässige philosophische Methode. In der Holismusdebatte der gegenwärtigen analytischen Philosophie läßt sich daher eine Art Paradigmenwechsel beobachten. Es gibt verschiedene Versuche, das analytische Paradigma zu verteidigen, durch Zusatzannahmen zu retten, Zwischenpositionen zu etablieren oder es gänzlich zu verwerfen, eine Situation, die Wittgenstein einmal mit den Worten beschrieb: „Wo sich wirklich zwei Prinzipien treffen, die sich nicht miteinander aussöhnen können, da erklärt jeder den anderen für einen Narren und Ketzer."[15]

Dieser Lage zum Trotz betrachten wir zum Abschluß dieses Kapitels noch einige weitere Versuche, den Holismus-Begriff zu definieren. Sicherlich sind Definitionsversuche von typischen „Schubladenkategorien" selten eindeutig, und man kann kaum hoffen, mehr als eine grobe Charakteristik, die „Gesichtszüge" des Begriffs zu treffen. Auch könnte es durchaus sein, daß holistische Theorien nicht mehr als Familienähnlichkeiten im Sinne Wittgensteins aufweisen, ohne daß es *das* charakteristische Merkmal, unter das alle fallen, überhaupt gibt. Jene globalen Erläuterungen des Begriffs, die sich auf eine unbestimmte Version der gestalttheoretischen These beziehen, haben wir bereits als ergänzungsbedürftige Schemata erkannt. Viele explizite Definitionsversuche erweisen sich als spezifische Einsetzungen in diese Schemata. Eine Version von (B), die im Rahmen einer sozialphilosophischen Darstellung steht, lautet: „Der Begriff ‚Holismus' bezieht sich auf jeden Ansatz, der das Tun (menschlicher oder sonstwie beschaffener) Einzelakteure durch Berufung auf ein größeres Ganzes erklärt."[16] Eine andere Version betont den abstrakten Aspekt: „Holismus kann man ganz allgemein als die Auffassung verstehen, daß Einzeldinge als *Teile von Ganzheiten* aufgefaßt und interpretiert werden sollten, gleichgültig ob diese Ganzheiten Komplexe von Dingen, Gedanken oder von Zeichen sind."[17] Hier steckt die Last der Definition in dem Ausdruck „als Teile von Ganzheiten erklären": Würden nicht auch Atomisten zugeben, daß Einzeldinge Teile größerer Zusammenhänge sind? Ausdrücke wie „unter Berufung auf ein größeres Ganzes" oder „als Teile von Ganzheiten" sollen eine Art notwendige oder wesentliche Vorrangstellung des Ganzen vor dem Teil ausdrücken, die für holistische Zusammenhänge sicher wesentlich ist und die in unserem Schema (B) durch den Ausdruck „bestimmen" wiedergegeben ist. Manche Definitionen versuchen die Möglichkeit eines „Fundaments" auszuschalten, etwa die folgende: „Eine konsequent holistisch gedachte Struktur ist eine, in der jedes Element mindestens indirekt mit jedem anderen in Beziehung steht."[18] Einen Holismus dieser Art vertrat z. B. Carnap, als er im *Logischen Aufbau der Welt* behauptete, daß jeder Gegenstand eindeutig durch seine Beziehungen zu anderen Gegenständen im System bestimmt sei, ohne daß man ihm darüberhinaus noch identifizierende Eigenschaften zuschreiben müßte. Die letzte Erklärung ist ebenfalls eine Variante von (B), wenn (B) als Aussage über *alle* Teile eines Ganzen interpretiert wird.

Nicht alle holistischen Theorien lassen sich in unsere Schemata (G) und (B) einpassen. Eine unorthodoxe Version stammt von Fodor und Lepore, deren Buch über den semantischen Holismus (1992) eine lebhafte Diskussion ausgelöst hat: „Holistische Eigenschaften sind Eigenschaften, für die gilt: Wenn *ein* Gegenstand eine solche Eigenschaft besitzt, dann besitzen auch viele andere Gegenstände diese Eigenschaft."[19] Ein Gegenstand mit einer holistischen Eigenschaft kommt also notwendigerweise nur in großen Mengen vor. Unter „holistischen Eigenschaften" sind z. B. semantische Eigenschaften wie *eine Bedeutung haben* oder *Ausdruck einer Sprache sein* zu verstehen. Es gibt nach dieser Definition keine isolierten sprachlichen Zeichen. Die Erklärung von Fodor und Lepore vermeidet den Begriff der Ganzheit und macht sich die Tatsache zunutze, daß wir Eigenschaften kennen, die notwendigerweise auf mehrere Gegenstände zutreffen müssen. Dazu gehört z. B. die Eigenschaft, Zwilling zu sein: niemand ist ein Zwilling, wenn er/sie nicht ein Zwillingsgeschwister hat oder hatte. Eine andere Eigenschaft dieser Art ist diejenige, eine natürliche Zahl zu sein: gibt es eine natürliche Zahl, dann gibt es durch mathematische Induktion alle weiteren natürlichen Zahlen. Solche Eigenschaften nennen Fodor und Lepore *anatomisch*. Verallgemeinert man dieses Kennzeichen, dann sind alle diejenigen Eigenschaften holistisch, die notwendigerweise in *vielen* Gegenständen verwirklicht („instantiiert") sind. Der Test für eine holistische Eigenschaft ist die Frage, ob wir uns eine mögliche Welt vorstellen können, in der diese Eigenschaft nur in einem Gegenstand verwirklicht ist. Könnte es eine Welt mit nur einer Hypothese, einem Wort, einer Sprache, einem Lebewesen, einer Person etc. geben? Wenn nicht, dann sind die Eigenschaften Hypothese, Wort, Sprache, Lebewesen, Person etc. zu sein holistisch.

Die Definition von Fodor und Lepore unterscheidet sich von unseren bisherigen Versionen in einem besonderen Punkt: Während (G) und (B) und ihre verschiedenen Abwandlungen von „Ganzheiten" oder „Zusammenhängen" sprachen, und damit einen *strukturellen* Aspekt betonten, ist nun nur noch von „Vielheiten" die Rede. Auch ging es bisher nicht in erster Linie darum, daß etwas eine Vielzahl von Gegenständen desselben Typs voraussetzt, sondern daß es in bestimmten *Abhängigkeitsbeziehungen* zu Gegenständen derselben Art oder anderer Arten steht. So ist etwa für Smuts nicht wesentlich, daß es nur viele Lebewesen geben kann, sondern daß sich ein Lebewesen im Zusammenhang mit seiner gesamten Umwelt entwikkelt und auf diese abgestimmt ist. Nach der Auffassung der Berliner Schule der Gestalttheorie setzt die Wahrnehmung einer Gestalt das gesamte Wahrnehmungsfeld und gewisse Gestaltbildungsgesetze voraus. Die Definition von Fodor und Lepore ignoriert also strukturelle Aspekte des Holismusbegriffs und bestimmt ihn aus einem atomistischen Standpunkt.

Auch manche radikaleren Versionen des Holismus fügen sich nicht in die Schemata (B) und (G) ein. Sie behaupten, daß das Ganze in keinem Sinne eine Summe seiner Teile – und also auch nicht „mehr" ist als dies –, und daß die Teile weder durch sich selbst, noch durch das Ganze *bestimmt* sind. Schon Duhem war der Ansicht, daß die Bedeutung einer physikalischen Hypothese nicht durch das Experiment festgelegt ist, das sie bestätigen soll, denn das Scheitern des Experiments kann sowohl dieser These, als auch irgendeiner anderen des Systems zugeschrieben werden. Duhem glaubte, daß die Bedeutung durch die Theorie selbst *unterbestimmt* ist und erst durch den Alltagsverstand festgelegt wird, der von anderen Prinzipien, wie Einfachheit und praktischer Nutzen, geleitet wird. Es gibt also ein weiteres Schema von Definitionen, die Holismus vorwiegend negativ charakterisieren:

(U) Die Teile eines Ganzen sind weder durch sich selbst gegeben, noch durch das Ganze hinreichend bestimmt.

Schwache Versionen von (U) gehen davon aus, daß bestimmte andere Faktoren wie z.B. übergreifende Theorien, zugrundeliegende Strukturen oder regulative Prinzipien Bestimmtheit in dem Maße herstellen, daß es Sinn hat, überhaupt von Teilen eines Ganzen oder Strukturen zu sprechen. Aber auch dies ist noch nicht die letzte Steigerungsform holistischen Denkens. So betrachtet etwa Rorty schon die bloße Annahme zugrundeliegender Strukturen als antiholistisch (vgl. Kap. VI.1). Tatsächlich gibt es nur nebeneinander bestehende Sprachen („Vokabulare„), die durch keine „Brückenprinzipien" verknüpft sind und daher nichts zur Behebung von Unbestimmtheiten beitragen können. Eine starke Version von (U) würde z. B. lauten:

(U*) Die Teile eines Ganzen sind weder durch sich selbst gegeben, noch durch das Ganze hinreichend bestimmt und es gibt keine anderen Faktoren, die Bestimmtheit herstellen können.

Das Schema (U*) kennzeichnet den Punkt, an dem die analytische Philosophie gewöhnlich den Holismus bestreikt. (U*) in seiner globalen semantischen Lesart lautet etwa:

(U*1) Die Bedeutung von Ausdrücken einer Sprache L ist weder durch eine unabhängig existierende Wirklichkeit noch durch L hinreichend bestimmt, und es gibt keine von L unabhängigen Prinzipien, mit denen Bestimmtheit hergestellt werden könnte.

Wir werden eine solche Auffassung im sechsten Kapitel kennenlernen. In den übrigen Kapiteln betrachten wir einige Beispiele für die anderen holistischen Schemata. Wir betrachten also *Modellfälle* und einige Diskussionen, die sich um sie ranken. (G) gilt inzwischen als Allgemeinplatz, sodaß das zweite Kapitel, das sich mit einigen Varianten von (G) befaßt, auch gleichzeitig am weitesten in die Geschichte zurückgeht. (U*) (Kap. VI) ist eine Weiterentwicklung von (U) (Kap. V und VI), (U) wiederum ging zumindest in der Version von Quine aus einer Kritik an (B) (Kap. III) hervor. Deshalb folgen die Kapitel einer historischen Ordnung, ohne deshalb, wie gesagt, historische Vollständigkeit zu beanspruchen.

Wir können diese Einleitung nicht beenden, ohne auch eine grundsätzliche Kritik zu erwähnen, die Spielarten des semantischen Holismus entgegengebracht wurde. Die Kritik geht von der Annahme aus, daß Holismus *Strukturlosigkeit* voraussetzt – eine Behauptung, die in den historischen Varianten holistischer Positionen nicht belegt ist und sich explizit erst bei Rorty (1979) findet. Der strukturlose Holismus klingt zwar in einigen Formulierungen semantischer Holisten an, wird aber doch meist durch die dazugehörige Theorie relativiert.[20] Eine solche Auffassung von Holismus liegt vermutlich auch der oben erwähnten Definition von Fodor und Lepore zugrunde. In diesem Sinne argumentiert z. B. auch Michael Dummett gegen eine holistische Theorie der Bedeutung: „Ein kompromißloser Holismus kann zwar ein abstrakt verständliches Modell der Sprache liefern, aber keine glaubwürdige Erklärung dafür, wie wir Sprache als Instrument der Kommunikation verwenden oder wie wir Sprachbeherrschung erwerben. [...] Dies ähnelt im wesentlichen der Situation einer Sprache, deren Sätze alle nur aus einem einzelnen Wort bestehen, d. h. keine interne semantische Struktur aufweisen; [...] es wird unverständlich, wie die Sprecher dieser Sprache jemals [...] Sinne mit ihren Einwort-Sätzen zu verbinden lernten, ganz zu schweigen davon, wie es kam, daß verschiedene individuelle Sprecher dieselbe Assoziation erreichten; oder wie ein Individuum den

Sinn entdecken kann, den ein anderer mit einem Satz verbindet, oder entscheiden kann, ob es derselbe ist, den er mit dem Satz verbindet oder nicht. Ebenso gilt: wenn eine Gesamttheorie als nicht in sinnvolle Teile analysierbar dargestellt wird, dann können wir ihre Bedeutung nicht von ihrer internen Struktur ableiten, denn sie hat keine; und es gibt nichts, woraus wir sie sonst ableiten könnten."[21] Wir setzen hier voraus, daß diese Kritik im wesentlichen richtig ist, daß aber auch eben aus diesem Grunde ein „kompromißloser Holismus" kaum jemals vertreten wurde. Interessant ist an holistischen Positionen gerade, auf welche Weise solche katastrophalen Konsequenzen vermieden werden, wie also erklärt wird, daß Ausdrücke oder Hypothesen Bedeutung vom Ganzen erhalten, ohne daß dabei den Tatsachen der Meinungsbildung und sprachlichen Kommunikation allzu krass widersprochen würde. Die verschiedenen Stationen der Entwicklung holistischer Theorien im Zusammenhang mit Sprache und Überzeugung zeigen verschiedene Möglichkeiten, dem „slippery slope" (eigentlich eine Form des Sorites-Paradoxes), dem schlüpfrigen Abhang des radikalen Holismus zu entgehen. Aus diesem Grund befassen wir uns im folgenden also im wesentlichen mit gemäßigten holistischen Theorien und nicht mit jenem fiktiven kompromißlosen Holisten, der oft nur als Strohmann antiholistischer Argumentationen dient.

5 Resümee

Semantischer Holismus ist eine Auffassung, die in zahlreichen Varianten und Stärkegraden vertreten wurde.[22] Sein Thema ist die Bedeutung sprachlicher Ausdrücke, wobei auch Begriffe, Überzeugungen und ganze Theorien von holistischen Thesen erfaßt werden. Die älteste Formulierung des Holismus ist die Behauptung, daß das Ganze mehr als die Summe seiner Teile sei – eine „schwache" These, da sie viele (auch nicht semantische) Deutungen offen läßt. In der heutigen Diskussion tritt semantischer Holismus oft als die These auf, daß eine sprachliche Einheit nur im Kontext Bedeutung hat, wobei sprachliche Einheiten u. a. Wörter, Begriffe, komplexe Ausdrücke, Sätze, Überzeugungen oder Äußerungen sein können, während als Kontext u. a. Sätze, Sprachen, Theorien, Vokabulare, Überzeugungssysteme oder Äußerungszusammenhänge auftreten. Radikale Versionen des Holismus leugnen jede Möglichkeit, Bedeutung festzulegen; noch radikalere Versionen behaupten, daß die Kontexte unstrukturiert sind. Eine inhaltsreiche einheitliche Definition von semantischem Holismus gibt es nicht.

II Fundament und Fundierung

„[Es] liegt etwas von empirischer Bestätigung in dem Gefühle von Unbefriedigung, das den Ergebnissen von Analyse und Definition gegenüber [...] oft übrig bleibt: die zerpflückte Blume hat eben strenggenommen aufgehört, Blume zu sein."
(Alexius Meinong 1890)

1 Ein Paradigmenwechsel

In den Jahrzehnten um die letzte Jahrhundertwende mehrten sich in vielen Wissenschaften Anzeichen für eine Art Paradigmenwechsel. So schrieb im Jahr 1910 Max Planck über das methodische Vorgehen in der Physik, man sei daran gewöhnt, die Erklärung eines Naturvorgangs durch seine Zerlegung in Elemente zu suchen, da man komplizierte Prozesse als zusammengesetzt aus einfachen Prozessen, als Summe von Teilen betrachte. Diese Methode setzt aber voraus, daß die Teilung den Charakter des Ganzen nicht verändert. Nun ist diese Voraussetzung jedoch bei *irreversiblen Prozessen* nicht erfüllt. „Zerlegen wir nämlich einen irreversiblen Prozeß in seine Elementarbestandteile", schreibt Planck, „so schwindet die Unordnung und mit ihr die Irreversibilität uns sozusagen unter den Händen fort; ein irreversibler Prozeß muß jedem unverständlich bleiben, der von dem Grundsatz ausgeht, daß alle Eigenschaften des Ganzen auch in den Teilen nachweisbar sein müssen. [...] Mir scheint, als ob eine ähnliche Schwierigkeit bei den meisten Problemen des geistigen Lebens vorliegt."[1] Ähnliche Beobachtungen häuften sich in den verschiedensten wissenschaftlichen Forschungsbereichen. Ein klassisches „Paradigma" wurde zunehmend in Frage gestellt – die *mechanistische* Erklärung der Natur nach dem Modell der Maschine. Eine Maschine besteht aus Teilen, die insofern voneinander unabhängig sind, als jeder Teil eine zuvor festgelegte und nicht übertragbare Aufgabe hat.

Wird ein Teil zerstört, dann bleiben die anderen Teile davon weitgehend unbeeindruckt. Die Apparatur mag recht und schlecht weiterfunktionieren, aber kein anderer Teil kann die Aufgabe des defekten Teils übernehmen, es sei denn, er wäre von vornherein zu diesem Zweck konstruiert worden. Das Maschinenmodell hatte sich nun selbst in manchen Bereichen der Physik als untauglich erwiesen, und der *Organismus* schien in vieler Hinsicht eine bessere Analogie zu liefern. Wenn ein Teil eines Organismus' ausfällt, dann können andere Teile den Fehler kompensieren oder die entsprechende Funktion übernehmen. Ein Organismus ist nicht „starr" wie eine Maschine, er ist nicht von vornherein in unabhängige Teile gegliedert, sondern seine Organisation wechselt und hängt von vielen verschiedenen Faktoren, darunter auch seinem Kontakt zur Umwelt, ab. Bei einigen Wissenschaftlern setzte sich auf Grund dieser Analogie die Idee durch, daß die Teile eines Ganzen nicht zu dem Ganzen primär sind, sondern erst durch einen Prozeß der Abstraktion aus dem Ganzen gewonnen werden können, ebenso wie sich nicht von vornherein ausmachen läßt, was die Teile eines Organismus sind. Selbst in der Logik schlug Gottlob Frege in diesem Sinne vor, die klassische atomistische Begriffskonjunktion durch eine Satzanalyse zu ersetzen, die die Begriffe als Abstraktionen aus dem Satzganzen gewinnt (vgl. Kap. III). Es waren jedoch die Gestaltpsychologen, die das neue Paradigma als Forschungsprogramm formulierten und sich dadurch auch den Widerstand der etablierten Forschung zuzogen.

Von Anfang an war die Gestaltpsychologie dem Vorwurf des Mystizismus ausgesetzt, und zwar gerade deshalb, weil sie dem atomistischen und analytischen Begriff der Wissenschaftlichkeit überhaupt zuwiderhandelte, den Max Planck beschreibt. Die Psychologie des 19. Jahrhunderts definierte sich als wissenschaftlich gerade dadurch, daß sie dem klassischen Vorgehen der Physik folgte und Bewußtseinsvorgänge in einzelne Empfindungen zerlegte, deren Zusammensetzung oder Assoziation als verantwortlich für die komplexen Bewußtseinsvorgänge betrachtet wurde. Phänomene, wie sie die Gestaltpsychologen in großer Zahl entdeckten und experimentell untersuchten, galten in diesem Modell als *Störungen* oder *Irrtümer* im Bewußtseinsprozeß. Die Gestaltpsychologie dagegen wollte die tatsächlichen Vorgänge vor allem bei der sinnlichen Wahrnehmung unvoreingenommen beschreiben. Ihr Ergebnis war einerseits die These, die wir im ersten Kapitel in der Form (G) kennengelernt hatten:

Eine Ganzheit hat andere Eigenschaften als die Teile und ist nicht auf die Teile reduzierbar. Die Gestalttheoretiker formulierten aber auch Thesen von der Form (B), etwa die folgende: Die einzelnen Teile eines Wahrnehmungsvorgangs (die „Figuren") sind nur vor dem Hintergrund der Gesamtwahrnehmung bestimmt.

Diese Entwicklung in der Psychologie erwies sich als folgenreich für die wissenschaftliche Forschung insgesamt, denn Wahrnehmung bildet einen wesentlichen Bestand von Beobachtung und Experiment. Die gestalttheoretischen Thesen wurden zunehmend auf allgemeine geistige Prozesse der Erkenntnis ausgeweitet, während man zunächst nur ausgefallene Wahrnehmungstatsachen untersucht hatte. Mehr und mehr zeigte sich, daß Wahrnehmung und Erkenntnis überhaupt nach dem Prinzip der Ableitung des Teils aus dem Ganzen funktioniert, und nicht umgekehrt in der Zusammensetzung von Teilen besteht. Nun waren die entsprechenden Tatsachen offensichtlich nachweisbar und gut zu beschreiben, aber eine *Erklärung* der Vorgänge, durch die eine solche „Bestimmung von Teilen" stattfinden, erwies sich als Problem. Das Modell der Erklärung war das überlieferte wissenschaftliche Modell der Analyse in unabhängige Teile, und die Gestalttheorie entsprach diesem Modell *per definitionem* nicht. Die Erklärungslage hat sich bis heute nicht wesentlich verändert. Die gestalttheoretischen Beobachtungen gelten immer noch als Tatsachen und zahlreiche weitere sind seither entdeckt worden, ohne daß man wüßte, wie sie im Prozeß der Wahrnehmung und des Denkens zustandekommen.[2]

Nach wie vor findet dabei ein grundsätzliches Problem der Gestalttheorie in der Forschung wenig Beachtung. Köhler beschrieb die optischen Bereiche des Gehirns als selbstregulierendes homöostatisches System und die somatischen Prozesse, die ruhenden Gesichtsfeldern zugrunde liegen, als „stationäre Gleichgewichtsverteilungen, die sich aus der inneren Dynamik des optischen Systems entwikkeln".[3] Dies ist eine wissenschaftliche Hypothese, die der Bestätigung bedarf. Die Berliner Gestalttheoretiker sahen darin kein prinzipielles Problem, da sie ihre Version holistischen Denkens auf spontane Wahrnehmungsvorgänge beschränkten. Weitet man die These (B) jedoch auf größere geistige Zusammenhänge aus, dann fragt sich, wie eine solche Bestätigung aussehen sollte, wenn eine einzelne bestätigende Wahrnehmung durch „Gleichgewichtsverteilungen", die aus der Dynamik des „geistigen Systems" resultieren, bedingt ist.

Eine unmittelbare Bestätigung einer Hypothese z. B. durch eine spontane Wahrnehmung gibt es dann nicht, sondern nur ein homöostatisches System, das sich in einen Gleichgewichtszustand zu bringen sucht. Köhler versuchte, eine realistische und damit naturwissenschaftlich akzeptable Position zu retten, indem er von einer Isomorphie von Geist und Welt ausging. Die Gestalttheoretiker verstanden sich als Wissenschaftler, nicht als Erkenntnistheoretiker. Aber es ist offensichtlich, daß eine solche Position erkenntnistheoretische Fragen aufwerfen mußte. Und in diesen liegt ein mittelbarer Bezug zu den Problemen, die Duhem zu seiner Auffassung von der Struktur wissenschaftlicher Theorien geführt hatten, und die auch Max Planck in irreversiblen, und allgemein in geistigen Prozessen zu finden glaubte.

2 Stücke

Der islamische Mystiker Rumi charakterisierte einmal den Menschen als einen Drogisten, der auf dem Kopf ein Tablett durch den Bazar trägt, auf dem sich von seinem Vorrat an Gewürzen und Heilmitteln jeweils ein Häufchen findet: etwas Pfeffer, etwas Mastix, etwas Myrobalan etc. Zwar sind die Vorräte unendlich, aber der Platz auf dem Tablett ist begrenzt. „Nun ist der Mensch wie das Tablett oder wie eine Drogerie", schreibt Rumi. „Auf ihm sind Prisen und Stückchen aus den Schätzen der Eigenschaften Gottes in Büchsen und Schälchen gelegt, damit er in dieser Welt damit handele, wie es für ihn paßt: ein Stückchen Rede, ein Stückchen Hören, ein Stückchen Verstand, ein Stückchen Großmut, ein Stückchen Wissen."[4] Der Mensch als eine Sammlung von Stücken oder Teilen: dies ist eine klassische und – zumindest vordergründig – atomistische Betrachtungsweise, die sich bis weit ins 19. Jahrhundert durch alle philosophischen Lager zieht. Menschliches Denken und menschliche Erkenntnis betrachtete man unter dem Gesichtspunkt der Zusammensetzung von Einzelteilen, auch wenn die Meinungen sich schieden, sobald es um die Natur und Herkunft dieser Teile ging. Einigkeit bestand jedoch darüber, daß *Ideen* die Elemente des Denkens bilden und daß sich aus ihnen komplexe Begriffe und Gedanken durch gewisse logisch-grammatische Operationen bilden. Die Logik von Port Royal aus dem Jahr 1662 beschreibt den Vorgang des Denkens in drei Schritten. Der Mensch stellt sich zunächst in einem ersten Schritt

Dinge durch Ideen vor. Im zweiten Schritte vergleicht er diese Ideen und urteilt, ob sie zusammenpassen oder nicht. Im dritten Schritt zieht er Schlüsse aus den Urteilen. Die Ideen entsprechen dem *Subjekt* und dem *Prädikat* eines Satzes, und die Verbindung beider Ideen wird durch die *Kopula* „ist" hergestellt. Jeder Satz besteht *notwendig* aus diesen drei Bestandteilen, selbst wenn sie in den menschlichen Sprachen aus ökonomischen und anderen Gründen nicht immer ausgedrückt werden. Daher glaubten die klassischen Logiker bis ins 20. Jahrhundert hinein, daß sich alle Sätze einer Sprache in Sätze der Form „S ist ein P" umformen ließen, in denen ihre eigentliche logische Form dargestellt sei. Ein Satz dieser Form behauptet, daß das Prädikat unter den Merkmalen des Subjekts zu finden sei und soll daher eigentlich eine partielle Identität von Subjekt und Prädikat ausdrücken. Die logische Tiefenstruktur der Sprache, die sich auf diese Weise darstellen läßt, galt gleichzeitig als die Grammatik der Gedanken. Menschliche Gedanken bestehen also notwendig aus einzelnen Ideen und dem logischem Klebeband, der Kopula.

Diese Sicht der Dinge wäre weniger zwingend gewesen, hätte sie sich nicht bei den meisten Denkern mit einer psychologischen Auffassung von der Rolle der Logik verbunden. Man beobachtete, daß logische Regeln „auf natürliche Weise" befolgt werden, und zwar selbst von denen, die keinerlei Regeln gelernt haben. Während man die Logik heute als eine *normative* Wissenschaft betrachtet, die sagt, wie Denken vor sich gehen sollte, wenn es zu wahrer Erkenntnis führen will, ging die klassische Auffassung davon aus, daß sie *deskriptiv* zu verstehen sei und die tatsächlichen Vorgänge beim Denken beschreibe. Was lag unter dieser Prämisse näher, als die Vorstellungen, Begriffe und Ideen, aus denen sich unsere Urteile zusammensetzen, für das Fundament unseres Denkens zu halten, auf dem das ganze Gebäude der Erkenntnis aufgebaut ist? Es blieb nur die Frage, *woher* dieses Fundament stammt und *wie* es am besten beschrieben werden kann. Rationalisten betrachteten Ideen als eine Art Archetypen, die dem Geist angeboren sind und letztlich, wie Rumi sagen würde, aus den Schatzkammern Gottes stammen – das Fundament des Denkens liegt also im Grunde jenseits des individuellen menschlichen Geistes. Dagegen waren die empiristischen Philosophen überzeugt, daß alles Denken ursprünglich auf Sinneserfahrung aufbaut, und daß sich auch noch so komplexe Begriffe und Erkenntnisse auf einfache Sinneseindrücke (*impressions*) reduzieren lassen.

Die Behauptung, daß Ideen das Fundament unserer Erkenntnis bilden, besteht eigentlich aus *zwei* Thesen: Zum einen, daß es überhaupt ein Fundament unserer Erkenntnis gibt, zum anderen, daß dieses Fundament aus einfachen Ideen – seien es angeborene Ideen oder *impressions* – gebildet wird. Wenden wir uns zunächst der ersten These zu. Wer behauptet, Erkenntnis oder Denken habe ein Fundament, kann sich auf die Ansicht beziehen, daß alle unsere Überzeugungen *begründet* sein müssen, es geht ihm also um die *Rechtfertigung* von Gedanken. Der Fundamentalist in diesem Sinne behauptet, daß es Überzeugungen oder Gedanken gibt, die alle anderen Überzeugungen rechtfertigen und selbst nicht zu rechtfertigen sind. In diesem Sinne sind jedoch Ideen *kein* Fundament der Erkenntnis. Zum einen haben Überzeugungen propositionale Struktur, d. h. sie haben die Form von Aussagen. Wer an die Nordsee denkt, reproduziert keine Überzeugung, obwohl mit diesem Begriff für ihn verschiedene Überzeugungen assoziiert sein können. Des weiteren aber sollen Ideen im oben beschriebenen Sinne (etwa in der Logik von Port Royal) nicht als *Begründung* von Urteilen betrachtet werden, sondern sie sind das, woraus sich Urteile zusammensetzen. Komplexe Ideen und Überzeugungen entstehen nach dieser Auffassung aus der Verbindung von Begriffen, wobei die *letzten* Bestandteile eben die einfachen Ideen bilden. Hier geht es also nicht um Rechtfertigung von Überzeugungen (diese wird uns im nächsten Kapitel beschäftigen), sondern um ihre *Genese*, und der Fundamentalismus vor allem der empiristischen Philosophen ist ein genetischer Fundamentalismus. Verlangen wir etwa eine Rechtfertigung für die Behauptung, daß Myrobalane die Früchte eines vorderindischen Holzgewächses sind, dann wird uns nicht mit der Antwort gedient sein, daß der Sprecher die Behauptung aus den Ideen „Myrobalan" und „Frucht eines vorderindischen Holzgewächses" konstruiert hat. Wir wollten ja erfahren, ob Myrobalane *tatsächlich* vorderindische Früchte sind. Die Unterscheidung zwischen Genese (d. h. Entstehungsgeschichte) und Rechtfertigung ist mitunter schwierig – wie steht es etwa mit Aussagen, die scheinbar *nur* genetisch zu rechtfertigen sind, wie „Ich habe Zahnschmerzen?" – aber für unsere Zwecke genügt zunächst die angegebene Charakterisierung: Überzeugungen werden durch andere (möglicherweise fundamentale) Überzeugungen *gerechtfertigt*, aber sie *entstehen* nach der klassischen Auffassung aus Ideen.

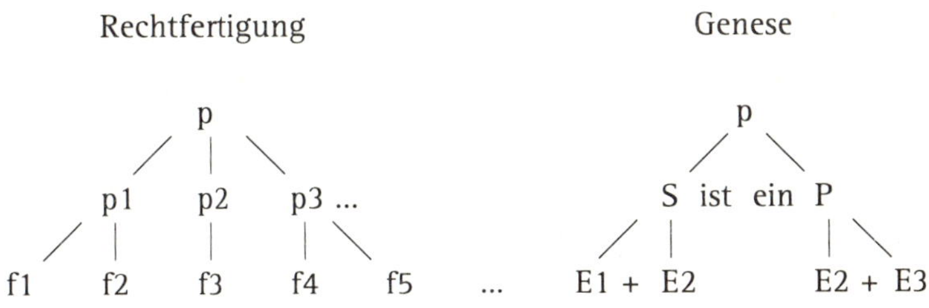

Überzeugungen: p, p1, p2 ...; fundamentale Überzeugungen: f1, f2 ..., Ideen: S, P; einfache Ideen: E1, E2, E3 ...

Abbildung 1: Genese und Rechtfertigung

In diesem Kapitel befassen wir uns mit genetischen Erklärungen von Erkenntnissen. Die Behauptung, daß Ideen das Fundament der Erkenntnis bilden, hat dabei wiederum zwei Aspekte, die von den fundamentalistischen Philosophen selten explizit unterschieden werden: auf der einen Seite werden Urteile aus Ideen durch die Kopula gebildet, auf der anderen setzen sich komplexe Ideen aus einfachen Elementen zusammen. Auch in den Untersuchungen der Gestaltpsychologen spielen diese beiden Aspekte eine Rolle: Zum einen ging es um die Frage, wie (elementare oder komplexe) Begriffe oder Ideen überhaupt zusammenhängen, zum anderen untersuchte (und widerlegte) man die Behauptung, daß es Elemente der Wahrnehmung gibt, die sich zu komplexen Wahrnehmungen assoziieren.

Zunächst interessiert uns der fundamentalere Schritt, die Reduktion von komplexen Ideen auf einfache Ideen, die in irgendeinem Sinne „an sich" gegeben sind. Weshalb sollten wir überhaupt einfache von komplexen Begriffen unterscheiden, weshalb sollten nicht alle unsere Vorstellungen und Begriffe voneinander unabhängige selbständige Einheiten bilden? Sprachgebrauch und Intuition legen uns eine andere Vermutung nahe. Begriffe lassen sich durch andere erklären und definieren, und wir sehen intuitiv gewisse Gemeinsamkeiten zwischen dem Begriff eines Rüsseltieres und jenem konkreten Elefanten, der vor uns steht. Schließlich war es auch wiederum die klassische Logik, die die Existenz einfacher Ideen suggerierte. Denn das Schema „S ist ein P" ergibt nur dann einen wahren Satz, wenn auch tatsächlich P in S enthalten ist; mindestens S muß also ein komplexer Begriff sein, der P enthalten könnte. Und da wir uns S nicht gut als eine unendliche Konjunktion von immer diffizileren Teilbegriffen vorstellen können, scheint es tatsächlich einfache Ideen geben zu müssen. Was sind diese einfachen Ideen?

Man kann diese Frage rationalistisch oder empiristisch beantworten. So kann man in einem platonischen Sinne die Existenz zeitloser Ideen postulieren, von denen unsere tatsächlichen Begriffe bloße Abschattungen darstellen. In diesem Sinne ist etwa auch Leibniz zu verstehen, der den Ursprung der Begriffe „in einer gewissen Region der Ideen, nämlich in Gott selbst" sieht.[5] Einen echten Ideen-Atomismus findet man aber eher auf der Gegenseite im englischen Empirismus. Die Empiristen konzentrierten sich auf die Untersuchung der sinnlichen Wahrnehmungen und versuchten, die Rolle eingeborener geistiger Prinzipien und Ideen in der Erkenntnis zu minimieren. Der Geist an sich ist wie weißes Papier – eine *tabula rasa*, die erst durch Erfahrung mit Inhalten bestückt wird. Locke[6] war überzeugt, daß alle Erkenntnis entweder auf Wahrnehmung oder auf Reflexion über unsere geistigen Operationen zurückgeführt werden kann. *Kälte, Wärme, Farbe, Bewegung* sind einfache Ideen, die aus der Wahrnehmung stammen; *Denken* und *Wollen* einfache Ideen aus der Reflexion. Wenn wir Locke Glauben schenken, dann lassen sich all diese Atome des Bewußtseins scharf voneinander unterscheiden, auch wenn sie sich in konkreten Wahrnehmungsakten vermischen. Komplexe Ideen werden aus einfachen konstruiert und dann als Einheiten aufgefaßt. Wir belegen sie mit einfachen Namen, z. B. *Schönheit, ein Mensch, eine Armee, das Universum.*

Obwohl die Kombinationsmöglichkeiten des Geistes unendlich sind, bestehen alle unsere abstrakteren und komplexeren Begriffe im Prinzip aus solchen einfachen Ideen, d. h. entweder sinnlichen Wahrnehmungen oder Reflexionsbegriffen. Die interessante Frage, *wie* diese Komplexe gebildet werden, hat jedoch weder die englischen Empiristen, noch ihre Nachfolger besonders beschäftigt. Locke unterschied unter den komplexen Ideen drei Kategorien, die *Modi*, die *Substanzen* und die *Relationen*. Modi sind Ideen, die nicht für sich, sondern nur in Abhängigkeit von anderen existieren können, etwa die Idee *ein Dutzend*, die von lauter gleichartigen Gegenständen abhängig ist, oder die Idee *Diebstahl*, die auf einer Kombination von Ideen verschiedener Kategorien (*ein Eigentümer, eine rechtliche Norm* etc.) basiert. Locke geht dieser Entdeckung der Abhängigkeit nicht nach, obwohl sie genau genommen die Behauptung der Reduzierbarkeit aller Ideen auf einfache *ad absurdum* führt. Es war gerade dieser Gedanke, der später einen wesentlichen Anstoß zur Entwicklung holistischen Denkens gegeben hat.

David Hume hat den Anteil geistiger Arbeit bei der Ideenbildung noch weiter reduziert. Alle scheinbar schöpferische Kraft des Geistes, schreibt Hume, bestehe „nur in dem Vermögen [...], das uns durch die Sinne und die Erfahrung gegebene Material zu verbinden, zu transponieren, zu vermehren oder zu verringern."[7] Während dieser Satz noch auf komplexere geistige Vorgänge zu deuten scheint, betont Hume im folgenden, daß alle Wahrnehmung und Erkenntnis prinzipiell auf *Assoziation* von Eindrücken (impressions) oder ihren schwächeren Abschattungen, den Ideen beruht. Eine *impression* ist etwa die Wahrnehmung einer bestimmten Grünschattierung, aus der wir durch Erinnerung an solche Eindrücke die Idee der grünen Farbe gewinnen. Solche Ideen verknüpfen wir nun zu Komplexen. Wir können uns einen aufrichtigen Politiker vorstellen, indem wir die Idee der Aufrichtigkeit mit der des Politikers verknüpfen, oder einen goldenen Berg, indem wir „golden" und „Berg" assoziieren. Oft spricht Hume davon, daß die Einbildungskraft die Vorstellungen auf alle mögliche Weise verbinden, vermischen und verändern könne. Er nennt aber nur drei *Prinzipien* der Vorstellungsverknüpfung oder Assoziation: Ähnlichkeit, raum-zeitliche Berührung und die Beziehung zwischen Ursache und Wirkung. Dabei ist es nicht der Verstand, der uns solche Schlüsse nahelegt, sondern ein unmittelbares spontanes Springen der Aufmerksamkeit, das allein auf gewohnheitsmäßige Verknüpfung (*custom*) oder Lebenspraxis (*habit*) zurückgeht. Alle unsere abstrakten Ideen und Vorstellungen, und seien sie noch so erhaben, müssen folglich in Sinneseindrücke analysiert werden können, sonst sind sie leer. Hume fordert damit noch deutlicher als Locke, daß alle unsere Begriffe auf fundamentale Sinneseindrücke *reduzierbar* sein müssen, ein Gedanke, der spätere empiristische Programme prägen sollte.

Nach dieser genetischen Darstellung der Erkenntnis entstehen unsere Überzeugungen allein auf Grund von sinnlichen Erfahrungen, die auf dem Wege der Erinnerung zu schwächeren Vorstellungen und durch Assoziation zu komplexen Ideen mutieren. Aus den Ideen konstruieren wir durch die üblichen logisch-grammatischen Operationen Urteile und Schlüsse. Die Quantenphysik, ein Haushaltsplan oder eine Abhandlung über Menschenrechte lösen sich unter sorgfältiger Analyse, dem geistigen Mikroskop des Empiristen, zu solchen einfachen Vorstellungen auf, deren eigentliches Wesen unmittelbare Eindrücke sind. Dieses Bild der Erkenntnis scheint den Vorteil zu bieten, daß es den Anteil unbekannter hypothetischer Entitäten und Prinzipien – wie etwa angeborener Ideen, die in einer jenseitigen Welt existieren – minimiert. Erkenntnis und Denken sind ausschließlich mittels dessen, was unmittelbar gegeben ist, erklärbar. Die Einfachheit dieser Vorstellung hat lange Zeit hypnotisierende Wirkung ausgeübt, nicht zuletzt auf die Psychologie, die als Wissenschaft am intensivsten mit einer genetischen Erklärung der Erkenntnis befaßt war.

Hume begründete seine Auffassung meist introspektiv – man *sehe* vor dem geistigen Auge, wie sich die komplexen Überzeugungen unter dem empiristischen Mikroskop in einfache Ideen auflösen. Der entscheidende Schwachpunkt dieser Auffassung, den vor allem Kant in den Mittelpunkt stellte, ist die Tatsache, daß der Mechanismus, *wie* denn aus den Sinnesdaten allgemeine Urteile entstehen, ungeklärt bleibt. Zwar mag es sein, daß Sinnesdaten auch in unseren abstraktesten Ideen eine Rolle spielen, aber nichts garantiert, daß sie die einzigen oder auch nur wesentlichen Bestandteile solcher Ideen sind, und daß *bloße Assoziation* zu ihrer Bildung ausreicht. Noch nicht einmal für alle von Hume angeführten Beispiele ist erkennbar, welche Rolle die Assoziation dabei spielen könnte: der Mechanismus, der etwa zur Bildung des Begriffs vom *goldenen Berg* führt, kann weder auf Assoziation wegen räumlicher Nähe, noch wegen Ähnlichkeit, noch wegen einer Beziehung von Ursache und Wirkung beruhen. Humes Bemerkung, daß der Geist die Sinnesdaten „verbindet, transponiert, vermehrt oder verringert" könnte auf weitere Prinzipien hindeuten, jedoch sind seine Erläuterungen zu spärlich, als daß sie viel zur Lösung beitragen könnten. Die Assoziationstheorie der Erkenntnis scheint geistige Vorgänge vom Nimbus des Unfaßbaren zu befreien, aber dafür läßt sie die Frage offen, *wie* denn die Genese der komplexen und abstrakten Ideen zu verstehen ist.

3 Gestalten

Die Assoziationstheorie nach dem Vorbild Humes beherrschte in der Folgezeit vor allem die Psychologie und Erkenntnistheorie empiristischer Prägung, die im 19. Jahrhundert in Deutschland etwa von J. F.

Herbart und Th. Ziehen vertreten wurde. Die Psychologie orientierte sich an den Naturwissenschaften, insbesondere auch an der Chemie. Das hier sehr erfolgreiche periodische System der Elemente legte einen verlockenden Gedanken nahe: Vielleicht liegen auch den geistigen Vorgängen wissenschaftlich faßbare Bausteine zugrunde, die sich durch die Mechanismen der Assoziation zu komplexen gedanklichen Gebilden verbinden. Die Assoziationspsychologen versuchten, wie Ebbinghaus einmal schreibt, „einerseits analysierend zu den letzten unterscheidbaren Elementen und andererseits induzierend zu allgemeinen Regeln ihres Zusammenhanges zu gelangen ...".[8] Assoziation dachte man sich nach wie vor als eine unbestimmte Art der Verknüpfung, auf deren Natur wenig Aufmerksamkeit gerichtet wurde. Wie schon bei Locke und Hume galt die Aufgabe als gelöst, wenn die einfachen Ideen, die hinter einer Vorstellung standen, gefunden waren.

Das mechanistische und atomistische Modell der Psychologie, das wesentlich von der Assoziationslehre Humes und der mechanistischen Naturbetrachtung Descartes geprägt ist, fand schon vor Ehrenfels seine Gegner in Philosophen wie Hegel und Dilthey oder in Goethes Naturlehre. Goethe weist etwa im Vorwort zu seiner *Farbenlehre* daraufhin, daß ein bloßes Beobachten ohne gedankliche Beimengungen unmöglich ist, da wir schon bei jedem aufmerksamen Blick in die Welt theoretisieren. Die Verifikation dieser Behauptung setzte jedoch eine andere Entwicklung voraus, die in den *Meditationen* des Descartes ihren Anfang genommen hatte.

Die *Meditationen* sind berühmt für das Gedankenexperiment des systematischen Zweifels, der schließlich zu der Erkenntnis führt, daß der Akt des Zweifelns selbst ein Faktum ist, das unbezweifelbar feststeht. Diese Blickrichtung auf die eigenen Bewußtseinsvorgänge stattet uns also mit unumstößlichen Gewißheiten aus, und die innere Wahrnehmung wird zur entscheidenden Quelle philosophischer Argumentationen. Die Logik von Port Royal formuliert diese Erkenntnis mit den folgenden Worten: „Ich bin sicher, wenn ich zweifle, daß ich zweifle, und, wenn ich zu sehen glaube, daß ich glaube zu sehen, daß ich, wenn ich zu hören glaube, glaube zu hören usw. Man wird auf diese Weise, wenn man in den eigenen Geist eindringt und zusieht, was sich dort abspielt, unendlich viele klare Erkenntnisse finden, die nicht angezweifelt werden können."[9] Man mag also daran zweifeln, ob ein Geschmack auf der Zunge wirklich von einer Erdbeere stammt, aber nicht, *daß* ein gewisser Geschmackseindruck besteht, und während man in dem Glauben irren kann, daß vor dem Fenster ein Kater jault, ist keine Täuschung im Phänomen selbst (dem Geräusch) möglich. Die sprachlich faßbare, „propositionale“ Überzeugung unterliegt Irrtum und Rechtfertigung, das bloße Phänomen nicht.

Dieser eigentümliche Charakter der Bewußtseinsphänomene blieb lange ohne große Wirkung. Erst Brentano richtete mit seinem 1874 erschienenen Werk *Psychologie vom empirischen Standpunkt* den Blick methodisch auf diese inneren Phänomene und machte sie zum Gegenstand wissenschaftlicher Untersuchung. Durch die „innere Wahrnehmung“ sollten die psychischen Ereignisse klassifiziert und nach den Gesetzen ihrer Erscheinungsweisen und ihren Zusammenhängen beschrieben werden. Brentano erkannte als entscheidendes Merkmal von Bewußtseinsakten ihre Gerichtetheit auf einen Gegenstand, die Intentionalität, jedoch interessiert uns in diesem Zusammenhang ein anderes Ergebnis seiner Forschung. Die innere Wahrnehmung zeigte ihm, daß die atomaren Sinnesdaten der englischen Empiristen ein bloßer Mythos sind. Wer seinen Blick auf die eigenen Phänomene richtet, findet dort nur zusammenhängende Erfahrungen, einen Strom von Erlebnissen, keine isolierten Daten. Jeder Teil innerhalb der Wahrnehmung ist aus einem gesamten Kontext hervorgehoben, aber – anders als Locke und Hume behauptet hatten – niemals von diesem scharf getrennt. Während ein bestimmter Geschmack wahrgenommen wird, spielen im Bewußtsein eine Vielzahl anderer Ereignisse und Phänomene eine Rolle. Dazu gehören auftauchende oder latente Erinnerungen an frühere Geschmackserlebnisse, die Bedeutung des zugehörigen Wortes, der unmittelbare Zusammenhang, in dem das Erlebnis stattfindet, die gesundheitliche Disposition, der Grad der Aufmerksamkeit und vieles mehr. Jedes Gefühl und jede Wahrnehmung steht so in einer kontinuierlichen Reihe von Erlebnissen, und der gesamte Strukturzusammenhang befindet sich in ständiger Bewegung und Veränderung.[10] Die Beobachtung eines Sonnenaufgangs ist deshalb nicht ein Aggregat aus verschiedenen distinkten Sinnesdaten und Gefühlen, sondern ein einheitliches Erlebnis, aus dem durch gerichtete Aufmerksamkeit einzelne Punkte und Aspekte hervorgehoben werden können. Es war dieser Gedanke, der von den Gestaltpsychologen weiterentwickelt wurde und sich folgenreich auch auf die Philosophie auswirkte.

Die Bewußtseinspsychologie hatte jedoch mit ihrem Verweis auf innere Wahrnehmung gegenüber der atomistischen Lehre keinen guten Stand. Diese neue Form von Evidenz war ein sehr eigenwilliges Instrument der wissenschaftlichen Forschung, das von vornherein mit dem Problem der Subjektivität belastet war. Denn für die Möglichkeit, das Bewußtseinsphänomen eines anderen zu erleben, fehlt bislang der wissenschaftliche Nachweis. Objektivität und intersubjektive Überprüfbarkeit sind aber nun einmal wesentliche Kriterien wissenschaftlicher Forschung. Was sollte Brentano also einem Gegner antworten, der schlechtweg behauptet, in seinem Bewußtsein atomare Sinnesdaten anzutreffen und nicht etwa ganzheitliche Erlebnisse? Erst Brentanos Schüler Ehrenfels fand – beinahe unabsichtlich – das Mittel, das den wesentlichen Mangel der atomistischen Theorie exakt zu benennen half.

Schon Locke hatte ganz verschiedene Arten von Verknüpfungen von Elementen beschrieben und dabei auch solche Komplexe erwähnt, die nur von gewissen Elementen *abhängig* sind, aber nicht eigentlich aus diesen bestehen. Das Postulat, daß *alle* Komplexe auf ihre Elemente reduzierbar seien und daß die Art der Verknüpfung selbst nichts Wesentliches zur Entstehung von Komplexen beiträgt, hatte sich dennoch durchgesetzt. Ehrenfels erkannte, daß es gewisse „Bewußtseinsgegenstände" gibt, die nicht in diesem Sinne reduziert werden können, die sogenannten Gestalten. Ehrenfels' Gestaltbegriff beruht nicht so sehr auf innerer Wahrnehmung, als vielmehr darauf, daß Gestalten *Eigenschaften* haben, die nicht Eigenschaften ihrer „Grundlage" sind – ein Merkmal, das Max Planck auch an irreversiblen Prozessen beobachtete. Dieses Merkmal ist den Gestalten an sich zuzurechnen, nicht gewissen subjektiven Bewußtseinsphänomenen, weshalb Husserl die Gestalteigenschaften auch im Rahmen seiner *formalen Ontologie* als objektive Fakten beschreiben konnte. Ehrenfels' Entdeckung *widerlegt* daher die atomistische Behauptung – eine Tatsache, die auch Köhler (1971) betont hat und die nicht unterschätzt werden sollte. Behauptet man, wie Hume, daß alle Komplexe aus Assoziationen von Sinnesdaten bestehen, und läßt sich zeigen, daß es Komplexe gibt, die so nicht beschrieben werden können, dann muß der Atomismus zumindest in dieser Form aufgegeben werden, es sei denn, eine atomistische Variante der Gestaltpsychologie kann entwickelt werden. Letzteres geschah tatsächlich in der Grazer Schule der Gestalttheorie durch Meinong und seine Schüler, die eine „Produktionstheorie" der Gestalt formulierten.[11]

Die besonderen Eigenschaften, die Ehrenfels entdeckte, nannte er *Gestaltqualitäten* und eine Gestalt ist genau genommen die „Form" eines Komplexes, der eine solche Qualität aufweist. Oft wird der Ausdruck aber etwas irreführend für den Komplex selbst verwendet. Gestaltqualitäten sind Eigenschaften, die nur Gesamtheiten und nicht ihren Elementen zukommen. Daß eine Linie lang, ein Körper rund oder eine Oberfläche rauh ist, daß etwas das Zentrum einer Stadt, der Ursprung einer Bewegung oder die Intensität einer Erfahrung ist, beschreibt Eigenschaften von Komplexen, nicht Eigenschaften ihrer Elemente. Diese Qualität ist ursprünglich in der These (G) gemeint, wenn es heißt, daß das Ganze „mehr als die Summe seiner Teile" sei. Auch die Melodie, das Standardbeispiel der Gestalttheoretiker, ist eine solche Gestalteigenschaft. Gerade wegen ihrer Unabhängigkeit von Eigenschaften der Elemente sind Gestaltqualitäten transponierbar auf andere Komplexe und bleiben also *invariant* gegenüber einer Ersetzung ihrer Teile durch andere. Darüberhinaus können sich jedoch Elemente und Komplexe verändern, wenn sie in größere Gesamtheiten eingefügt werden. Sie nehmen dann Eigenschaften an, die ihnen in Isolation nicht zugeschrieben werden können. Dies zeigt schon die triviale Tatsache, daß etwas z. B. ein „Zentrum" oder ein „Anfang" nur in Bezug auf ein größeres Ganzes ist und diese Eigenschaft verliert, sobald es aus dem Zusammenhang entfernt wird. Die formalen Beziehungen zwischen Ganzen und Teilen hat erst Husserl genauer untersucht (s. u.), während die Gestalttheoretiker sich auf die Beschreibung beobachtbarer Tatsachen konzentrierten. Die Existenz und Unterscheidbarkeit von Elementen ist für den hier vertretenen Holismus wesentlich: Das Ganze existiert nur mit den Teilen und die Teile nur in einem Ganzen.[12]

Ehrenfels selbst betrachtete die musikalischen Gestalten 1890 noch eher als Ausnahmephänomen, jedoch zeigte sich schnell, daß Gestalten überall in der Wahrnehmung und der Erkenntnis anzutreffen sind. Das Fundament der Erkenntnis konnte also nicht in isolierten Sinnesdaten zu finden sein. Zunehmend schien es, als seien die Gestalten primär und die einzelnen Daten von ihnen abhängig und durch sie bestimmt. Eine Fülle von experimentellen Ergebnissen, die vor allem aus der Berliner Schule der Gestalttheorie stammen, bestätigte eindrucksvoll diesen Verdacht. So zeigte die Untersuchung der sog. optischen Täuschungen, daß die einzelne Wahrnehmung vom gesamten Kontext geprägt ist. Berühmte Beispiele sind die Müller-Lyersche Pfeiltäuschung und das Sandersche Parallelogramm. Besonders deutlich zeigt die scheinbare Spirale (s. Abb. 2), die in Wirk-

Abbildung 2: Optische Täuschung[13]

lichkeit aus exakten Kreisen besteht, wie sich überlagernde Fakten die Wahrnehmung beeinflussen.

Aufsehen erregte auch die Untersuchung, die Max Wertheimer an den stroboskopischen Scheinbewegungen vornahm, die seit Mitte des 19. Jahrhunderts bekannt waren. Werden auf eine beleuchtete Fläche in einem gewissen räumlichen Abstand und zeitlich kurz nacheinander zwei Schatten projiziert, dann nimmt der Beobachter statt dessen die kontinuierliche Bewegung *eines* Schattens wahr, die vom Ort des ersten zum Ort des zweiten Schattens führt. Der Beobachter kann diese *scheinbare* Bewegung (die Grundlage für das Sehen von Bewegung in Filmen) nicht von der *wirklichen* Bewegung eines Schattens unterscheiden. Daher läßt sich sogar ein umgekehrtes Nachbild der Scheinbewegung auf der Netzhaut nachweisen, sie ist also eine *Wahrnehmungstatsache*. Die Gestaltpsychologen schlossen daraus, daß sich auch Bewegungswahrnehmungen nicht aus einzelnen Reizen zusammensetzen, sondern sich die Inhalte einer Wahrnehmung gegenseitig beeinflussen und determinieren. Die Assoziationspsychologie hatte dieses sog. Phi-Phänomen als Irrtum des

Beobachters erklärt, der die beiden Schatten wegen der Schnelligkeit ihrer Folge identifiziert – eine Erklärung, die einen blitzschnellen Urteilsprozeß voraussetzt und deshalb nicht besonders plausibel erscheint. Das Phi-Phänomen legte, wie andere ähnliche Entdeckungen, die Annahme nahe, daß die Wirklichkeit in großem Ausmaß von uns *gemacht* und nicht bloß passiv rezipiert wird. Die Gestalttheoretiker entdeckten eine Anzahl von Gestaltgesetzen, die die spontane Organisation von Wahrnehmungen leiten, darunter die Gesetze der Prägnanz (bestimmte Formen werden leichter aus dem Gesichtfeld herausgehoben als andere) und das Gesetz der Priorität des Ganzen über die Teile. Viele dieser Gesetze erwiesen sich nachträglich als Hypothesen, die nicht grundsätzlich für alle Wahrnehmungstatsachen gelten. Gerade die visuelle Wahrnehmung scheint nach neueren Untersuchungen eher *nicht* holistisch zu arbeiten, während sich Gestaltgesetze in der Erinnerung und der Organisation geistiger Inhalte als besonders wirksam erwiesen haben.[14]

In einem populären Vortrag 1927 erklärte Wertheimer zusammenfassend: „Es gibt Zusammenhänge, bei denen nicht, was im Ganzen geschieht, sich daraus herleitet, wie die einzelnen Stücke sind und sich zusammensetzen, sondern umgekehrt, wo – im prägnanten Fall – sich das, was an einem Teil dieses Ganzen geschieht, bestimmt von inneren Strukturgesetzen dieses seines Ganzen."[15] Zwar läßt er damit immer noch das Gegenteil zu – es gibt also auch Zusammenhänge, die sich aggregativ verhalten –, tatsächlich tendierte aber die Berliner Schule der Gestalttheoretiker (vor allem Wertheimer, Köhler, Koffka) zu einer umfassenden ganzheitlichen Theorie der Gestalten. Die noch von Descartes herrührende mechanistische *quantitative* Naturbetrachtung sollte durch eine *qualitative* ersetzt werden, wie u. a. bereits Dilthey und Brentano vorgeschlagen hatten.[16] Der Blick des Psychologen sollte sich in Zukunft nicht in erster Linie auf meßbare Fakten, sondern auf erlebbare Zusammenhänge richten, die im Bewußtseinsakt als solchem unmittelbar gegeben sind. Das Gegebene ist aber ein ganzheitliches Anschauungsfeld, für das Köhler den Begriff des *dynamischen Feldes* geprägt hat, ein Begriff, der von Smuts übernommen wurde und seither zu einer beliebten Metapher in holistischen Theorien mutiert ist.[17] Köhler versuchte jedoch ganz konkret die Wahrnehmungsvorgänge im Gehirn als elektromagnetisches Feld zu erklären. Grelling und Oppenheim, die eine erste Präzisierung des Gestaltbegriffs versucht hatten, nannten solche Feld-Gestalten auch *Wirkungs-*

system oder *funktionales Ganzes.*[18] Funktionale Ganzheiten sind von der Art, daß ihre Elemente in gegenseitiger Abhängigkeit voneinander stehen und sich reziprok beeinflussen. Solche Ganzheiten sind konkret bestehende „lebendige" Systeme, Organismen, während Gestalten im Ehrenfelsschen Sinne von sehr abstrakter und statischer Natur sein können. So bildet z. B. die innere Haltung oder Einstellung bei einer Handlung ein Feld, das Aufmerksamkeiten lenkt, Gefühle evoziert, Werte verteilt und damit bestimmte Einzelheiten positiv gewichtet und andere vernachlässigt. Auch Überzeugungssysteme, Theorien oder ganze Sprachen sind in diesem Sinne als Kraftfelder beschrieben worden. Die meisten Gestaltgesetze wirken in solchen funktionalen Zusammenhängen, während die Gestaltqualitäten von Ehrenfels durch gewisse formale Zusammenhänge zwischen Teilen und Ganzheiten beschrieben werden können. Wir werden uns zunächst solchen abstrakten Beziehungen zuwenden, bevor wir in den nächsten Kapiteln zu den Wirkungssystemen übergehen. Wirkungssysteme sind Varianten unserer These (B) in Kap. I, d. h. der Behauptung, daß ein Teil des Ganzen durch das Ganze bestimmt sei. „Bestimmung" ist hier also in einem prozessualen Sinne gemeint: das Ganze wirkt durch eine Art Kräfteverteilung auf den Teil ein. Wir werden weiter unten noch eine mehr statische Variante von (B) kennenlernen.

4 Teil, Ganzes, Summe

Die atomistische Idee, daß komplexe Begriffe aus einfachen zusammengesetzt sind, ist kein typisches Merkmal empiristischer Philosophie. Die klassische Logik, der rationalistische, wie empiristische Denker anhingen, betrachtete, wie wir gesehen haben, Begriffe allgemein als Konjunktionen von Merkmalen. Der Unterschied zwischen rationalistischen und empiristischen Entwürfen lag darin, daß die Merkmale (die einfachen Begriffe) bei den ersteren in angeborenen Ideen, bei den zweiteren im wesentlichen in Sinnesdaten bestanden. So gibt es die Analysierbarkeit der Begriffe in einfache auch bei Kant, der z. B. in der Definition analytischer Urteile davon spricht, daß das Prädikat eines solchen Urteils „versteckterweise" im Subjekt enthalten sei, daß analytische Urteile also in einer Zergliederung eines Begriffs in seine Merkmale bestehen.[19] Das atomistische Modell war auf diese Weise schon in der Logik vorgezeichnet, die als grundlegend und nichtrevidierbar galt.

Es ist also nicht verwunderlich, daß die Lücken in der Möglichkeit von additiver Begriffsbildung lange unentdeckt blieben. Kein logisches Modell stand zur Verfügung, das eine andere Auffassung als die begriffsanalytische rational erklärt hätte, da Rationalität und Analyse so eng miteinander verknüpft scheinen. Der gestalttheoretische Ansatz schlug eine erste Bresche in das wohlgeordnete atomistische Weltbild. Es schien nun, als ob am Grunde oder zumindest doch in einem wesentlichen Bereich der Erkenntnis nicht-analysierbare Ganzheiten stünden, die nurmehr intuitiv – eben als Ganzes – erfaßbar sind. Dies war zumindest eine mögliche Folgerung, und es ist vermutlich kein Zufall, daß der Gestaltpsychologe Wolfgang Köhler sich auf gehirnphysiologische Erklärungen der Gestalten zurückzog, während sein Kollege Max Wertheimer, der aus einer Familie von Rabbis stammte, in mystischen Auffassungen, z. B. bei Jakob Böhme, Unterstützung für die Gestalttheorie suchte. Der kritische Punkt zeigt sich in der verräterischen Formulierung von Ehrenfels, die Gestalt sei ein „über ihrer Grundlage schwebendes" neues Element. Zu Recht mag ein Atomist einwenden, daß dieses Schweben zumindest erklärungsbedürftig ist. Lassen sich Gestalten wirklich nicht auf etwas Bekanntes und weniger Rätselhaftes zurückführen? Sind die ganz verschiedenen Gestalten, die sich in musikalischen Kompositionen, raum-zeitlichen Gegenständen oder sozialen Institutionen zeigen, tatsächlich von gemeinsamer Natur? Können wir nicht einfach die Mechanismen der Kombinatorik erweitern, um auch Gestalten befriedigend zu beschreiben?

Einer der frühesten Rezipienten des Ehrenfelsschen Artikels war Meinong, der dessen Ansatz sogleich in einer eigenen Weise weiterentwickelte.[20] Meinong erwägt die Möglichkeit, daß die Gestalt zwar nicht die Summe der Teile eines Komplexes, aber die Summe seiner *Relationen* sei. Dieser Einwand liegt nahe, denn offenbar hat die Gestalt mit den Beziehungen zwischen den Teilen zu tun. Die Melodie läßt sich z. B. als Folge von Tonschritten mit bestimmten Intervallen beschreiben. Die psychologischen Daten hatten aber gezeigt, daß die einzelnen Töne im Gegensatz zur Melodie kaum erinnert werden; weshalb sollte es sich bei den Tonschritten anders verhalten? Grundsätzlicher ist jedoch der Einwand, daß die meisten Gestalten, denen wir begegnen, keine klar unterschiedenen Elemente besitzen – die Melodie ist in dieser Hinsicht eine Ausnahme. Dies gilt vor allem für räumliche Gestalten: ein Gebäude, eine Pflanze oder ein Lebewesen sind nicht an sich schon in bestimmter Weise gegliedert, sondern Elemente müssen erst in sie „hineinanalysiert" werden. Bevor dies nicht geschehen ist, können auch keine Relationen zu einer Gestalt summiert werden. Dieser Einwand weist auf einen wesentlichen Faktor in gestaltbildenden Prozessen hin: Die eigentlichen Elemente sind nicht an sich gegeben, sondern aus einem Ganzen durch gewisse Prozesse abstrahiert; sind sie aber einmal gewonnen, dann können sie auch zu neuen Gesamtheiten kombiniert werden, die dann ihrerseits besondere Gestalteigenschaften aufweisen können. Mit anderen Worten: Die Elemente von Gestalten können selbst Gestalten sein, die eigentliche „Grundlage" sind aber immer Ganzheiten. Dieser Prozeß, der vom Ganzen zum Einzelnen und von diesem zu neuen Ganzheiten führt, wird uns in den verschiedenen holistischen Theorien immer wieder begegnen. Semantisch drückt er sich z. B. im Gegensatz von „Kompositionalität" und „Kontextprinzip" aus: Nach der einen These setzt sich die Bedeutung von Sätzen aus der Bedeutung von Wörtern zusammen, nach der anderen ist die Bedeutung von Wörtern aus dem Kontext des ganzen Satzes bestimmt. Dies kann ein Holist durch einen Prozeß erklären, der beim Kontextprinzip beginnt, also die Abstraktion aus dem Ganzen voraussetzt.

Während Meinong in den meisten Punkten mit Ehrenfels einer Meinung war, zählte Moritz Schlick eher zu den Kritikern der Gestalttheorie. Er formulierte einen Vorwurf, der besonders häufig gegen die Gestalttheoriker erhoben wurde, den Einwand der Trivialität. Gibt es überhaupt Ganzheiten, die man als bloße *Summe* von Teilen beschreiben könnte? Ist ein Klavier eine Summe von Tasten, Pedalen, Klangkörper und anderen Bauteilen oder die Alte Pinakothek in München eine Summe von Mauern, Fenstern, Treppen und Gemälden oder auch bloß ein Stuhl eine Summe von Beinen, Sitzfläche und Lehne? Schlick behauptete: „Es gibt, abgesehen von den Fällen, wo es sich um einen analytischen Kalkül handelt, wie in der Mathematik, keine Zusammensetzungen, bei denen nicht zu den zusammensetzenden Teilen eben durch die Zusammensetzung selbst etwas Neues hinzuträte."[21] Wer zwei Würfel aneinanderfügt, weiß nicht a priori, daß das Ergebnis ein Quader von doppelter Seitenlänge ist, denn die beiden Würfel könnten einander ebensogut durchdringen und einen weiteren Würfel ergeben. Alle klassischen Aggregate und Komplexe haben nach Schlick dieses Merkmal. Wenn aber alles Gestalt ist, dann ist der Begriff trivial, es folgt nichts daraus, wie Ostwald von sinnvollen Thesen gefordert hatte.

Der Begriff der Gestalt kann jedoch nicht trivial sein, da es sogar nach Schlick im mathematischen Gebrauch sinnvolle Verwendungsweisen von „Summe“ oder „Zusammenfügung“ gibt, bei denen eine Summierung *keine* Gestalt zur Folge hat. Der Einwand der Trivialität läßt sich darüberhinaus auch mit Mitteln der *Mereologie*, der formalen Theorie der Beziehungen zwischen Ganzen und Teilen, entkräften.[22] Eine mereologische Summe ist ein künstliches Individuum, das aus beliebigen Gegenständen des Universums besteht. Eine solche arbiträre Zusammenstellung ist etwa das dritte Wort auf dieser Seite, der Mond und der derzeitige Präsident der USA.[23] Der technische Begriff ist nützlich, um die Bedeutung von komplexen Pluralausdrücken beschreiben zu können, wie etwa „Bäume und Sträucher“. Von den mereologischen Summen lassen sich strukturierte Komplexe, die wir hier mit Gestalten identifizieren, auf die folgende Weise unterscheiden: Echte Summen existieren, wenn ihre Teile existieren; eine Gestalt existiert, wenn die Teile existieren und mindestens eine *zusätzliche Bedingung* erfüllt ist.[24] So existiert die mereologische Summe der Teile der Alten Pinakothek auch dann, wenn alle Gemälde eingelagert sind und das Haus geschlossen ist. Die Gestalt „Alte Pinakothek“ existiert aber nur unter konstituierenden Zusatzbedingungen, die je nach Auffassung variieren können, z. B. derjenigen daß das Haus seine Funktion als Gemäldegalerie erfüllt, daß die Gemälde an ihrem Platz hängen, oder daß es zur Besichtigung freigegeben ist. Die Summe der Teile und die Gestalt können also zwar regelmäßig gleichzeitig am gleichen Ort existieren, aber die Gestalt weist ein *mehr* gegenüber der Summe der Teile auf, das hier als konstituierende Zusatzbedingung auftritt. Die Gestalt ist also durch die Angabe der Teile allein, wie bereits Ehrenfels betont hatte, nicht vollständig beschrieben.

Oft wird dem Begriff der Gestalt nicht so sehr Trivialität, als vielmehr Vagheit und Mehrdeutigkeit vorgeworfen. In diesem Sinne hat Ernest Nagel 1963 das Ehrenfelskriterium der Übersummativität (These (G)) ausführlich analysiert. Er beschreibt zahlreiche Deutungsmöglichkeiten und unterscheidet allein acht verschiedene Arten von Ganzheiten (*wholes*), ohne daß die Liste erschöpfend wäre. Wenn behauptet wird, das Ganze sei mehr als die Summe seiner Teile, dann bezieht sich das Wort „Ganzes“ z. B.

1. – auf etwas räumlich Ausgedehntes; „Teil„ bezeichnet dann etwas, das räumlich darin eingeschlossen ist. a) „Ganzes“ be-

zeichnet räumliche Eigenschaften wie Länge, Volumen etc. Weder das Ganze, noch seine Teile brauchen in diesem Fall räumliche Kontinua zu bilden. In diesem Sinne waren z. B. die britischen Kolonien Teile des ehemaligen British Empire, und die Wüstengebiete Teile einiger dieser Kolonien. b) „Ganzes" bezieht sich auf eine Eigenschaft eines räumlich ausgedehnten Gegenstandes und „Teil" auf dieselbe Eigenschaft eines Teils davon. So sind die Teile der elektrischen Ladung eines Körpers elektrische Ladungen der Teile des Körpers. c) In einem weniger stringenten Sprachgebrauch spricht man auch von „räumlichen" Teilen, wenn die Dimensionen von Ganzem und Teil nicht gleich sind, z. B. von der Oberfläche einer Kugel als Teil der Kugel, obwohl die Oberfläche nicht in der Kugel eingeschlossen ist.

2. – auf eine zeitliche Periode, deren Teile die Zeitintervalle sind. Auch hier gilt, daß Ganzes und Teile nicht kontinuierlich sein müssen. So sind die Zeiten wirtschaftlichen Aufschwungs seit 1900 diskontinuierlich und Teile von ihnen sind z. B. die Zeitintervalle mit Vollbeschäftigung.

3. – auf eine Klasse, Menge oder ein Aggregat von Elementen und das Wort „Teil" auf eines ihrer Elemente. So ist die Menge der Wünschelrutengänger in Niedersachsen ein solches Ganzes und ein einzelner Wünschelrutengänger ist Teil davon. Solche Mengen oder Klassen sind Beispiele, bei denen der Ausdruck „Summe" noch relativ natürlich erscheint.

4. – auf eine Eigenschaft eines Gegenstandes oder Prozesses und das Wort „Teil" auf eine Eigenschaft, die mit ihr in irgendeiner Weise verknüpft ist. So sagt man, daß eine bestimmte physikalische Kraft aus anderen Kräften zusammengesetzt ist. Teile in diesem Sinne sind nicht-räumliche Teile.

5. – auf eine Struktur oder ein Muster von Beziehungen zwischen Gegenständen oder Ereignissen. Ganze in diesem Sinne kommen den Ehrenfelsschen Gestalten am nächsten, und die Melodie ist ein prägnantes Beispiel für solche Ganzheiten. „Teil" kann hier ein Element, z. B. einen Ton, oder eine Relation, z. B. einen Tonschritt, aber auch eine andere Teilgestalt, z. B. eine kurze Tonfolge bezeichnen. Teil eines solchen Ganzen kann auch ein bestimmter tatsächlich gespielter Ton sein oder eine bestimmte Position im Muster, die durch verschiedene Töne realisierbar ist.

6. – auf einen Prozeß und „Teil“ auf einen Prozeß, der Teil davon ist. So ist z. B. eine Böe Teil eines Sturms oder eine bestimmte liebevolle Geste Teil von Zuneigung.
7. – auf einen konkreten Gegenstand und „Teil“ auf eine Eigenschaft davon. So kann man sagen, daß Friedfertigkeit Teil eines bestimmten Menschen ist, obwohl es korrekter wäre, sie als Teil seines Charakters zu bezeichnen. Von Teilen sprechen wir also auch dann, wenn die Grenzen unscharf und die einzelnen Begriffe vage sind.
8. – auf funktionale Ganzheiten im Sinne Köhlers, deren räumliche Teile in verschiedenen dynamischen Beziehungen stehen. Hier wie bei organischen Ganzheiten steht nicht von vornherein fest, was ein Teil ist.

Dasselbe gilt für die abstrakten Gestalten, die nach Ehrenfels noch nicht einmal einen Namen haben müssen. Betrachten wir etwa die Gestalt G, die einem Sonnenaufgang, einer Hoffnung und einem musikalischen Crescendo gemeinsam ist. Ist hier der Sonnenaufgang „Teil“ der Gestalt G oder eher eine einzelne Phase des abstrakten Prozesses des „Ansteigens“? Nicht nur für die ursprünglichen Ganzheiten gilt also, daß sie in Bezug auf ihre Teile vieldeutig sind: Was ein Teil ist, hängt von der Art der Analyse ab, und diese wieder von vielen anderen Faktoren. Die Teil-Ganzes-Beziehung zeigt daher manche Merkmale jener „Unbestimmtheit“, die später im Zusammenhang mit der Bedeutung von Sätzen in ganzen Sprachen oder Theorien unübersehbar geworden ist.

So vieldeutig wie der Begriff des Ganzen ist nach Nagel nun auch der Begriff der Summe. Schon in der Mathematik müssen verschiedene Arten von Summen unterschieden werden, je nachdem ob natürliche, rationale, reelle oder komplexe Zahlen, Klassen, Relationen oder andere mathematische Gegenstände addiert werden. Gemeinsames Merkmal dieser Summen ist es, daß das Ergebnis *von derselben Art* ist, wie die summierten Teile: Die Summe zweier natürlicher Zahlen ist selbst eine natürliche Zahl, die Summe zweier Klassen ist selbst eine Klasse etc. In diesem speziellen Sinne gilt also der Satz (G) *nicht*. Allgemein können wir schließen: Wenn Ganzes und Teil von derselben Art sind, *ist* das Ganze die Summe der Teile. Man könnte sogar behaupten, daß dieser Satz eine notwendige Wahrheit oder analytische Aussage ist. Aber gleichzeitig relativiert sich nun der Begriff der Summe auf kategorial gleiche Gegenstände.

Nagel illustriert diesen Punkt an folgendem Beispiel: Sei K^* die Menge der ganzen Zahlen, die in folgender Weise *geordnet* ist: an erster Stelle stehen die ungeraden Zahlen in aufsteigender Reihenfolge, dann folgen die geraden Zahlen. K^* läßt sich also durch $\{1, 3, 5, ..., 2, 4, 6, ...\}$ darstellen. Sei nun K_1 die Klasse der ungeraden, K_2 die Klasse der geraden Zahlen, und K die Summe von K_1 und K_2, so daß K alle ganzen Zahlen enthält. Nun sind K und K^* offensichtlich nicht identisch, obwohl sie dieselben Elemente haben, und es macht durchaus Sinn zu sagen, daß K und K^* *nicht* Summen ihrer Teile sind. Selbst im mathematischen Zusammenhang ist also manchmal der Satz „Das Ganze ist mehr als die Summe seiner Teile" in bestimmten Hinsichten wahr. Was sich daran zeigt ist die Tatsache, daß von Summen nur *in Bezug auf eine gegebene Struktur* sinnvoll gesprochen werden kann. Denn wenn K^*_1 und K^*_2 die geordneten Mengen der ungeraden, bzw. geraden Zahlen sind, dann sind K^*_1 und K^*_2 Teile von K^* und K^* ist aus diesen Teilen summiert. Wenn also ein gegebenes System in bestimmter Weise organisiert ist, dann muß eine brauchbare Definition von „Summe", falls es eine solche gibt, die Art der Organisation in Rechnung ziehen.

Bietet sich dadurch eine Möglichkeit, den Konflikt zwischen Atomismus und Holismus zu entschärfen? Wenn eine bestimmte räumliche Anordnung vorausgesetzt wird, läßt sich in gewissem Sinne der räumliche Gegenstand als Summe seiner räumlichen Teile betrachten, ebenso wie im zeitlichen Kontext ein Prozeß als Summe seiner Phasen beschreibbar ist. Selbst Personen lassen sich in dieser Hinsicht als Summen auffassen: wird eine gewisse Charakterstruktur vorausgesetzt, scheint auch der Charakter eines Menschen aus den einzelnen Eigenschaften zusammengesetzt. Nun zeigt sich aber gerade in dieser Abhängigkeit der Teile von der Organisationsstruktur, daß die Gestalt primär und die Zusammensetzung ihr gegenüber sekundär ist. Und natürlich bleiben die ungezählten Gesamtheiten oder Gestalten, die nicht dieselben Eigenschaften wie ihre Teile besitzen, bei denen also tatsächlich nicht von einer Summe die Rede sein kann. Wir wenden uns nun solchen echten Gestalten und einem anderen Versuch zu, die Thesen (G) und (B) zu präzisieren.

5 Abhängigkeit und Fundierung

Meinong war ein Schüler Brentanos und verfolgte Ehrenfels' psychologische Untersuchungen mit philosophischem Interesse. Meinong kritisierte vor allem Ehrenfels' Entscheidung, strukturelle und formale Aspekte von Gesamtheiten als *Gestaltqualitäten* zu bezeichnen. Als Gestalten bezeichnet man in erster Linie die äußere Form von raum-zeitlichen Gegenständen. Zwar läßt sich der Begriff leicht auch auf zeitliche Gesamtheiten übertragen, so daß schon Mach von sog. Tongestalten gesprochen hatte. Ehrenfels verwendete den Begriff der Gestalt aber nun für die verschiedensten Zusammenhänge und als Gestalt*qualität* auch für qualitative Eigenschaften wie Klangfarbe, Richtungsveränderungen, Ähnlichkeiten etc. Das Wort „Gestalt" hat in solchen Kontexten höchstens metaphorische Bedeutung und sein undifferenzierter Gebrauch ist für manche Kritik verantwortlich. Meinong suchte daher einen Begriff, der die Gemeinsamkeit so verschiedener Gestaltarten wie Klangfarbe, äußere Form, abstrakte Struktur oder Prozeß ausdrücken könnte. Er entdeckte, daß alle diese Arten vor allem eines verbindet: sie können nicht ohne eine Grundlage in anderen Gegenständen, Komplexen oder Qualitäten existieren. Es gibt kein Orchester ohne Mitglieder, keine Ehe ohne Ehepartner, kein Urteil ohne Gesetze. Die literarische Gestalt eines Gedichtes braucht als Grundlage die Wörter einer Sprache und in anderer Hinsicht eine materielle Darstellungsform, ohne deshalb auf die Wörter oder ein bestimmtes Vorkommen von Schriftzeichen reduzierbar zu sein. Der Vorsitzende des örtlichen Gesangsvereins setzt eine Vereinssatzung, gewisse gesetzliche Voraussetzungen, eine dörfliche Struktur, die Existenz gewisser Personen und vieles mehr voraus. Als Beispiel für Grundlagen einer Melodie nennt Wittgenstein einmal in seinem *Tractatus* die Grammophonplatte, den musikalischen Gedanken, die Notenschrift und die Schallwellen, durch die die Melodie übertragen wird. (Satz 4.014) Es ist dieses Merkmal der *Abhängigkeit* von einem anderen, ohne gleichzeitig auf dieses andere *reduzierbar* zu sein, das den verschiedenen Gestalten gemeinsam ist. Meinong nennt nun die Grundlage der Gestalten ihr *Fundament* und die Gestalten selbst *fundierte Inhalte.*[25] Gestalten sind also abhängige oder unselbständige, fundierte Inhalte.

Meinongs Terminologie benennt nun zwar ein wesentliches Kennzeichen von Gestalten, dafür ist sie auch höchst abstrakt, und man kann bezweifeln, daß die Ausdrücke „fundierter Inhalt" und „Gestalt" extensionsgleich sind, daß sie unter allen Umständen dasselbe bezeichnen. Meinongs begriffliche Entscheidung hat außerdem einige terminologische Verwirrung hervorgerufen. Die Bezeichnungen „Fundament" und „fundierter Inhalt" sollten nicht ausdrücken, daß die jeweiligen Gestalten oder Gestaltqualitäten aus ihrem Fundament *zusammengesetzt* sind; sie sind vielmehr gegenüber diesem Fundament etwas Neues und (im Sinne der Transponierbarkeit) Eigenständiges, das auf dem Fundament entsteht oder gebildet wird. Als „Fundament" bezeichnete man aber in den klassischen atomistischen Theorien gerade die einfachen Elemente, aus denen alle Komplexe assoziiert sein sollten. In diesem Sinne hieß die atomistische auch manchmal *fundierende* Psychologie. Dies hatte zur Folge, daß eine Aussage der Form, **a** sei in **b** fundiert, oft zu Unrecht als Aussage über die *Reduzierbarkeit* von **a** auf **b** gedeutet wurde. Dieses Mißverständnis ist jedoch nicht ganz zufällig, denn Meinong tendierte tatsächlich mehr zur atomistischen Psychologie: die Möglichkeit, daß das Fundament selbst in der Gestalt fundiert ist, wie die späteren Berliner Gestalttheoretiker glaubten, unterstützte er nicht. Meinong und die auf ihn folgende Grazer Schule der Gestalttheorie waren der Ansicht, daß die fundierten Inhalte auf ihrem Fundament vom Geist produziert werden (*Produktionstheorie*). Meinong argumentierte, daß zwischen der (scheinbar passiven) Wahrnehmung von Gestalten etwa in der Melodie und dem (aktiven) Vergleichen von weit auseinander liegenden Gegenständen, d. h. ihrer Verbindung etwa durch eine Ähnlichkeitsrelation, ein fließender Übergang besteht. Ein Bauwerk läßt sich willkürlich unter irgendeinem Gesichtspunkt mit einer Kröte vergleichen, aber die Ähnlichkeit zwischen Rot und Orange drängt sich uns auf, und ein klassisches europäisches Musikstück können wir nicht hören, ohne gleichzeitig die Melodie wahrzunehmen. Ehrenfels glaubte, daß die Gestalt *gleichzeitig* mit der Grundlage gegeben ist, dagegen hält Meinong das Fundament für primär. „Was das Subjekt hier und dort dazu tut, das stellt die dem betreffenden Fundierungsfall angemessenen Bedingungen dar, ohne daß die Wahrnehmung dieses Tuns dazu irgendwie erforderlich wäre, oder der Inhalt solcher Wahrnehmungen die fundierenden Inhalte ausmachte."[26] Meinong blieb damit im Grunde Atomist.

Zwar hatte Meinong das entscheidende *formale* Merkmal der Gestalten, ihre Abhängigkeit von einem Fundament, erkannt, aber die Beispiele zeigten, daß es sehr verschiedene Arten von Fundierungsbeziehungen und also auch sehr verschiedene Arten von fundierten Inhalten geben muß. Erst Edmund Husserl widmete dieser Frage die gebührende Aufmerksamkeit, als er in einem Kapitel des zweiten Bandes seiner *Logischen Untersuchungen* die „Lehre von den Ganzen und Teilen" entwickelte. Husserl, der hier ausdrücklich an die Untersuchungen von Ehrenfels und Meinong anknüpfte, erkannte als erster nicht nur die Notwendigkeit, sondern auch die Möglichkeit einer systematischen Analyse der verschiedenen Beziehungen zwischen Ganzem und Teil, abhängigem und unabhängigem Gegenstand. In den *Logischen Untersuchungen* entwirft er eine *formale Ontologie*, d. h. eine Beschreibung der Beziehungen zwischen allen möglichen Arten von Gegenständen und ihren Teilen, gleichgültig ob es sich um reale Dinge, Bewußtseinsinhalte, intentionale Akte oder abstrakte Begriffe handelt. Husserl stellte diese formale Ontologie, die Grundlage seiner gesamten späteren Philosophie, nur in Ansätzen mit schematischen Mitteln dar. „Formal" ist sie daher nur in dem Sinne, als sie abstrakte Eigenschaften aller möglichen Arten von Gegenständen beschreibt. Obwohl seine Ansätze einer Schematisierung spärlich sind, gibt es einige vielversprechende Rekonstruktionen der Husserlschen Lehre in der Sprache der Mereologie.[27]

Grundlage ist auch für Husserl die Methode der inneren Wahrnehmung der Bewußtseinsvorgänge, die schon Descartes und Brentano eingesetzt hatten: das Subjekt richtet den inneren Blick auf seine eigenen Gedanken und Erlebnisse. Diese Methode, noch von Ehrenfels zu empirischen Untersuchungen der Genese von Bewußtseinsvorgängen verwendet, hatte für Husserl keinen psychologischen Hintergrund mehr. Er wendete sich im Gegenteil entschieden gegen die „psychologistische" Logik und Erkenntnistheorie seiner Zeit. Wer die verschiedenen Abhängigkeitsverhältnisse zwischen Begriffen und Vorstellungen untersucht, befaßt sich mit einer Sphäre, die einen so hohen Grad von Allgemeinheit besitzt, daß alles Vorstellbare und Denkbare unter ihre Lehrsätze fällt. Es geht also nicht um psychische Ereignisse in einem konkreten Sinne, selbst wenn diese die Untersuchungen selbstverständlich begleiten. Als Instrument dieser formalen Ontologie entwickelte Husserl ein Verfahren, das er später *eidetische Variation* nannte, nach Descartes' methodischem Zweifel die erste *systematische* Verwendung des Gedankenexperiments in der modernen Philosophie.[28] Husserl vervollkommnete dabei eine Methode, die

Philosophen schon immer mit Erfolg verwendet hatten und die wir auch im Alltag, etwa bei der Planung von zukünftigen Handlungen, unsystematisch einsetzen. Beim Verfahren der eidetischen Variation wird ein Gegenstand in der Vorstellung festgehalten, während Bestandteile des Gegenstands variiert werden. Der ursprüngliche Gegenstand und seine Teile machen dabei verschiedene typische Veränderungen durch, die uns viel über das mitteilen, was Husserl das „Wesen" des Gegenstandes nannte, die strukturellen Beziehungen innerhalb des Ganzen. Das Verfahren läßt sich auf schlechthin alles Vorstellbare anwenden, also auch auf gewisse Aspekte von Situationen, Intensitäten von Prozessen etc. Es gibt für zwei beliebige Gegenstände **a** und **b** prinzipiell zwei Möglichkeiten der Reaktion unter eidetischer Variation: 1. **a** bleibt unverändert, wenn **b** variiert, oder 2. **a** verändert sich mit der Variation von **b**. Im ersten Fall ist **b** *unabhängig* von **a** oder *selbständig*; im zweiten Fall ist **b** *abhängig* von **a** oder unselbständig. Ein Ganzes besteht nun in der Regel aus mehr als zwei Teilen und die Teile sind in vielschichtiger Weise miteinander und/oder mit dem Ganzen verknüpft. Die Beziehungen der Abhängigkeit und Unselbständigkeit sind ein Werkzeug, mit dessen Hilfe die strukturellen Zusammenhänge innerhalb eines Ganzen beschreibbar werden. Eidetische Variation bietet also eine Möglichkeit, holistische Bezüge offenzulegen und einer formalen Beschreibung zugänglich zu machen.

Betrachten wir zunächst den ersten Fall, also unabhängige Teile eines Ganzen. Husserl nennt solche unabhängigen Teile auch echte, *konkrete Teile* oder *Stücke*. Beispiele dafür sind viele der raumzeitlichen Gegenstände und zwar vor allem Apparate und Maschinen. Das eingangs erwähnte charakteristische Merkmal der Maschinen, die funktionale Selbständigkeit ihrer Teile, läßt sich als eidetische Unabhängigkeit der Teile beschreiben. Auch organische Ganzheiten besitzen solche konkreten Teile oder Stücke. So weisen z. B. Fabelwesen wie der Zentaur, der Satyr oder das Einhorn auf eine gewisse eidetische Unabhängigkeit von Körperteilen. Ganzheiten, die nur aus voneinander unabhängigen Teilen bestehen, entsprechen den Summen, wie sie Nagel beschrieben hat.

Interessanter ist jedoch das zweite mögliche Ergebnis eidetischer Variation: bei der Variation eines Teils werden die übrigen Teile des Ganzen in Mitleidenschaft gezogen und verändern sich mit ihm. Ein solcher *abhängiger* Teil ist dann kein Stück der Gesamtheit, in der er vorkommt. Abhängige Teile sind *fundiert* im Sinne Meinongs, eine Terminologie, die auch Husserl übernimmt. Es gibt viele Beispiele für solche abhängigen, unselbständigen oder fundierten Teile. Die Größe eines Menschen etwa ist ein abhängiger Teil, denn sie läßt sich nicht verändern, ohne daß Beine oder Rumpf wachsen oder schrumpfen. Die Tonart und die Melodie eines Liedes sind abhängige Teile, da sich mit ihnen auch die Töne ändern. Ein Lächeln ist ein abhängiger Teil eines Gesichts, eine Krankheit abhängiger Teil des Körpers, eine Überzeugung abhängiger Teil einer Person. Abhängige oder fundierte Teile machen den Eindruck, daß sie „inniger" mit dem Ganzen verwoben sind, als selbständige Teile, die sich leicht vom Ganzen abtrennen lassen, sie „durchdringen" das Ganze in gewissem Sinne. In bezug auf bestimmte Gegenstände gibt es erkennbare Grenzen zwischen selbständigen und unselbständigen Teilen, und die unselbständigen sind solche, bei denen wir zögern, überhaupt von Teilen zu sprechen.

Eidetische Variation enthält noch viele weitere Unterscheidungsmöglichkeiten. Die unabhängige Variation eines Teils ist manchmal innerhalb eines bestimmten Rahmens möglich, in diesem Sinne ist der Teil also ein konkreter Teil, ein Stück. Wird aber dieser Rahmen überschritten, dann reagiert plötzlich das Ganze mit und der Teil erscheint in diesem Sinne als abhängiger Teil. Auch das Umgekehrte kommt vor. So findet das oben beschriebene Phi-Phänomen nur statt, wenn die beiden Reize in einem bestimmten zeitlichen Abstand dargeboten werden. Auch Töne werden nur dann als Melodie erlebt, wenn sie kurz nacheinander gehört werden; im Abstand von einer Stunde sind sie also unabhängig, im Abstand von einer Sekunde nicht. Die Abhängigkeitsverhältnisse zwischen den Teilen und dem umfassenden Ganzen sind daher komplexer, als man auf den ersten Blick vermuten würde. Husserl erklärt manche Abweichungen so, daß unabhängige Variabilität nur für die Arten von abhängigen Teilen *in ihren Gattungen* gelte, nicht aber für die Gattungen selbst. So könnte man auch vermuten, daß Farbe ein selbständiger Teil von Ausdehnung sei, da sich die Farbe einer Fläche beliebig verändern läßt, ohne daß ihre Ausdehnung davon berührt wird. Man müßte dann im eigentlichen Sinne sagen, daß die Farbe Weiß *Stück* einer weißen Kugel ist. Nun zeigt aber das umgekehrte Vorgehen, daß Farbe abhängiger Teil von Ausdehnung ist: lassen wir die Fläche schrumpfen, dann verändert sich auch die Farbe, bis sie im Falle eines Punktes verschwindet. Farbe und Ausdehnung bieten ein Beispiel für Bewußtseinsinhalte, die gegenseitig abhängig, d. h. *ineinander fundiert* sind. Dasselbe gilt für die Beziehung zwischen Intensität und Qualität. Wir können uns nicht eine Farbe oder einen Ton ohne eine bestimmte Intensität vorstellen und auch umgekehrt keine Intensität ohne einen Träger, an dem sie auftritt. Es gibt also nicht nur einseitige, sondern auch *gegenseitige* Fundierungsbeziehungen.

Fundierung wird außerdem in einem schwachen oder in einem starken Sinn beobachtet. Ein Gegenstand **a** ist in **b** *schwach fundiert*, wenn **a** nicht ohne **b** bestehen kann. Nach der Auffassung des subjektiven Idealismus ist in diesem Sinne die physikalische Welt im Subjekt fundiert, da die Welt nicht ohne das Subjekt besteht. In diesem schwachen Sinne sind Personen in ihren Körperteilen, ihrer Lebensgeschichte oder ihren psychischen Eigenschaften fundiert, raum-zeitliche Gegenstände in ihren Stücken etc. Husserl betrachtet auch die Summe als Beispiel für schwache Fundierung: Die Summe verschwindet mit den Teilen, obwohl die Teile voneinander unabhängige, konkrete Teile der Summe sind. *Starke Fundierung* besteht dann, wenn **a** in **b** fundiert und das Fundament **b** gleichzeitig kein konkreter Teil von **a** ist. Eine bestimmte Farbe ist in einer Fläche stark fundiert, da die Fläche nicht konkreter Teil der Farbe ist. Ein Lächeln ist in einem Gesicht stark fundiert, denn das Gesicht ist nicht Teil des Lächelns. Solche stark fundierten Gegenstände nennt Husserl *abstrakte Teile* eines übergeordneten Ganzen oder seine *Momente*. Beispiele sind Gesten, Stimmungen, Kopfschmerzen, Gedanken, Vorträge, Orchesterproben, Grenzen oder Intensitäten.[29]

Eine besondere Klasse der abstrakten Teile sind die *Einheitsmomente*, das heißt jene Eigenschaften von Komplexen, die einzelne Teile zu einem Ganzen verbinden. Einheitsmomente bewirken, daß sich die Melodie von einem Durcheinander von Tönen, oder das Klavier von einer bloßen Ansammlung von Tasten und Holz unterscheidet, sie entsprechen deshalb den Gestaltqualitäten. Daraus ergibt sich eine präzisere Definitionsmöglichkeit der Gestalt. Eine Gestalt ist zum einen immer ein abhängiger Teil eines Ganzen, denn ihre Variation zieht automatisch Veränderungen an allen Teilen nach sich. Gestalten sind außerdem *multipel* fundiert, denn sie sind von allen Teilen einer Gesamtheit abhängig, deren Gestalt sie darstellen. *Größe* ist daher eine Gestalteigenschaft von raum-zeitlichen Gegenständen, die Melodie eine Gestalteigenschaft von Tonreihen. Drittens können Gestalten konkrete Teile oder Stücke von größeren Gestalteinheiten sein – so ist die Gestalt einer Hand konkreter Teil der Gestalt des Menschen. Und schließlich ist das Fundament einer Gestalt nicht selbst konkreter Teil der Gestalt – so ist ein Bein nicht konkreter Teil der Größe eines Menschen oder ein Ton nicht konkreter Teil der Melodie. Eine Gestalt ist also ein abhängiger Teil einer Gesamtheit, der in *allen* Teilen dieser Gesamtheit stark fundiert ist.

Gestalten sind nach dieser Definition sicher nur ein kleiner Teil der Welt, die uns umgibt und die aus „Gegenständen" der verschiedensten Arten und in unterschiedlichen Fundierungsverhältnissen besteht. Gestalten sind abhängige Teile von Ganzen, aber nicht identisch mit diesen. Daß wir etwas als ein Ganzes empfinden, hat oft nicht so sehr mit einer definitiven Gestalteigenschaft zu tun, als vielmehr mit den Beziehungen der Teile untereinander. Intuitiv könnte man sagen, daß etwas umso mehr ein Ganzes ist, je „enger" der Zusammenhalt der abstrakten und konkreten Teile ist. Husserl definiert ein solches integriertes oder organisches Ganzes als einen „Inbegriff" (eine Menge) von Teilen, die alle direkt oder indirekt ineinander fundiert sind.[30] Die meisten Gegenstände unserer Welt sind solche integrierten Ganzheiten, die sich durch sehr komplexe Fundierungsbeziehungen ihrer Bestandteile auszeichnen. In diesem Sinne ist ein Ganzes „mehr als die Summe seiner Teile", und dieses „mehr" können wir nun als die Fundierungsbeziehungen der Teile untereinander identifizieren. Auf der anderen Seite ist auch eine Summe abhängig von ihren Teilen und die Teile gehören insofern zusammen, als sie eben die Summe schwach fundieren. Auch eine Summe kann daher in einem losen Sinne als Ganzes, als äußerste Grenze des Ganzheitsbegriffes, betrachtet werden. Nur bloße Mengen von Gegenständen läßt Husserl nicht als Ganze gelten.

Wenn wir die Welt um uns betrachten, werden wir wohl nur mit Schwierigkeiten entscheiden können, was stark oder schwach, einseitig, gegenseitig oder multipel fundierte oder unabhängige Teile, Gestalten oder Ganze sind. Die verschiedenen Teile und Aspekte eines konkreten Menschen samt seiner Persönlichkeit sind in diesem Sinne sicher vielschichtig ineinander verwoben. Die Unterscheidung der Fundierungsarten hat damit gezeigt, daß die Welt von einer bloßen Assoziation aus Daten weit entfernt ist. Die Fundierungstheorie enthält im Prinzip die nötigen Ansätze, um ein diffiziles Instrumentarium zu entwickeln, das komplexe Abhängigkeitsbeziehungen beschreiben und allgemeine holistische Behauptungen in einem bestimmten Bereich konkretisieren könnte. Auch Husserl war der Meinung, daß die Fundierungsverhältnisse der einzelnen Gegenstände mit mathematischen Mitteln darstellbar sein müßten.[31] Es lag also die Vorstellung zugrunde, daß wir für jeden Gegenstand mittels eidetischer Variation eine Art von Strukturformel finden könnten, die dessen verschiedene Fundierungsbeziehungen exakt darstellt. Gegenstände sind dabei nicht nur in selbständigen, sondern auch in unselbständigen Einheiten fundiert: ein abstrakter Begriff kann so die Grundlage für einen weiteren bilden, und ein ganzes Weltbild läßt sich auf diese Weise als System von Fundierungsrelationen auffassen. Mit einer solchen Darstellung, die nicht von Husserl, sondern von dem Neopositivisten Carnap stammt, werden wir uns nun etwas näher beschäftigen.

6 Der Aufbau der Welt

Ein wichtiges Merkmal konkreter Teile war schon bei Nagel deutlich geworden: Konkrete, also unabhängige Teile gehören zur selben Gegenstandskategorie wie ihr Fundament. So sind konkrete Teile von raumzeitlichen Gegenständen selbst raumzeitliche Gegenstände, konkrete Teile von Prozessen sind selbst Prozesse, konkrete Teile von Gefühlen ihrerseits Gefühle etc. Stark fundierte Teile sind dagegen nicht von derselben Kategorie wie ihr Fundament; zwischen ihnen und den Teilen, von denen sie abhängig sind, besteht eine Art kategorialer Sprung. Ein Lächeln ist etwas ganz anderes, als ein Gesicht, eine Bewegung etwas anderes als ein Körper, ein Musikstück etwas anderes, als das Orchester, das es spielt. Nun wissen wir zwar, wie wir aus Teilen etwas Neues *zusammensetzen* können, wie es aber kommt, daß aus Teilen „auf einer höheren Ebene" ein Gegenstand neuer Art entsteht, oder umgekehrt: wie ein Gegenstand „höherer" Art von einem anderen existentiell abhängig sein kann, ohne daß wir den einen auf den anderen reduzieren könnten, ist mysteriös geblieben. Ein Beispiel, das Wittgenstein in seinen *Philosophischen Untersuchungen* (§§ 156–173) diskutiert, verdeutlicht das Problem.[32]

Lesen ist eine Tätigkeit, die in konkreten Texten fundiert ist: Kein Akt des Lesens ist denkbar, ohne daß etwas vorhanden ist, das man liest. Was wir lesen, hat wiederum zwei Aspekte: einerseits einen wirklich vorhandenen Text, der z. B. aus Buchstaben auf einem Blatt

Papier besteht, andererseits den Inhalt dieses Textes. Der Inhalt ist im Text fundiert, aber nicht auf diesen reduzierbar. (Dies zeigt sich z. B. durch eidetische Variation: wir können denselben Inhalt aus verschiedenen Textexemplaren entnehmen). Das *Lesen* eines Textes besteht darin, den Inhalt des Textes aufzunehmen; es ist im Inhalt fundiert. Physikalische Vorgänge wie Augenbewegungen über die Seite, bestimmte neuronale Prozesse, das Aussprechen der Wörter und andere können nicht *Lesen* genannt werden. Diese sind zwar Teil eines bestimmten Vorganges, der stattfindet, wenn wir lesen, aber das Lesen eines Textes ist eine *Funktion* dieser Prozesse. Denn wie Wittgenstein in vielen Beispielen erläutert, können wir die Augen über eine Seite gleiten lassen, unsere Neuronen können auf charakteristische Weise feuern, wir können innerlich die entsprechenden Worte murmeln und doch bräuchte es sich nicht um *Lesen* zu handeln. Es ließe sich leicht eine Lesemaschine konstruieren, die alle diese Prozesse durchläuft, ohne daß man sagen könnte, sie liest. Lesen ist außer im Inhalt auch in einigen (und immer wieder wechselnden) dieser Prozesse fundiert, aber nicht auf sie reduzierbar.

Nun neigen wir dazu, den Inhalt für wichtiger zu halten, als die Buchstaben, die ihn „transportieren", und doch haben die Buchstaben greifbare Existenz, während der Inhalt von eher flüchtiger Natur scheint. Ähnlich sind Prozesse, die beim Lesen stattfinden, zwar konkret, aber für das Lesen nur als „Fundament" von Bedeutung. Das Lesen an sich läßt sich nicht lokalisieren, wie die zahlreichen Gedankenexperimente Wittgensteins zeigen. Das Dilemma ist aus der Sicht der Fundierungstheorie unumgehbar. „Wenn ich beschreiben soll, wie ein Gegenstand aus der Ferne ausschaut", sagt Wittgenstein in diesem Zusammenhang, „so wird diese Beschreibung nicht genauer dadurch, daß ich sage, was bei näherem Hinsehen an ihm zu bemerken ist."[33] Aus der Ferne betrachtet kann nun über das Lesen nicht mehr gesagt werden, als daß es in diesen und jenen Prozessen *fundiert* ist. Wird die Grundlage, der Text, entzogen, verschwindet auch das Fundierte, das Lesen. Und trotzdem ist das konkrete Exemplar des Textes austauschbar, es ist in gewissem Sinne irrelevant. Dies gilt für alle fundierten Gegenstände. Die psychologische Irritation, daß das Fundierte zwar das ist, worum es uns geht, aber weniger „konkrete Existenz" besitzt als sein Fundament, bleibt bestehen.

Kehren wir nun zum Ausgangspunkt dieses Kapitels zurück. Die atomistischen Empiristen hatten behauptet, daß die Welt weiter nichts als eine komplexe Assoziation von Sinnesdaten sei. Husserl entgegnet: Die Welt ist ein komplexes System von Fundierungen. Die fundierten Gegenstände sind zwar existentiell von ihrem Fundament abhängig, aber nicht auf dieses reduzierbar. Man könnte behaupten, daß die Welt in Sinnesdaten fundiert sei, aber auch dies ist nur zum Teil richtig. Wie sich gezeigt hat, gibt es die verschiedensten Fundierungsverhältnisse der Dinge untereinander, bei denen Sinnesdaten eine relativ geringe Rolle spielen. Läßt sich das System von Fundierungen objektiv beschreiben? Gibt es eines, das für alle Menschen dasselbe ist? Gibt es ein gemeinsames Fundament oder ist letztlich alles ineinander fundiert? Und läßt sich nicht doch eine Erklärung für die *Entstehung* fundierter Begriffe finden?

Husserl glaubte, daß unser gesamtes Weltbild, darunter auch unsere Begriffe der Realität, der unabhängigen Außenwelt, der des Subjekts und zugehörige Begriffe fundierte Begriffe sind. In den drei Bänden seiner *Ideen zu einer reinen Phänomenologie* entwickelte er ein *Konstitutionssystem* der Welt, das Stufen und Schichten von Fundierungen darstellt. Husserl hat dieses System nicht im einzelnen dargestellt und sich mehr darauf konzentriert, die Schritte zwischen den einzelnen Stufen des Systems zu rechtfertigen. Rudolf Carnap veröffentlichte im Jahr 1928 ein von der Struktur her ganz ähnliches System unter dem Titel *Der Logische Aufbau der Welt.* Carnap, der einige Zeit bei Husserl in Freiburg studiert hatte, führte die Idee nicht offiziell auf Husserl zurück und stellte sein Buch in den Kontext der neopositivistischen Philosophie des Wiener Kreises, zu dem er in der Zwischenzeit gestoßen war. *Ein* Aspekt des *Logischen Aufbau* ist der Versuch, eine „rationale Rekonstruktion" der Erkenntnis zu liefern, im Grunde nichts anderes, als eine Darstellung der Fundierungszusammenhänge der Begriffe. Carnaps Programm ist eine der wenigen konkreten Beschreibungen holistischer Zusammenhänge in einem größeren Rahmen und gibt uns daher ein gutes Beispiel für eine „globale" Anwendung unserer Erkenntnisse an die Hand. Carnaps wissenschaftstheoretische Motive und seine Einbindung in den logischen Empirismus lassen wir unter diesem Gesichtspunkt außer acht.

Die Behauptung, daß der *Logische Aufbau* holistisch vorgeht, ist nicht selbstverständlich. Traditionell gilt das Buch als programmatische Durchführung Humescher Ideen. Das *Lexikon philosophischer Werke* z. B. kennzeichnet es als erstmaligen Versuch „unter Verwendung neu entstandener formallogischer Mittel [...] das erkenntnistheoretische Programm des englischen Empirismus zu verwirklichen, d. h. die Gesamterfahrung auf elementar gegebene Einzelwahrnehmungen zurückzuführen“[34]. Carnap selbst charakterisiert sein System nicht auf diese Weise. Ziel seines Buches, schreibt Carnap in seinem ersten Pragraphen, sei die Aufstellung eines erkenntnismäßig-logischen Konstitutionssystems der Gegenstände oder Begriffe. Ein solches System soll nicht nur eine Einteilung von Begriffen, sondern ihre Konstitution aus gewissen Grundbegriffen leisten, indem Aussagen, in denen abgeleitete Begriffe vorkommen, stufenweise durch Aussagen „niedrigerer Stufe“ ersetzt werden, so daß alle Aussagen des Systems schließlich nur Basisbegriffe enthalten. Die höheren Gegenstände des Systems sind nicht summative Verbindungen von Gegenständen niederer Stufen, sondern *logische Komplexe*. So wird der Gegenstand „Staat“ im Konstitutionssystem aus psychischen Vorgängen konstituiert; aber das bedeutet nicht etwa, daß er eine Summe psychischer Vorgänge ist. Carnap nennt eine summative Verbindung etwas irreführend *Ganzes* und charakterisiert einen logischen Komplex dadurch, „daß alle Aussagen über ihn umgeformt werden können in Aussagen über seine Elemente“. Die Ganzen entsprechen den schwach fundierten Gegenständen bei Husserl, und Carnap vermutet, daß es überhaupt keine bloßen Summen oder Kollektionen gibt. Die Komplexe, die für die Konstitutionstheorie die wesentliche Rolle spielen, sind nun solche, die „nicht aus ihren Elementen bestehen, wie ein Ganzes aus seinen Teilen“. Das sind nun aber im Sinne Husserls gerade solche Gegenstände oder Begriffe, die *im starken Sinne* fundiert sind. Zur Erinnerung: stark fundierte Gegenstände sind von einem Komplex abhängig, ohne daß der Komplex Teil des Gegenstandes ist. Wesentlich für das Konstitutionssystem und den Gedanken der Fundierung überhaupt ist das folgende Merkmal: bei Komplexen (oder stark fundierten Gegenständen) wechselt von den Teilen zum Ganzen die Kategorie, während sie bei den einfachen Ganzheiten dieselbe bleibt. Während die extensiven Ganzheiten immer nur in derselben Ebene des Seins konstituiert werden, findet mit Hilfe logischer Komplexe ein Sprung auf eine höhere Ebene statt, und vollkommen neue Gegenstandsarten oder Gegenstandssphären werden entwickelt. Carnap vergleicht diese Sphären auch einmal mit den logischen Typen Russells und Whiteheads. Der Übergang von einem solchen Typ zum nächsthöheren ist gerade der an sich unerklärliche, aber entscheidende Schritt.

Die Welt ist für Carnap, wie für Husserl, „das Gegebene“, d. h. alles, was es in einem phänomenalen Sinne gibt. Sie umfaßt alle Gegenstände, die dem Bewußtsein oder dem Denken im weitesten Sinne zur Verfügung stehen. Das System soll also ohne Vorurteile darüber auskommen, was real oder nicht real ist. *Alles*, was dem Bewußtsein gegeben ist, kann als solches in seinem Konstitutionsprozeß beschrieben und rekonstruiert werden. Daß wir gewisse Gegenstände als „real“ und andere z. B. als „abstrakt“ bezeichnen, ist nur ein konstitutionelles Merkmal dieser Gegenstände, das durch die Konstitutionsbeschreibung dargestellt wird. Gegeben ist also nicht nur das, was Austin einmal „mittelgroße greifbare Waren“ genannt hat, wie die raum-zeitlichen Gegenstände und andere Personen, sondern gegeben ist auch z. B. ein Regenbogen, ein bestimmter Rhythmus, eine optische Täuschung, eine komplexe Zahl, Friedensverhandlungen, eine Pointe, der Charakter eines Menschen, eine religiöse Überzeugung oder nicht zuletzt unsere Auffassung von Realität. Alle diese Gegenstände im weitesten Sinne gehören zu verschiedenen Gegenstands*arten*, verschiedenen ontologischen Kategorien, und ein System, das sie alle aus einer einzigen Basis konstituieren will, muß zeigen, wie die Kategorien auseinander „entstehen“. Die konstitutionelle Beschreibung ist also gegenüber der Frage, was es davon „wirklich“ gibt, strikt neutral.

In der Darstellung des *Aufbau* im *Lexikon philosophischer Werke* hieß es, daß Carnap hier „die Gesamterfahrung auf elementar gegebene Einzelwahrnehmung“ zurückführen will. „Zurückführung“ ist also nicht im Sinne von „Reduktion“, sondern im Sinne von Fundierung zu verstehen. Darüberhinaus liegt die Basis des Systems nicht in elementar gegebenen Einzelwahrnehmungen. Sie ist vielmehr ein Erlebnisstrom, ein undifferenzierter Fluß von sinnlichen und anderen Erfahrungen,[35] wie ihn vielleicht ein Säugling in der Zeit nach der Geburt erlebt: hier sind Erlebnisse nicht nach bestimmten Sinnesorganen oder Gegenständen unterschieden und selbst Körperempfindungen werden erst in einer relativ späten Entwicklungsphase lokalisierbar. Auch diskrete Sinnesdaten, etwa Farbwahrnehmungen, sind bereits Komplexe auf höheren Konstitutionsstufen. Das Konstitutionssystem läßt sich ganz plausibel als eine Beschreibung der Vorgänge auffassen, durch die sich ein Weltbild aus dem unterschiedslosen Erlebnisstrom eines Säuglings bildet, aber auch wenn eine solche Analogie die einzelnen Schritte motiviert, war sie von Carnap ausdrücklich nicht intendiert. Das System soll den „erkenntnismäßig-logischen Zusammenhang der Begriffe" rational rekonstruieren, nicht faktische Begriffsbildung beschreiben. Wenn wir uns im folgenden trotzdem auf solche tatsächlichen Entwicklungsvorgänge beziehen, dann nur zu Zwecken der Illustration. Allerdings operieren auch spätere holistische Theorien immer wieder mit dem Modell des Sprach- und Wissenserwerbs, und Carnaps *Logischer Aufbau* ist in diesem Sinne ein frühes Beispiel einer Urinterpretation. (Vgl. Kap. V)

Die Basis des Systems wird also durch einen kontinuierlichen Erlebnisstrom gebildet. In diesem Strom tauchen an verschiedenen Stellen Ähnlichkeiten auf, z. B. die immer wieder vorkommende Farbe Grün. Solche Ähnlichkeiten erlauben es, „Schnitte" im Erleben vorzunehmen und Elementarerlebnisse zueinander in Beziehung zu setzen. Die *Ähnlichkeitserinnerung* ist daher die Grundrelation, auf der Carnap sein gesamtes System aufbaut. Mit Hilfe dieser Relation lassen sich Klassen von Elementarerlebnissen bilden, die gewisse Qualitäten, z. B. Farben oder Töne, gemeinsam haben. Da Elementarerlebnisse in der Regel mehrere Qualitäten in sich vereinigen, entstehen bereits hier komplexe Querverbindungen. Mit Hilfe eines bestimmten formalen Verfahrens, das Carnap „Quasianalyse" nennt und das mit dem der Abstraktion bei Frege und Russell vergleichbar ist, „springt" Carnap nun von diesen Klassen von ähnlichen Elementarerlebnissen auf eine höhere Konstitutionsstufe. Die Klasse der in einem Punkt ähnlichen Elementarerlebnisse steht dann für einen abstrakten Gegenstand, z. B. den einer bestimmten Farbe. Die Farbe ist insofern eine Abstraktion aus Elementarerlebnissen.

In ähnlicher Weise hatte Frege den Begriff der Zahl aus der eineindeutigen Zuordnung von Elementen gleichzahliger Mengen oder den der Parallelität aus dem von Geraden mit gleicher Richtung abstrahiert. Frege verfolgte dabei den folgenden Gedanken: Auch ein Kind, das noch nicht zählen gelernt hat, kann z. B. einer gegebenen Menge von Tellern eindeutig die gleiche Zahl an Messern und Gabeln zuordnen. Der Begriff dieser Zahl kann ihm dann verständlich gemacht werden als dasjenige, in dem die Mengen der Messer, Gabeln und Teller auf diesem Tisch übereinstimmen. In analoger Weise kann ihm der abstrakte Begriff der Richtung beigebracht werden, indem man auf das Gemeinsame an verschiedenen Parallelen verweist. Das Kind hat dann den Begriff der Richtung aus den Parallelen abstrahiert. Offenbar bezeichnet „Abstraktion“ nur die umgekehrte Seite der Fundierung: *Zahl* und *Richtung* sind Gestalteigenschaften, also in den Teilen der jeweiligen Gesamtheit, der sie zukommen, stark fundiert, es sind, in Husserls Terminologie, *abstrakte Teile* der Gesamtheit. Wenn ein Begriff oder Gegenstand einmal durch Abstraktion gewonnen ist, scheint es im Nachhinein, als hätte man eine Eigenschaft oder einen Teil der zugrundegelegten Basis entdeckt. Man glaubt also, die Zahl sei Eigenschaft bestimmter Mengen, die Parallelität eine Eigenschaft bestimmter Geraden, die Farbe eine Eigenschaft von Elementarerlebnissen. Man stellt sich dann vielleicht die philosophische Frage, was Zahl, Parallelität oder Farbe „an sich“ sind. Das Konstitutionssystem beantwortet diese Frage nur in dem Sinne, als es die Konstitutionsstruktur solcher Gegenstände angibt und leugnet jede Möglichkeit, darüberhinaus Auskunft über das „Wesen“ der Gegenstände zu geben. Für Husserl *ist* die Angabe der Konstitutionsstruktur die Beschreibung des „Wesens“ und die formale Ontologie eine „Wesenswissenschaft“. Der Prozeß der quasi-analysierenden Abstraktion von höheren Gegenständen aus niedrigeren entspricht dem der starken Fundierung Husserls von höheren Gegenständen *in* niedrigeren. Es entstehen dieselben Arten von Gegenständen mit denselben Eigenschaften: sie sind abhängig von anderen, nicht auf diese reduzierbar und die fundierenden Gegenstände sind nicht Teile der Komplexe.

Nach demselben Verfahren wie etwa die Sinnesqualitäten werden nun alle höheren Begriffe gebildet. Für jede Konstitutionsstufe dürfen natürlich nur die Begriffe der bereits konstituierten Stufen verwendet werden. Während also zunächst Sinnesqualitäten gewonnen werden, bilden sich auf der nächsten Stufe durch Erkenntnis von Ähnlichkeiten unter ihnen sog. Sinnesklassen; nun kann also Gesehenes von Gehörtem und Gefühltem oder passiv Wahrgenommenes von Gewolltem (einer „Wollung“) unterschieden werden. Innerhalb einer Sinnesklasse lassen sich bestimmte Ordnungsprinzipien erkennen, z. B. Nähe von Tönen oder Farben. Wir können bestimmte Aspekte von Farben, z. B. Helligkeit und Farbton unterscheiden und so Sinnesdaten und ein zweidimensionales Sehfeld konstituieren. Die räumliche Ordnung, d. h. der physische Raum, wird erst nach Vollendung all dieser Abstraktionsschritte gebildet, und zwar durch Zuordnung von Farben zu sog. Weltpunkten. All diese Erfahrungen fundieren ebenso den (zunächst latenten) Begriff einer unabhängigen Außenwelt, wie die Ähnlichkeit verschiedener Elementarerlebnisse in einem Punkt den der Farbe Grün fundiert. Wenn höhere Stufen konstituiert sind, können Lücken in den unteren aufgefüllt werden. So läßt sich im Nachhinein feststellen, daß die Farben, zunächst alle unter dem Begriff „Grün" zusammengefaßt wurden, „von höherer Warte aus" verschiedene Schattierungen von Grün sind. Nach dem dreidimensionalen Raum können wir Sehdinge in diesem Raum identifizieren und als eines dieser Sehdinge den eigenen Leib, z. B. als dasjenige Sehding, das gewissen Willensakten von mir unmittelbar folgt. Nun läßt sich der Leib benutzen, um andere Dinge bewußt zu erkunden, z. B. durch Tasten, Schmecken, Riechen. Auch Empfindungen im eigenen Leib werden lokalisierbar. Die Außenwelt unterscheidet sich immer schärfer vom Selbst – das Gebiet des Eigenpsychischen, des eigenen Ichs wird ausgegrenzt. Den Dingen der Außenwelt werden nun Sinnesqualitäten zugeschrieben, und so konstituieren sich Wahrnehmungsdinge und eine Wahrnehmungswelt; sie wird durch Analogie vervollständigt. Es entsteht die physikalische Welt, die auf diese Weise in der Wahrnehmungswelt fundiert ist. In dieser physikalischen Welt können wir physikalische Dinge von biologischen Gegenständen unterscheiden und unter diesen die Menschen identifizieren, z. B. als Klasse derjenigen biologischen Gegenstände, zu denen mein Leib gehört. Auf dieser Stufe bildet Carnap die „Ausdrucksbeziehung", die Grundlage vieler späterer Konstitutionsstufen wird. Durch Kommunikation mit bestimmten biologischen Gegenständen, den Menschen, mittels einer besonderen Form von Ausdrucksbeziehung, der menschlichen Sprache, konstituieren wir das Gebiet des Fremdpsychischen, d. h. wir schreiben anderen Menschen ähnliche Empfindungen, Gedanken und Erlebnisse zu wie uns selbst. Die Äußerungen anderer Menschen verwerten wir weiter zur Konstitution von Teilen der Wirklichkeit, aber auch zur Konstitution einer Welt des anderen, der Welt aus einem anderen Gesichtspunkt. Durch Zuordnung verschiedener solcher Welten entsteht die Vorstellung einer intersubjektiven Welt, in der bestimmte Dinge konstant und andere variabel sind. Die intersubjektive Welt ist nun die Grundlage der Wissenschaften und mit ihrer Hilfe werden untere Konstitutionsstufen aufgefüllt und korrigiert. Dasselbe gilt für die geistigen Gegenstände, die auf der Grundlage der intersubjektiven Welt entstehen.

Carnap konstituiert primäre geistige Gegenstände auf der Basis ihrer psychischen Manifestationen. Eine bestimmte Sitte z. B. entsteht durch die Disposition, sich in bestimmten Situationen in gewisser Weise zu verhalten. Höhere geistige Gegenstände werden dann über den primären gebildet – so entsteht aus bestimmten Verhaltensweisen und Dispositionen von Menschengruppen der „Staat". An dieser Stelle betont Carnap nocheinmal, daß die Konstitution aus Psychischem keine Reduktion auf Psychisches darstellt, und seine Bemerkung gilt natürlich für alle Konstitutionsstufen: „... die Konstitution eines Gegenstandes auf Grund bestimmter anderer Gegenstände [besagt] nicht nur nicht [...], daß der Gegenstand mit den anderen gleichartig sei, sondern im Gegenteil: wenn die Konstitution [...] zur Bildung neuer logischer Stufen führt, so gehören die konstituierten Gegenstände einer anderen Seinsart, genauer: einer neuen Gegenstandssphäre an."(S. 203)

Das Konstitutionssystem des *Aufbau* hat zwei Merkmale, die besonders deutlich die Nichtreduzierbarkeit der Gegenstandsarten zeigen. Das eine ist die Methode der Strukturbeschreibung, das andere die Relation der Fundierung. Die Strukturbeschreibung ist das Mittel, durch das ein Gegenstand im System eindeutig identifiziert ist, ebenso wie ein Ort im Eisenbahnnetz durch seine Verbindungen zu anderen Orten eindeutig gekennzeichnet ist (vgl. S. 21f.). Im Beispiel des Bahnnetzes war die grundliegende Relation die Verbindung zwischen den Knotenpunkten. Im Konstitutionssystem ist die grundliegende Relation die der Ähnlichkeitserinnerung. Denn jeder Gegenstand soll durch eine Aussage beschrieben werden, deren einziges inhaltliches Element die Beziehung der Ähnlichkeit zwischen Stellen im Erlebnisstrom ist. Die Gegenstände unterscheiden sich also nur durch ihre konstitutionelle Struktur und diese ist für jeden Gegenstand eine andere.

Die Basis des Systems, die Relation der Ähnlichkeitserinnerung, bildet dabei das einzige *inhaltliche* Element der verschiedenen Gegenstandsformen. Dieses Element würde nun einen subjektiven Aspekt in das Konstitutionssystem hineintragen, denn die Erlebnisströme verschiedener Subjekte und ihre Ähnlichkeitserinnerungen unterscheiden sich natürlich beliebig. Dieser Folgerung entkommt Carnap nur durch die Annahme, daß die Erlebnisse zwar subjektiv, ihre Struktur aber intersubjektiv dieselbe ist. Das Ergebnis der Konstitutionsprozesse ist also für alle Subjekte gleich, obwohl die Relation der Ähnlichkeitserinnerung sich von Fall zu Fall unterscheidet. Um aus einem bestimmten Konstitutionssystem das allgemeine System der Welt zu bilden, eliminiert Carnap daher die Relation der

Ähnlichkeitserinnerung und ersetzt sie durch *fundierte Relationen*. Fundierte Relationen sind mit den Worten Carnaps „erlebbare, ‚natürliche' Beziehungen", womit ausgeschlossen werden soll, daß wir „wilde" Konstitutionssysteme auf der Basis arbiträrer Summen entwickeln. Mit anderen Worten, und dies stellt Carnap hier ausdrücklich fest: Die Fundierung ist die eigentliche Grundrelation eines Konstitutionssystems. Dies hat weitreichende Folgen: „Der Begriff der Fundiertheit ist undefinierbar", schreibt Carnap nun. „Als unterster Begriff des Konstitutionssystems kann er nicht aus den konstituierten Begriffen abgeleitet werden. Er läßt sich auch nicht aus den (üblichen) Grundbegriffen der formalen Logik ableiten. Aber er gehört auch nicht zu einem bestimmten außerlogischen Sachgebiet, wie sonst alle nicht-logischen Gegenstände."[36] Der Begriff der Fundierung erweist sich als resistent gegen jede Reduktion. Der Strukturzusammenhang ist damit das eigentlich Gegebene, das Fundament der Welt.

7 Ausblick

Husserls Abhandlung über das Ganze und seine Teile ist ein fast vergessenes Stück Philosophiegeschichte und Carnaps *Logischer Aufbau* wurde schon von diesem selbst kurz nach seiner Publikation durch andere Entwürfe ersetzt. Husserls formale Ontologie kann noch nicht einmal als *holistisch* im eigentlichen Sinne gelten; sie stellt lediglich mit dem Begriff der Fundierung ein Instrument zur Verfügung, mit dessen Hilfe sich beschreiben läßt, wie ein Gegenstand oder Aspekt eines Gegenstandes auf einem Fundament von anderen Gegenständen entsteht, ohne aus diesen Gegenständen zusammengesetzt zu sein. Erst Carnap hat das Instrument verwendet, um eine *Strukturbeschreibung* der ganzen Welt zu entwerfen, die im Laufe der Zeit durch die Forschung der „Einheitswissenschaft" inhaltlich gefüllt werden sollte. Die Arbeiten von Husserl und Carnap haben einen *historischen* Wert dadurch, daß sie den Gedanken der Abhängigkeit eines Teils vom Ganzen philosophisch salonfähig gemacht, und die Möglichkeit, einen Gegenstand durch seinen Ort in einem strukturellen Ganzen zu bestimmen, konkretisiert haben. Carnaps *Aufbau* ist dabei das erste und fast auch schon letzte echte Exemplar einer formalen Strukturbeschreibung der gesamten Welt eines erkenntnistheoretischen Subjekts. Er liefert uns also ein Modell der holistischen Behauptung, daß etwas (ein Ausdruck, Begriff, Satz, Gedanke) durch das Ganze (eine Sprache, Theorie, Weltbeschreibung) gegeben oder bestimmt ist. Das später von Fodor und Lepore ausgeführte Dilemma, daß Holismus immer radikal sein müsse und also ein Gegenstand immer durch das Ganze und nicht durch Teilmengen davon bestimmt sei (woraus die Sorites-Probleme entstehen), tritt im *Aufbau* nicht auf, da hier verschiedene Stufen und „Sphären" von Gegenständen unterschieden werden, die im System als eine Art Module funktionieren.

Man kann also den *Aufbau* und das System von Fundierungen als erstes Beispiel für die holistische These (B) betrachten. Der statische und abstrakte Gebrauch, den Husserl und Carnap von der Idee machten, wich später der Überzeugung, daß Bedeutung im *Gebrauch* der Sprache gründet oder daß sogar die Bedeutung eines Ausdrucks sein Gebrauch in der Sprache *ist*, eine These, die erstmals Wittgenstein im *Tractatus* vertreten hat, wo er schreibt: „Wird ein Zeichen nicht gebraucht, so ist es bedeutungslos."[37] Abgesehen von dieser historischen Entwicklung – auf den Begriff der Fundierung kommen wir im folgenden noch öfter zurück – könnte der Vorschlag Husserls durchaus in der aktuellen Kontroverse eine Rolle spielen. Eine moderne Theorie, die die Bedeutung eines Ausdrucks als seine Rolle in der Sprache bestimmt, ist die *Semantik der begrifflichen Rolle* („conceptual role semantics"), die Ned Block entwickelt hat.[38] Block bestimmt die Rolle eines Ausdrucks ebenfalls nicht als Ort in einer abstrakten Struktur, sondern als seine *Funktion* oder seinen *Gebrauch* in einem System von mentalen Repräsentationen. Wenn Bedeutung aber mit Funktion gleichzusetzen ist, ist sie nur relativ zum System bestimmt. Block ist einer der Protagonisten holistischer Theorien, die von Fodor und Lepore angegriffen werden.[39] Sie behaupten im Gegensatz zu Block, daß die Bedeutung eines Ausdrucks von seinem prinzipiell isolierten Bezug zur Welt abhängt, daß also ein Ausdruck auch dann Weltbezug hätte, wenn nichts sonst in dieser Relation zur Welt stünde.[40] In einer Diskussion dieser Kontroverse hat Rey darauf hingewiesen, daß die atomistische These von Fodor und Lepore seltsame Konsequenzen hat. Rey schreibt: „Es ist schwer zu sehen, wozu man Begriffe postulieren sollte, die jenseits ihres wenigstens potentiellen Beitrags zu den kognitiven Prozessen ihrer Besitzer stehen. Sie wirken wie Päpste in einer Welt ohne Menschen, Speichen ohne Räder, wie ein Lächeln ohne Gesicht."[41] Päpste,

Speichen und Lächeln sind typische Beispiele für abhängige, aber nicht reduzierbare Entitäten. Was also den Atomismus als unsinnig erscheinen läßt, sind gerade jene *fundierten* Gegenstände, auf die die Gestalttheoretiker und Husserl aufmerksam gemacht hatten. Jedoch werden die begrifflichen Rollen heute nicht mit Hilfe einer Fundierungsrelation dargestellt, sondern – sofern es um sprachliche Ausdrücke geht – als *inferentielle Rollen*, d. h. Folgerungsbeziehungen zwischen Sätzen. Wenn Person A von dem Satz „Dies ist eine Klapperschlange" auf den Satz „Dies ist gefährlich" schließt, wird A diesen Schluß zu der inferentiellen Rolle der Ausdrücke „Klapperschlange" und „gefährlich" zählen. Umgekehrt wird B, der einen solchen Schluß nicht zieht, Klapperschlangen für ungefährlich halten. Die inferentiellen Rollen von „Klapperschlange" und von „Gefährlichkeit" unterscheiden sich also in den Repräsentationssystemen von A und B. Es steht zu erwarten, daß Fundierungsbeziehungen sich in den Schlüssen niederschlagen, die aus Sätzen, in denen ein Ausdruck vorkommt, gezogen werden können. Bislang existiert keine echte Theorie der inferentiellen Rollen.

8 Resümee

Ausgangspunkt war die Annahme, daß unsere Welt aus Stücken besteht, die zu den verschiedensten Begriffen zusammengesetzt werden. Das empiristische Dogma lautete, daß diese Stücke sinnliche Eindrücke seien und daß sie ausschließlich durch Assoziationen verknüpft sind. Auch sollten diese Eindrücke nicht nur das Fundament, sondern das gesamte Material des Bewußtseins bilden. Die Gestalttheorie setzte dem die Entdeckung von Gegenständen entgegen, die nicht aus Zusammensetzungen solcher Elemente bestehen, sondern sich in gewissem Sinne „über" ihnen bilden. Viele mögliche Varianten von (G) wurden in diesem Zusammenhang sichtbar. Meinong erkannte, daß solche Gestalt-Gegenstände wesentlich von anderen *abhängig* sind. Husserl baute diese Idee zu einer Theorie der Fundierung aus, indem er abhängige von unabhängigen Teilen einer Gesamtheit unterschied und die zahlreichen Möglichkeiten einseitiger, gegenseitiger und multipler Fundierung beschrieb. Carnap schließlich setzte diese Idee in eine systematische Weltbeschreibung um, die einen Erlebnisstrom zugrundelegt und auf diesem eine Stufenfolge von fundierten „Gegenstandssphären" errichtet. Carnaps System ist in einem ganz bestimmten Sinne holistisch, der These (B) entspricht: Die einzelnen Gegenstände des Systems sind nur durch das ganze System – durch die Angabe ihres strukturellen „Orts" im System – bestimmt. Die wichtigste Erkenntnis aus dieser Entwicklung lautet, daß eine Reduktion unserer Welt auf gegebene Grundbegriffe, Sinnesdaten oder andere Atome der Erkenntnis nicht möglich ist und die „Gegenstände", mit denen wir zu tun haben, auf komplexen Strukturen von Abhängigkeitsbeziehungen beruhen. Die Welt als Ganzes scheint eher ein Gefüge von Beziehungen, als ein Gebäude, das aus dem Material von Empfindungsdaten zusammengesetzt ist. Insbesondere läßt sich starke Fundierung, jener seltsame Sprung von einer Gegenstandsart zu einer anderen, nicht aus der Welt schaffen.

III Protokolle

> „Wir können nicht gleichzeitig den Ankläger und den Angeklagten spielen und uns überdies noch auf den Stuhl des Gerichts setzen. Unser heutiges Denken stellen wir früherem Denken gegenüber, aber wir haben keine Möglichkeit, von einem Punkte außerhalb über beide abzuurteilen. Erprobung der Ausagen an den Abläufen ist selbst Teil der eigenen Methode."
> *(Otto Neurath 1931)*

1 Urteile

Während die Untersuchungen der Gestaltpsychologen und Phänomenologen sich noch mit der Entstehung von Begriffen oder von Wahrnehmungen auseinandersetzten, ließ das philosophische Interesse für solche genetischen Untersuchungen bereits spürbar nach. Der „linguistic turn" in der Philosophie des 20. Jahrhunderts begann sich durchzusetzen. Anstatt den unmittelbaren Bewußtseinstatsachen wandte man sich nun den *Aussagen* zu und fragte nicht nach den Vorgängen bei ihrer Entstehung, sondern nach den Methoden ihrer *Rechtfertigung*. Zur Illustration dieses Unterschieds, den wir im Alltag selten beachten, betrachten wir eine Erzählung von Edgar Allen Poe. In der Geschichte *Der Goldkäfer* geht es um den Widerstreit, der manchmal zwischen einer genetischen Erklärung und einer Rechtfertigung auftritt, wenn eine Behauptung als besonders unwahrscheinlich erscheint und sich eine genetische Erklärung anbietet. Häufige Opfer der Verwechslung von Rechtfertigung und Genese sind Wissenschaftler, die in ihrem Gebiet revolutionäre oder abseitige Thesen verfechten. So stießen etwa Gottlob Freges hartnäckige Versuche, seine Begriffsschrift, eine neuartige formale Sprache, gegenüber bekannteren Entwürfen einer mathematischen Logik zu rechtfertigen, auf die Meinung vieler seiner Kollegen, die Begriffsschrift sei nur die persönliche Marotte eines Sonderlings. Die Geschichte Poes handelt von dem als psychisch labil geltenden Legrand, der als Eremit auf einer Insel lebt und sich in den Kopf setzt, daß er auf den Spuren des legendären Goldschatzes des Piraten Kidd sei. Zu dieser Überzeugung gelangt er auf Grund einer Reihe von Schlußfolgerungen aus zufälligen Ereignissen. So findet er am Strand einen goldfarbenen Skarabäus, den er in ein Stück Pergament wickelt, das er in der Nähe einiger vermoderter Schiffsplanken gefunden hatte. Auf dieses Papier zeichnet er später für einen Freund eine Skizze des Käfers; der Freund entdeckt auf dem Papier jedoch nur die Abbildung eines Totenkopfs und erklärt Legrand für verrückt. In der Folge schließt Legrand aus den wenigen Fakten, daß auf dem Pergament mit unsichtbarer Tinte die Lagebeschreibung des verschwundenen Schatzes geschrieben sein könnte – eine Schlußfolgerung, die einiges mit Intuition und Phantasie zu tun hat und deren Form Peirce als *Abduktion* bezeichnet hat. Legrand macht den Text sichtbar und entschlüsselt ihn. Um den Schatz entsprechend den Anweisungen zu heben, nimmt er die Hilfe seines Freundes in Anspruch, ohne jedoch seine Handlungen vor diesem zu rechtfertigen. Der Freund besitzt zwar im Prinzip dieselben Ausgangsinformationen, kann sich das seltsame Verhalten Legrands aber nicht anders als *genetisch* erklären, da er nicht die entsprechenden abduktiven Schlüsse gezogen hat. Für ihn ist klar, daß Legrand, der ohnehin geistig nicht sonderlich stabil ist, durch Einsamkeit zusätzlich sensibilisiert wurde. Da er zudem durch Schicksalsschläge viel Geld verloren hatte, neigt er dazu, sich in phantastischen Vermutungen zu verlieren, deren Ursprünge der Freund in eben den Fakten sieht, aus denen Legrand die richtigen Schlüsse zieht. Erklärungen stehen also unversöhnt nebeneinander, aber es ist klar, daß Legrand den Sieg davonträgt, als er nicht nur sein Verhalten im Nachhinein *rational* rechtfertigen kann, sondern auch tatsächlich den Goldschatz findet. Diese unmittelbare Verifikation ist das eigentliche Argument, denn keine noch so subtile Schlußfolgerung hätte ihn vor dem Verdacht der Geistesverwirrung gerettet, wenn sie letztlich zu keinen greifbaren *Ergebnissen* geführt hätte. Ostwalds Prinzip, ob es richtig ist oder nicht, beschreibt jedenfalls den Mechanismus des „gesunden Menschenverstandes".

Die Behauptung (p): „Auf der Hochebene am Ende der Insel liegt ein Schatz vergraben" kann also auf zwei ganz verschiedene Weisen betrachtet werden. Im einen Fall untersucht man die Art und Weise, wie sich p im Geist eines Menschen gebildet hat, und wird auf diese Weise vermutlich ein kompliziertes Netz von Wahrnehmungen, Gefühlen und Gedanken ausfindig machen, das zahlreiche Fundierungsbeziehungen enthält. Eine solche Beschreibung ist im Prinzip immer möglich, gleichgültig, ob es sich um eine Wahnvorstellung oder das Ergebnis von vernünftigen Überlegungen handelt. Wer jedoch tatsächlich die fragliche Behauptung aufstellt, wird sie zunächst einmal rechtfertigen müssen, und eine solche Rechtfertigung muß nicht z. B. die Fundierungsgeschichte von Totenkopfzeichnungen (die Frage „Wie erkennen wir eine Zeichnung als Darstellung eines Totenkopfes?“) enthalten. Sie sollte sich nur auf solche Gründe stützten, die intersubjektiv nachvollziehbar sind, logisch zusammenhängen und für die betreffende Situation von Bedeutung sind. Genese und Rechtfertigung sind nicht immer leicht zu trennen und auch Legrands Rechtfertigung enthält viele genetische Elemente. So wird sein Freund Legrands Erwähnung der seltsamen Zufälle, die in die Geschichte hineinspielen – etwa die Tatsache, daß ausgerechnet ein *Goldkäfer* den Anstoß der Entwicklung gab – nicht als Rechtfertigung der Vermutung gelten lassen, sondern eher den Verdacht der geistigen Verwirrung bestätigen. Die einfachste Unterscheidung zwischen Genese und Rechtfertigung ist vielleicht die folgende: Eine genetische Beschreibung antwortet auf die Frage: „Weshalb glaubt Person A den Sachverhalt x“, während eine Rechtfertigung auf die Frage antwortet: „Welche objektiven Gründe gibt es für die Behauptung von x?“ Dabei kann eine Person einen Sachverhalt natürlich ausschließlich deshalb glauben, weil sie objektive Gründe dafür besitzt (was wir wohl weitaus seltener tun, als wir annehmen), und umgekehrt spielen in die sog. objektiven Gründe subjektive Aspekte hinein (etwa deshalb, weil die Bedeutung von „objektiv“ von einer Gemeinschaft von Subjekten festgelegt wird).

Wir werden in diesem Kapitel der Frage nachgehen, was eine „objektive Rechtfertigung“ von Behauptungen auszeichnet und ob eine solche holistisch vorgehen muß oder nicht. Bevor wir uns einen Ausschnitt der Diskussion um dieses Thema vornehmen, muß jedoch noch ein zweites Merkmal erwähnt werden, das Genese und Rechtfertigung unterscheidet. Genetische Erklärungen, wie wir sie im zweiten Kapitel kennengelernt haben, befassen sich in der Regel mit Wahrnehmungen, Vorstellungen und Begriffen, während Rechtfertigungen sich auf Behauptungen, also etwas, das die Form von *Sätzen* hat oder haben könnte, beziehen.

Der Übergang von Fragen der Genese zu Fragen der Rechtfertigung hatte auch mit der Ablösung der klassischen aristotelischen Logik durch die moderne mathematische Logik zu tun. Der klassische Atomismus stützte sich auf die traditionelle Logik, die Begriffe meist als Bündel von Merkmalen betrachtete und Urteile aus Begriffen zusammensetzte. Wie schon im letzten Kapitel erwähnt, kann in der klassischen Logik jede Aussage in eine Aussage der Form „S ist P" umgeformt werden, wobei P das Prädikat oder Merkmal bezeichnet, das dem Subjekt S zugeschrieben wird. Die Kopula „ist" bildet dabei das Band, das die im Subjekts- und im Prädikatsterm ausgedrückten „Ideen" miteinander verknüpft. Die Verbindung durch die Kopula wurde oft ausdrücklich als Summierung von Merkmalen aufgefaßt. Schon Kant äußerte im Kapitel von der transzendentalen Analytik der *Kritik der reinen Vernunft* Zweifel an dieser atomistischen Grundidee. Er habe sich niemals mit den Erklärungen der Logiker zufriedengeben können, schreibt Kant an dieser Stelle, wonach ein Urteil ein *Verhältnis* zwischen Begriffen oder eine Assoziation von Begriffen sei.[1] Urteile behaupten *objektive* Tatbestände und drücken nicht etwa nur *subjektive* Assoziationen aus. Wir sagen „Alle Körper sind schwer" und nicht etwa „Immer, wenn ich einen Körper trage, fühle ich einen Druck der Schwere". Diese Objektivität kommt dadurch zustande, daß Urteile eine *logische Funktion* haben, nämlich diejenige, die ganz verschiedenen sinnlichen Eindrücke und Erlebnisse in bestimmten Weisen, gemäß vorgegebener Kategorien, zu ordnen. Das wesentliche am Urteil ist daher die *Art*, in der die Begriffe in Beziehungen zueinander gesetzt werden. Gäbe es nicht ein Schema, nach dem die verschiedenen Wahrnehmungen und Vorstellungen in unserem Denken verbunden werden, so würde, wie Kant schreibt, „ein Gewühle von Erscheinungen unsere Seele (anfüllen), ohne daß daraus jemals Erfahrung würde".[2] Dieses Schema zeigt sich nun nicht in den Begriffen selbst, sondern in den Urteilsformen, und die Urteile sind daher in gewissem Sinne gegenüber den Begriffen primär. Seine *Logik* baute Kant zwar ganz nach dem klassischen Schema in die Lehre vom Begriff, vom Urteil und vom Schluß auf; in derselben Abhandlung schreibt er jedoch, daß sich die reinen Verstandesbegriffe, nach denen die Erscheinungen strukturiert werden, nicht durch Zusammensetzung erhalten lassen, „denn das Ganze ist eher als der Teil".[3] In der *Kritik der reinen Vernunft* leitet Kant daher die Kategorien des reinen Verstandes – dazu gehören Begriffe wie Ursache, Möglichkeit, Einheit oder Negation – systematisch aus den klassischen *Urteilsarten* der Quantität, Qualität, Relation und Modalität ab. Für die Entwicklung holistischen Denkens war der Gedanke wesentlich, daß die Regelmäßigkeit und Ordnung der Erscheinungen über die Formen der Urteile in unsere Weltsicht hineingetragen wird und sich nicht etwa aus der Vielfalt atomarer Begriffe und Daten zusammensetzt. Das Schema, nach dem wir die Welt organisieren, ist ein Schema des Verstandes, das in den Erscheinungen selbst nicht zu finden ist, das sich aber in den Urteilen ausdrückt und aus diesen gewinnen läßt. Diese Einsicht läßt sich auch *sprachlich* deuten. So glaubte Freges Lehrer Lotze, daß die grammatische Tiefenstruktur unserer Sätze den Erscheinungen bestimmte logische Merkmale aufprägt, die bedingen, daß wir Merkmale zu Begriffen, Begriffe zu Urteilen und Urteile zu Schlüssen verbinden können. Daher bieten nach Lotze „einige substantivische Bezeichnungen feststehender Dinge anderen adjektivischen eine Stätte der Anknüpfung, noch andere verbale (stellen) die flüssigen Beziehungen dar ...“.[4] Jenes Band, das scheinbar die einzelnen Daten in Urteilen und Sätzen zusammenhält, ist im Raster des Verstandes oder der Sprache von vornherein, a priori, gegeben, und ist mit den einzelnen Begriffen, Erscheinungen, Vorstellungen etc. so untrennbar verknüpft, *weil* uns die letzteren durch die Urteile oder Sätze vorgezeichnet sind.

Die Idee, daß Begriffe aus Urteilen abstrahiert und nicht umgekehrt Urteile aus Begriffen zusammengesetzt werden, hat als einer der ersten Gottlob Frege in die Tat umgesetzt. Er glaubte, daß nicht Begriffe den Ausgangspunkt logischer Analyse bilden, sondern Urteile, d. h. strukturierte Aussagen oder, wie er in seiner späteren Terminologie sagt, *Gedanken*. Quine hat dies 1951 als den ersten Schritt in Richtung holistischen Denkens bezeichnet. Die logische Priorität der Urteile ist einer der Grundzüge von Freges formalem System, der einige wichtige logische Neuerungen, z. B. die Einführung von Satzquantoren und logischen Junktoren, zur Folge hatte. In einem Versuch, sein formales System, die *Begriffsschrift*, gegenüber dem Kalkül Booles zu rechtfertigen, schreibt Frege: „Bei Aristoteles nämlich wie bei Boole ist das Bilden der Begriffe durch Abstraction die logische Urtätigkeit, und das Urteilen und Schließen kommt durch ein unmittelbares oder mittelbares Vergleichen der Begriffe ihrem Umfange nach zu Stande. [...] Im Gegensatz zu Boole gehe ich von den Urteilen und deren Inhalten statt von den Begriffen aus. [...]

das Bilden der Begriffe lasse ich aus den Urteilen hervorgehen."[5] Mit „Abstraktion" meint Frege hier nicht den Prozeß der Fundierung, den er später zur Definition der Zahl verwendete, sondern die klassische Lehre, nach der Allgemeinbegriffe durch eine Art Nihilierung von Merkmalen entstehen. So sollte der Begriff einer Katze etwa dadurch gebildet werden, daß von den bestimmten Merkmalen der Farbe, Größe und Felldichte konkreter Katzen „abstrahiert" wurde. Dagegen erklärte Frege die Bildung von Begriffen durch einen Prozeß, der sein Vorbild in der Mathematik hat. Dort werden Funktionen aus mathematischen Formeln dadurch gewonnen, daß Teile der Formel durch Variable ersetzt werden. So läßt sich aus der Gleichung „$2^2 = 4$" z. B. die Aussageform „$x^2 = 4$" bilden. Nun kann dieser unvollständige Ausdruck sprachlich auch durch den Begriff „Quadratwurzel aus vier" wiedergegeben werden, und der Begriff wurde dadurch gewonnen, daß in dem Urteil „$2^2 = 4$" ein Zahlname durch eine Variable ersetzt wurde. Ausgangspunkt des Begriffs „Quadratwurzel aus vier" waren also nicht konkrete Zahlen, Begriffe oder Wahrnehmungen, sondern ein Urteil. Dies ist das Modell, nach dem Begriffe aus Urteilen überhaupt gewonnen werden können, und genau in diesem Sinne ist das Urteil gegenüber dem Begriff primär.

Man kann die Methode unschwer auf Sätze der Alltagssprache übertragen. So läßt sich in dem Satz „Poe ist der Autor von *Der Goldkäfer*" der Name „Poe" durch eine Variable x ersetzen, wodurch der Begriff „der Autor von *Der Goldkäfer*" entsteht. Diese Methode der Substitution von Ausdrücken in Sätzen (oder von Begriffen in Urteilen) ist zwar nur deshalb möglich, weil Sätze oder Urteile schon in sich gegliedert sind. Frege nahm deshalb auch an, daß es einfache Namen für solche Eigenschaften und Beziehungen geben müsse, die nicht weiter zerlegbar sind. Gleichzeitig bestritt er jedoch, daß diese Eigenschaften und Beziehungen atomare *Existenz* besitzen müßten. „Sie entstehen zugleich mit dem ersten Urteile, durch das sie den Dingen zugeschrieben werden", schreibt er im selben Zusammenhang ganz im Sinne Kants.

Der Gedanke von der Priorität der Urteile setzte sich gegen Ende des 19. Jahrhunderts immer mehr durch, und auch historische Sprachforscher der Zeit glaubten, daß der Ausgangspunkt der Sprache durch „Satzwörter" gebildet wird, d. h. Wörter, die in der Funktion von Sätzen verwendet werden. Schon die Phase der Einwortsätze im Spracherwerb weist auf einen solchen Ursprung hin.[6] Das verbreitete Modell für den Vorgang der Abstraktion waren die chemischen Stoffe, die künstlich in chemische Elemente analysierbar sind, nicht für sich allein bestehen können und sich bei einer Trennung sofort wieder miteinander oder mit anderen Elementen verbinden. Frege übernahm sogar Elemente der chemischen Sprache in seine „Begriffsschrift". Ebenso wie Wasser chemisch in Sauerstoff und Wasserstoff analysierbar ist, können Urteile in Begriffe und Gegenstände zerlegt werden, wobei der Begriff die quasi chemische Eigenschaft hat, „ungesättigt" zu sein, während Gegenstände „gesättigt" sind, d. h. allein bestehen können. Begriffe wie „rot", „dreieckig" oder „mental" sind von dieser Art, daß sie nicht isoliert vorkommen, sondern nur im Rahmen von Urteilen wie „Dies ist rot", „Der Gegenstand dort ist dreieckig" oder „Ideen sind mental". Wilhelm Wundt begründete die Tatsache, daß Logiker Begriffe trotz ihrer sekundären Natur meist als elementar behandeln, mit rein praktischen Notwendigkeiten: Aus denselben Gründen, aus denen der Grammatiker die Wortbildung der Satzbildung voranstellt, obgleich das Wort so wenig wie der Begriff isoliert vorkommt, oder der Chemiker die Eigenschaften der Elemente den Eigenschaften der Verbindungen, obgleich die chemischen Elemente nur in Verbindungen vorkommen, stellt auch der Logiker die Begriffsbildung an den Anfang, obwohl Begriffe niemals außerhalb von Urteilen in Erscheinung treten.[7] In diesem Sinne entwickelte sich eine neue Auffassung von der Grundlage der Begriffsbildung im Denken: Begriffe sind künstliche Einheiten, die aus den Urteilen herausgelöst werden und nicht etwa aus ursprünglich gegebenen Merkmalen zusammengesetzte Komplexe.

Freges Revision der Logik entstand ganz unabhängig von den Ergebnissen der Bewußtseinsphilosophie, die Frege selbst als „psychologistisch" zurückwies. Beide Entwicklungen fügen sich jedoch gut ineinander. Während die genetische Forschung der Gestaltpsychologen zu dem Ergebnis kam, daß uns nicht einzelne Sinnesdaten, sondern komplexe Wahrnehmungsfelder gegeben sind, erkannten Logiker und Philosophen, daß nicht einzelne Begriffe, sondern logisch strukturierte Ganzheiten die Grundlage des Denkens bilden. Frege nannte solche Ganzheiten, um sie von den Behauptungen zu unterscheiden, *Gedanken* und glaubte, daß sie den *Sinn* von normalen Aussagesätzen bilden. Freges logische Methode der Begriffsbildung bestand in der Ersetzung von einzelnen Stellen in solchen Gedanken durch Variable, während Husserls Methode der Begriffsbildung in der eidetischen Variation von komplexen Vorstellungen lag. Was der eine also auf der Ebene der Vorstellungen durchführte, vollzog der andere auf einer logisch-sprachlichen Ebene, die sich im folgenden als Gegenstand der Forschung analytischer Philosophie durchsetzte. Zwar hätte auch Husserl die Behauptung, seine eidetische Variation sei in irgendeinem Sinne subjektiv und rein psychologisch beschreibend, zurückgewiesen. Anders als die Gestaltpsychologen war er nicht an psychologischer Forschung, sondern am Wesen der Dinge interessiert und seine Fundierungsbeziehungen stellten letzten Endes *logische* Untersuchungen dar. Frege jedoch legte den größten Wert auf die Ausschaltung jedes Anscheins von Subjektivität aus logischen Untersuchungen (was seine Auffassungen in mancher Hinsicht lückenhaft macht) und schien daher vor allem für die neu entstehende Philosophie der Wissenschaften attraktiver. Die Fragestellung verschob sich: Es ging nicht mehr darum, welche Begriffe (Sinnesdaten, Wahrnehmungen, Vorstellungen etc.), sondern welche Urteile (Gedanken, Aussagen, Sätze, Propositionen etc.) – wenn überhaupt – den Grund unserer Erkenntnis bilden. Und das Interesse lag nun auch nicht auf der Entstehungsgeschichte solcher Urteile, sondern auf der Frage ihrer möglichen Rechtfertigung.

Auch an den Begriffen zeigten sich nun neue Eigenschaften. Ein Begriff, der aus einem Urteil isoliert wird, enthält im Gegensatz zu den klassischen einfachen Ideen strukturelle „Lücken", die nur durch bestimmte Arten von Gegenständen aufgefüllt werden können. In die Leerstelle von „( ) ist rot" passen nur raumzeitliche Gegenstände, nicht aber natürliche Zahlen; die Variable in der Aussageform „x ist eine Primzahl" kann andererseits nur durch Zahlen und nicht durch raumzeitliche Gegenstände ersetzt werden. Auch andere Arten von Ausdrücken, z. B. Konjunktionen wie „daß", „und", etc. passen nicht an diese Stelle. Im Unterschied zu den klassischen Ideen zeigen die neuen abstrahierten Begriffe, nun aufgefaßt als sprachliche Ausdrükke, nicht nur einen Inhalt, sondern eine bestimmte logisch-grammatische Form, die bedingt, daß sie nur mit Gegenständen oder Begriffen (Ausdrücken) von der passenden Art in Verbindung treten können, ebenso wie sich chemische Elemente nur mit bestimmten anderen Elementen zu neuen Stoffen verbinden. Solche „Wahlverwandtschaften" gehören zum Wesen der Begriffe und bilden ein Netzwerk, das nicht in isolierte Einheiten aufgelöst werden kann.

2 Satzbedeutung

Der Übergang von den Ideen zu den Urteilen markiert eine Wende zur Sprache, die die Entwicklung eines spezifisch *semantischen* Holismus mit sich bringt. Isolierte Ideen und Vorstellungen lassen sich leicht als Bedeutungen von Zeichen betrachten, die ihnen bloß sekundär angeheftet und ohne weiteres zu vernachlässigen sind. Urteile aber haben logisch-syntaktische Formen, die für ihre Bedeutung wesentlich sind. Ihr sprachlicher Ausdruck, Sätze oder auch Formeln einer logischen Notation, ist deshalb nicht bloß verwirrendes Beiwerk, wie die klassische Sprachauffassung glaubte, sondern wesentlich für das Denken selbst. Die Beziehung zwischen Satz und Bedeutung wird auf einmal rätselhaft und undurchsichtig. Bedeutungstheorien werden entworfen.

Intuition oder Vorurteil sagen uns, daß wir Sätze verstehen, weil wir die Wörter verstehen, die in ihnen vorkommen, und der klassische Atomismus hätte hinzugefügt, daß die Wörter Zeichen für Ideen oder Begriffe sind, die wir aus einfachen Ideen gebildet haben. Gibt es keine solchen einfachen Ideen und gewinnen wir die Begriffe tatsächlich aus größeren Einheiten, etwa Freges Gedanken, dann wäre auch die Bedeutung eines Satzes primär gegenüber der Bedeutung der einzelnen Wörter, die in ihm vorkommen. Tatsächlich drückte Frege eine solche Behauptung in seinen *Grundlagen der Arithmetik* aus dem Jahr 1884 aus, wo er schreibt: „Nach der Bedeutung der Wörter muss im Satzzusammenhange, nicht in ihrer Vereinzelung gefragt werden“[8], eine der zahllosen Varianten unserer These (B). Zwar glaubte auch Frege, daß wir Sätze aus Wörtern mit feststehender Bedeutung konstruieren können, aber der erste Akt der Bedeutungsbildung muß von sinnvollen Sätzen ausgehen. Wie kommen also Sätze zu ihrer Bedeutung, wenn nicht über die Wörter, aus denen sie bestehen? Analog zu der alten empiristischen Behauptung, daß alle Erkenntnis aus Sinnesdaten abgeleitet sei, könnte man nun vermuten, daß es grundlegende Sätze gibt, aus denen die anderen Sätze durch gewisse Ableitungsschritte gebildet werden können. Und möglicherweise stehen solche Sätze in einem unmittelbaren Kontakt mit der Welt, der uns erlaubt, sie als ihr *Fundament* zu betrachten. Gibt es also solche Sätze und wie könnten sie aussehen?

Bevor wir uns den verschiedenen möglichen Antworten auf diese Frage zuwenden, müssen wir die Aufmerksamkeit noch auf eine charakteristische Verschiebung des Themas wenden, die mit ihr verknüpft ist. Die Frage nach der Bedeutung von Sätzen oder Wörtern ersetzt die ältere Frage nach dem Ursprung und Wesen unserer Begriffe, aber sie ist natürlich nicht mit dieser gleichbedeutend. Für die meisten Philosophen bis weit ins 19. Jahrhundert war die Bedeutung von Ausdrücken eine eher nebensächliche Angelegenheit. Man klagte zwar oft über die Ungenauigkeit der Sprache und die Vagheit unserer Wörter, durch die das Denken in die Irre geführt und verunreinigt werde. Aber im Prinzip waren die meisten Philosophen der Überzeugung, daß Denken nur faktisch mit der natürlichen Sprache verknüpft sei und sich von dieser emanzipieren könne. In diesem Kontext stehen die durch Jahrhunderte währenden und vergeblichen Versuche, eine künstliche Sprache des Denkens zu konstruieren, die gleichzeitig die verlorene Ursprache der Menschheit und das ideale Instrument wissenschaftlicher Forschung darstellen könnte. Selbst Frege war der Überzeugung, daß das Denken der natürlichen Sprache gegenüber weitgehend autonom sei und sich mit Hilfe einer künstlichen formalen Sprache besser und genauer ausdrücken könnte.

Andererseits war es gerade Frege, der die Untersuchung der „Gedanken" eng an eine Untersuchung der Sätze knüpfte, durch die sie ausgedrückt werden, und der auf diese Weise einen wichtigen Beitrag zum „linguistic turn", der Wende der Philosophie zur Sprache, leistete. Frege unterschied als erster scharf zwischen den verschiedenen Ebenen des Ausdrucks und seiner Bedeutung, die wir bisher eher nachlässig behandelt haben. Fregesche *Gedanken* sind das, was wir intuitiv als den Inhalt von Sätzen bezeichnen könnten, oder das, was mit einem Satz ausgesagt wird. Verschiedene Sätze (z. B. Aktiv- und Passiv-Sätze) können denselben Gedanken ausdrükken und umgekehrt: derselbe Satz kann (z. B. aufgrund von Mehrdeutigkeiten) Ausdruck verschiedener Gedanken sein. Sätze sind komplexe Zeichen, die wahr oder falsch sein können, *weil* sie Gedanken ausdrücken. Der *Satz* ist also das äußere Zeichen eines *Gedankens*, dessen Wahrheit außerdem *behauptet* werden kann.

Obwohl spätere Philosophen viel von Freges Exaktheit profitierten, setzten sich seine akribischen Unterscheidungen nicht durch. Der Ausdruck „Gedanke" erinnerte zu sehr an den psychischen Akt des Denkens (der gerade nicht gemeint war) und wurde oft durch „Aussage", später auch durch „Proposition" ersetzt. Die Frage, was solche

Gedanken oder Propositionen eigentlich sind, wurde zu einem Streitfall in der modernen Philosophie, der nicht entschieden ist.

Die Frage, wie Sätze zu ihrer Bedeutung kommen, läßt sich also auch so formulieren: Wie kommt es, daß wir bestimmten komplexen sprachlichen Zeichen bestimmte Gedanken oder Propositionen zuordnen können oder in verschiedenen komplexen Zeichen dieselbe Proposition erkennen? Wie ist es überhaupt denkbar, daß Sätze Bedeutungen erhalten, wenn nicht über die einzelnen Wörter? Selbst wenn wir argumentieren, daß ein Großteil der Sätze aus Begriffen gebildet wird, die wiederum aus Sätzen abstrahiert wurden, könnte man doch fordern, daß zumindest eine begrenzte Klasse von Sätzen ihre Bedeutungen direkt gewinnt. Solche Sätze wären gegenüber den anderen fundamental, es wären echte Basissätze der Erkenntnis. Es ist nun *eine* Sache, psychologische Forschungen darüber anzustellen, wie das Erfassen der Satzbedeutungen geschieht. Auch die sorgfältigste empirische Forschung wird uns jedoch nicht sagen können, ob es überhaupt fundamentale Arten von Sätzen, bzw. Fregeschen Gedanken gibt. Denn angenommen, wir finden solche Basissätze, dann müßten wir nachweisen, daß alle anderen möglichen Sätze aus ihnen ableitbar sind. Aber dies wäre entweder keine empirische, sondern eine logische Untersuchung, oder sie müßte als empirische Untersuchung an der unendlichen Menge möglicher Sätze scheitern. Finden wir aber keine solchen Basissätze, dann ist damit natürlich nicht bewiesen, daß es sie nicht gibt oder geben könnte. Eine *andere* Sache ist es also, den argumentativen Beweis für oder gegen die Existenz von Basissätzen zu führen. Dies ist *keine* genetische oder psychologische Untersuchung, sondern sie betrifft ausschließlich die Frage, wie unsere Aussagen begründet sind. Das Problem stellt sich also so: Wenn wir Frege darin folgen, daß die Urteile oder Gedanken primär sind und Begriffe aus ihnen abstrahiert werden, müssen wir dann annehmen, daß es Basissätze gibt, die ihre Bedeutung direkt aus der Wirklichkeit beziehen? Und wenn wir dies nicht tun, wie erklären wir, daß Sätze Bedeutung besitzen, die nicht aus der Bedeutung der Wörter zusammengesetzt ist?

3 Verifikation

Die Frage nach der Bedeutung oder dem Sinn von Sätzen hat vor allem in den Debatten des Wiener Kreises zwischen 1928 und 1938 eine große Rolle gespielt. Moritz Schlick, der Gründer des Wiener Kreises, attestierte einmal der Philosophie vor der Jahrhundertwende einen chaotischen Zustand, der auf den unglücklichen Umstand zurückgeführt werden müsse, daß gewisse Formulierungen naiv als echte philosophische Probleme betrachtet wurden. Der Wiener Kreis betrachtete es daher als „das eigentliche Geschäft der Philosophie, den Sinn von Behauptungen und Fragen zu suchen und klarzumachen".[9] In der Diskussion des Wiener Kreis um den Sinn von Sätzen wurden sowohl die Erkenntnisse der Gestalttheorie, als auch die Fregesche Logik verwendet. Es gab ebenso fundamentalistische, wie holistische Antworten. Obwohl der Wiener Kreis seine Thesen in einem oft naiven empiristischen Sendungsbewußtsein formulierte und die meisten von ihnen inzwischen faktisch oder logisch als widerlegt gelten, gewinnt gerade der holistische Ansatz heute wieder an Interesse. Wie schon im vorangegangenen Kapitel interessiert uns hier nicht in erster Linie eine historische, sondern eine systematische Darstellung der verschiedenen möglichen Positionen.

Zentrum des Kreises war Moritz Schlick, der seit 1922 den Lehrstuhl von Ernst Mach in Wien besetzte. Schon zuvor, in den Jahren 1907 bis 1912 traf sich der sog. Erste Wiener Kreis, in dem Hans Hahn, Philipp Frank, Otto Neurath und Richard von Mises die Schriften von Pierre Duhem, Henri Poincaré und anderen diskutierten. Schon kurz nach seiner Berufung scharte Schlick eine Gruppe von Philosophen, Natur- und Sozialwissenschaftlern um sich, die ein gemeinsamer Geist, die „wissenschaftliche Weltauffassung", verband. Kennzeichnend für diese gemeinsame Einstellung war die Überzeugung, daß zentrale Probleme durch die traditionelle Philosophie, vor allem durch die Metaphysik, nicht gelöst werden konnten und daß eine solche Lösung nur auf der Basis einer empiristischen Erkenntnistheorie und mit den Mitteln der modernen Logik möglich sei. Dieser *logische Empirismus* war allerdings nur ein grober Rahmen, innerhalb dessen die Meinungen weit auseinandergingen. Die Hauptkontrahenten waren Schlick, Carnap und Neurath, deren Charaktere ebenso verschieden waren wie ihre Standpunkte.

Dem Wiener Kreis ging es um die Frage der *Geltungsansprüche* oder der *Wahrheit* unserer Aussagen über die Welt. Da die Mitglieder des Wiener Kreises sich als Empiristen verstanden, glaubten sie, daß alle unsere Aussagen auf Aussagen über Beobachtbares, sog. *Protokollsätze*, zurückgeführt werden können, daß die Bedeutung aller Sätze über die Welt letztlich nur in logischen Ableitungsbeziehungen aus solchen Protokollsätzen besteht. Diese These wurde zunächst auch in der folgenden Form propagiert: *Der Sinn eines Satzes ist die Methode seiner Verifikation.* Man hat diese Behauptung, die zum ersten Mal Waismann 1930 formulierte, auch das empiristische Sinnkriterium genannt. Es ist offenbar verwandt mit Ostwalds Forderung, daß eine Frage sinnlos sein müsse, wenn sich durch ihre Antwort nichts an der Welt verändere. Protokollsätze sind solche Sätze, die empirische Tatsachen, beobachtbare Fakten beschreiben oder protokollieren. So konnte der Satz „Auf der Hochebene ist ein Schatz vergraben" durch die Beschreibung der schließlich an einer Stelle auf der Hochebene gefundenen Holzkiste samt ihres Inhalts von Goldmünzen und Juwelen verifiziert werden, und der Satz erhielt seinen Sinn letztlich durch dieses Protokoll. Poes Erzählung zeigt deutlich, wie selbstverständlich uns dieses Kriterium im Grunde ist. Denn als Legrand alle logischen Ableitungsschritte vollzogen, die Lagebeschreibung des Schatzes entschlüsselt hat und an der von ihm eindeutig als Fundort identifizierten Stelle tatsächlich nichts findet, brechen alle Schlußfolgerungen zunächst einmal zusammen. Sein Freund, von der Geistesstörung Legrands überzeugt, hatte sich an der Grabung nur deshalb beteiligt, um die Behauptung zu falsifizieren. „Im großen und ganzen war ich sehr verstimmt", berichtet der Erzähler, „doch beschloß ich zum Schluß aus der Not eine Tugend zu machen und aus vollen Kräften zu graben, um dem Irren recht bald *durch den Augenschein* zu beweisen, wie töricht seine Hoffnungen gewesen."[10] Das Verifikationsprinzip ersetzt die klassische empiristische Behauptung, daß alle unsere komplexen Begriffe Assoziationen aus Sinnesdaten seien. Von psychologischen Vorgängen wie Assoziation ist nun nicht mehr die Rede; an ihre Stelle treten Ableitungsbeziehungen zwischen Protokollsätzen und normalen Sätzen. Das Verifikationsprinzip läßt sich zumindest in seiner starken Version (s. u.) als Versuch betrachten, den klassischen atomistischen Empirismus mit den minimalsten Änderungen zugunsten der neueren Erkenntnisse in Psychologie und Logik aufrecht zu halten. Die Atome der

Erkenntnis sind nun Sätze oder Aussagen, anstatt Begriffe, und ihnen entsprechen nicht Sinnesdaten, sondern Komplexe. Dies ist jedenfalls die Interpretation, unter der das Prinzip berüchtigt wurde und die wesentlich zum schlechten Ruf des logischen Empirismus in der neueren Philosophie beigetragen hat.

Das empiristische Sinnkriterium richtete sich in erster Linie gegen metaphysische Behauptungen, die nicht auf unmittelbar Beobachtbares zurückgeführt werden können. Die Mitglieder des Kreises empfanden die bisherigen metaphysischen Systeme als ergebnislos und erklärten dies nun dadurch, daß metaphysische Aussagen durch logische Analyse als sinnlos erwiesen werden können, wenn das Verifikationsprinzip zugrundegelegt wird. Mit anderen Worten: Die Bedeutung einer Behauptung ist durch die Angabe der beobachtbaren Bedingungen für ihre Wahrheit erschöpft. Die Wirksamkeit des Prinzips in diesem Sinne ist allerdings mit zahlreichen Argumenten schon bald bezweifelt worden.[11] Die Schwierigkeit des empiristischen Sinnkriteriums bestand vor allem darin, daß es nicht nur über die Wahrheit und Falschheit, sondern unmittelbar über den *Sinn* von Sätzen entscheiden sollte. Die triumphierende Behauptung, metaphysische Aussagen könnten durch das Verifikationsprinzip als sinnlos entlarvt werden[12], richtete sich im Gegenzug nun auch gegen Aussagen der Wissenschaften, die den Empiristen als Prototyp sinnvoller Aussagen galten.

Einer der wichtigsten Einwände gegen das Prinzip besteht darin, daß sein Sinn selbst nicht eindeutig ist. Die logischen Empiristen betonten oft, daß ihre Auffassung von Verifikation keine faktischen Prozeduren zum Nachweis der Wahrheit von Sätzen voraussetze. Die Bedeutung des Satzes „Wasser kocht bei 100 °C" besteht also nicht in der Angabe eines *bestimmten* Verfahrens, mittels dessen man überprüfen könnte, ob Wasser tatsächlich bei 100 °C kocht oder nicht. Ein solches Verfahren wäre viel zu abhängig von zufälligen empirischen Fakten, als daß es etwas so Grundlegendes wie die Bedeutung unserer Sätze bestimmen könnte. Vielmehr sollten zwischen den Beobachtungssätzen und den normalen Sätzen bestimmte *logische* Beziehungen bestehen, so daß aus der Wahrheit der Beobachtungssätze auf die Wahrheit des kritischen Satzes geschlossen werden könnte. Mit anderen Worten: Wenn p_1, p_2... p_n die Beobachtungssätze sind und q der Satz, dessen Bedeutung durch sie bestimmt ist, dann gilt:

(P) (p_1 und p_2 und ... und p_n) genau dann, wenn q.

Es ist jedoch gerade diese strikte Formulierung des Prinzips, die Widerspruch erregt hat. Zum einen sagt uns nämlich eine solche Äquivalenz tatsächlich nichts über die Bedeutung von q, sondern allenfalls, daß die Bedeutung der Ausdrücke rechts und links von „genau dann wenn" dieselbe ist. Betrachten wir (P) jedoch als Definition von q, dann scheint es, daß ein beliebiger sinnvoller Satz nichts anderes als eine *Abkürzung* für eine bestimmte endliche Konjunktion von Beobachtungssätzen ist. Dies wäre eine besonders deutliche Entsprechung zur klassischen empiristischen These, daß ein Begriff nichts anderes als eine (Abkürzung für eine) bloße *Summe* von Basisbegriffen ist. Aber gerade die wichtigsten Sätze der Naturwissenschaften, die Formulierungen der Naturgesetze, wären nach einer solchen Darstellung *sinnlose* Sätze, denn sie beziehen sich auf alle möglichen Gegenstände eines Bereichs, lassen sich also nicht auf eine *endliche* Kette von Sätzen reduzieren. Beobachtungen aller Gegenstände stehen uns niemals zur Verfügung – im Gegenteil kennzeichnet es den besonderen Status von Naturgesetzen, daß sie aus zahlenmäßig begrenzten Beobachtungen allgemeingültige (sog. induktive) Schlüsse ziehen. Auch andere Aussagen lassen sich nicht als äquivalent mit einer Reihe von Beobachtungssätzen darstellen. So betonte etwa Waismann, daß eine Aussage über einen materiellen Gegenstand nicht als Abkürzung für noch so viele Aussagen über unsere Beobachtungen aufgefaßt werden kann: wir sprechen eben, wenn wir vom Empire State Building sprechen, nicht von unseren Beobachtungen, sondern von jenem Gebäude, das unabhängig von diesen existiert – eben auf diese Tatsache hatte schon Kant aufmerksam gemacht. Waismann wies auch darauf hin, daß der Festlegung von Bedeutung durch Verifikation ein besonderes Merkmal unserer Sprache entgegensteht, das er die „Porosität der Begriffe" nannte. Der Satz „Nebenan auf dem Sofa liegt eine Katze" kann auf vielfältige Weise verifiziert werden und keine dieser Arten steht von vornherein fest. Ganz abgesehen davon wissen wir nicht, wann die Verifikation beendet ist. Reicht es aus, wenn wir die Tür öffnen und nachsehen, oder müssen wir hingehen und das Tier berühren, um sicher zusein, daß es sich nicht um eine Attrappe handelt? Könnte es sich nicht um eine katzenähnliche Gattung handeln, die biologisch nicht unter den Begriff „Katze" fällt – ein Unterschied, der aber nur durch wissenschaftliche Tests festgestellt werden könnte? Würde es sich auch dann um eine Katze handeln, wenn das Tier uns mit den Worten „Mach die Tür zu, es zieht!" begrüßt oder sich während unserer Beobachtung, wie bei Alice im Wunderland, in Luft auflöst? Was müßten wir anstellen, um solche unwahrscheinlichen Vorkommnisse auszuschließen? Tatsache ist jedoch, daß wir ganz ohne solche komplizierten Vorkehrungen verstehen, was der Satz bedeutet, auch wenn gewisse Beobachtungen zu der Bedeutung des Satzes beitragen sollten. Darüberhinaus: Wie steht es mit Aussagen über zukünftige oder vergangene Ereignisse, die wir faktisch nicht verifizieren können? Die Beziehung zwischen Aussagen über Gegenstände und Aussagen über Beobachtungen hat also offenbar, wie Waismann schreibt, einen eigenen logischen Status, der nicht als Wahrheitsfunktion von Beobachtungssätzen beschrieben werden kann. Auch dies erinnert an die Erkenntnis des vorhergegangenen Kapitels, daß Fundierung – die Abhängigkeit von komplexen Begriffen von einfachen – nicht auf andere Begriffe reduziert werden kann, sondern als Grundrelation aufgefaßt werden muß.

Obwohl das Verifikationsprinzip also durchaus eine rationale Intuition unseres Alltagsdenkens wiedergibt, konnte es als Forderung an den Sinn von Aussagen nicht in dieser Form aufrechterhalten werden. Das Problem war zum einen, daß es unmöglich schien, die Bedeutung von „Verifikation" so festzulegen, daß metaphysische Aussagen sinnlos werden und wissenschaftliche Aussagen sinnvoll bleiben. Verlangt man etwa, daß eine Aussage dann sinnvoll ist, wenn ihre Verifikation *prinzipiell* möglich ist, dann verschiebt sich die Frage nur auf die Bedeutung des Ausdrucks „prinzipiell". Zum anderen scheint jede Festlegung dessen, was als Verifikation gilt, entweder willkürlich oder von gewissen Rahmenbedingungen bestimmt. So gibt es keinen Grund, weshalb nicht eine metaphysische oder religiöse Beobachtung metaphysische oder religiöse Aussagen verifizieren sollte. Die Zusatzforderung, es müsse sich um intersubjektiv überprüfbare Beobachtung handeln, rettet den Empiristen nicht: Auch Aussagen eines Plasmaforschers oder Quantenphysikers sind sicherlich nur von einem kleinen Kreis von Experten verifizierbar.

Solche Einwände führten schon früh zu Modifikationen des Prinzips. Schlick formulierte im Jahr 1936 die folgende Version: „Die Bedeutung einer Aussage feststellen heißt die Regeln feststellen, nach denen der Satz verwendet wird, und dies ist dasselbe wie die

Feststellung der Art und Weise, wie er verifiziert oder falsifiziert werden kann."[13] Nicht die Beobachtung, sondern die Regeln der Verwendung eines Ausdrucks in einer Sprache bestimmen also die Bedeutungen der Sätze. Dies ist bereits eine sehr „holistische" Umdeutung des Prinzips. Darüberhinaus galt das Prinzip nun nicht mehr als ein Mittel, um die Bedeutung jedes besonderen Satzes festzustellen, sondern nur noch als ein Kriterium dafür, daß ein Satz überhaupt Bedeutung hat. Dies ist der Fall, wenn der Satz empirisch *bestätigt* werden kann oder wenn er in einer Sprache darstellbar ist, deren Grundvokabular aus empirischen Termini besteht. Die Diskussion über das Verifikationsprinzip hat also gezeigt, daß dieses zur Festlegung des Sinnes von Sätzen nicht ausreichend ist, und daß Sätze ihre Bedeutung nicht oder jedenfalls nicht ausschließlich durch eine Menge von Beobachtungssätzen erhalten. Zwar spielt die Bedeutung von Sätzen auch nach der Aufgabe einer strikten Version des Verifikationsprinzips eine Rolle, aber die Diskussion bewegte sich nun in eine andere Richtung. Wenn Beobachtungssätze nicht den Sinn aller Sätze festlegen, so scheint es doch denkbar, daß es Sätze gibt, die eine gewisse fundamentale Rolle für die Bedeutung anderer Sätze spielen, ähnlich wie gewisse Begriffe oder Wahrnehmungen das *Fundament* von anderen Begriffen oder Wahrnehmungen bilden. Diese Rolle könnte gerade in der Funktion liegen, die sie bei der *Rechtfertigung* unserer Behauptungen spielen. So ist es zwar unpausibel, die Hoffnung Legrands *sinnlos* zu nennen, wenn seine Überlegungen nicht zur Entdeckung eines Schatzes geführt hätten, aber sie wäre zumindest nicht gerechtfertigt gewesen. Diese sehr viel schwächere Behauptung gibt den Protokollsätzen die Rolle einer letzten Begründung im Spiel der Rechtfertigung, und von dieser Sicht aus werden wir sie nun einer Prüfung unterziehen.

Die Mitglieder des Wiener Kreises waren sich darüber einig, daß Beobachtungs- oder Protokollsätze eine wichtige Rolle in diesem Sinne spielen. Sie stritten jedoch über die Natur dieser grundlegenden Sätze, und zwar vor allem über die folgenden Themen: Was ist die Bedeutung solcher Basissätze? Wie müssen sie formuliert werden? Was ist ihr erkenntnistheoretischer Status – können sie absolute Gewißheit beanspruchen und können sie durch spätere Erkenntnisse revidiert werden? Obwohl Schlick, Carnap und Neurath ihre Auffassungen in engem Kontakt miteinander entwickelten, kamen sie zu verschiedenen Auffassungen, zwischen denen es keine Versöhnung gab. Und obwohl der Ansatzpunkt der Diskussion ein scheinbar fundamentalistischer war – die These, daß es Basissätze gibt, die das Fundament wissenschaftlicher Theorien bilden – zeigten die Auffassungen über die Natur dieser Sätze sowohl fundamentalistische und atomistische, als auch holistische Tendenzen. Es war eine Bemerkung Neuraths im Kontext der Protokollsatzdebatte, die zum Motto des wissenschaftstheoretischen Holismus wurde, nachdem Quine sie seinem Buch *Word and Object* vorangestellt hatte. Neurath verglich die Situation des erkenntnistheoretischen Subjekts mit der von Schiffern, „die ihr Schiff auf offener See umbauen müssen, ohne es jemals in einem Dock zerlegen und aus besten Bestandteilen neu errichten zu können."[14] Schlick dagegen glaubte, ein solches Dock gefunden zu haben.

Der empiristische Hintergrund des Wiener Kreises verlangte, daß Beobachtung und Erfahrung eine besondere Rolle im Erkenntnisprozeß zugewiesen wurden. Eine Möglichkeit, die dem klassischen Empirismus am nächsten kommt, betrachtet Sätze über Beobachtungen als echtes Fundament anderer Sätze. Für solche fundamentalen Sätze ist wesentlich, daß sie alle anderen Sätze begründen, und sie sollen ihrerseits nicht durch etwas anderes – insbesondere nicht durch andere Sätze – begründet sein. Die Beziehung der Begründung oder Ableitung muß dabei – im Sinne eines Fundaments – linear sein, d. h. wenn A durch B begründet ist, dann darf nicht seinerseits B durch A begründet werden, auch nicht auf Umwegen über andere Sätze. Eine wichtige Frage ist nun, wie die Basissätze selbst zu ihren Bedeutungen gelangen. *Prima facie* könnte man dafür zwei Möglichkeiten ins Auge fassen: Entweder die Bedeutung solcher Basissätze ist durch einen unmittelbaren Bezug auf *Tatsachen* festgelegt, oder aber sie ist durch den Bezug auf *andere Sätze* gegeben. Die zweite Möglichkeit scheint zunächst ausgeschlossen, da Sätze, die ihre Bedeutung von anderen erhalten, auch durch diese in gewissem Sinne begründet wären, was der fundamentalistischen Voraussetzung widerspricht. Echte Basissätze sollten ihre Bedeutung also durch den Bezug auf Tatsachen erhalten, der wiederum auf verschiedene Weise denkbar ist. Sie könnten z. B. physikalische Tatsachen *beschreiben* oder solche Tatsachen auf eine bestimmte Weise *abbilden*. Wenn sie sich nicht auf physikalische Tatsachen, sondern auf Bewußtseinserlebnisse beziehen, dann könnten sie diese auch unmittelbar *ausdrücken* – einen solchen Vorschlag hat Moritz Schlick formuliert. Theorien über Basissätze können dabei unterschiedlich starke gegenseitige Abhängigkeit oder Unabhängigkeit dieser Sätze fordern. Wieder gelangen wir so zu einer ganzen Skala möglicher Positionen. Eine Theorie, die Basissätze zugrundelegt, die voneinander unabhängig sind und physikalische Tatsachen beschreiben, hat atomistischen und fundamentalistischen Charakter. Eine Theorie, die dagegen die gegenseitige Abhängigkeit aller Sätze behauptet, fügt sich gut in unsere holistische These (B): die Bedeutung eines Satzes ist dann durch die Bedeutung aller anderen Sätze der Sprache bestimmt.

In diesem Sinne können Protokollsätze eine ausgezeichnete Rolle im Prozeß der Rechtfertigung spielen, ohne daß sie die genannten fundamentalistischen Merkmale aufweisen. So wäre es denkbar, daß auch Protokollsätze durch andere Sätze begründet sind und ihren besonderen Status durch andere Faktoren erhalten. Es wäre also möglich, daß alle unsere Sätze sich gegenseitig oder auch zirkulär rechtfertigen und daß es keine in diesem Sinne „unbegründeten" Sätze gibt. Eine solche Auffassung wird in Kohärenztheorien der Rechtfertigung entwickelt. Sie vertreten in diesem Zusammenhang die holistische Seite der Debatte. Wir werden nun im folgenden die charakteristischen Positionen im Wiener Kreis betrachten. Sie stehen hier für die Ausgangspunkte einer langdauernden Debatte, die zu umfangreich ist, als daß sie in diesem Zusammenhang dargestellt werden könnte. Nur einige dieser Gedankenstränge werden wir in den folgenden Kapiteln weiterverfolgen.[15]

4 Logische Bilder

Neben dem empiristischen Ausgangspunkt gab es auch eine *logische* Argumentation, die der Wiener Kreis für seine Protokollsatzthese heranzog und die aus Wittgensteins *Tractatus* stammt. Der *Tractatus* hat die Philosophie der Logischen Empiristen in mancher Hinsicht geprägt, obwohl sie ihm nicht nur zustimmend, sondern durchaus auch kritisch gegenüberstanden. Schlick und Waismann standen geradezu unter dem Bann Wittgensteins, während Neurath und Carnap sich ablehnend und kritisch zeigten. In seinem *Aufbau* jedoch erwähnt Carnap den *Tractatus* zustimmend und das Buch schließt mit den letzten Worten des *Tractatus*: „Worüber man nicht sprechen kann, darüber muß man schweigen".

Der *Tractatus* beschreibt den Zusammenhang zwischen Welt, Sprache und Denken auf die folgende Weise: Die Welt zerfällt in Tatsachen, die ihrerseits aus Sachverhalten bestehen. Sachverhalte sind Verbindungen von Gegenständen, wobei die Gegenstände nicht außerhalb von Sachverhalten denkbar, die Sachverhalte also gegenüber den Gegenständen primär sind. Sätze sind „logische Bilder" von Tatsachen. Die Theorie des Bildes entwickelte Wittgenstein, nach dem er in einem Pariser Gericht die Darstellung eines Verkehrsunfalls durch ein Modell beobachtet hatte, bei dem Figuren die beteiligten Gegenstände und ihre räumlichen Beziehungen die Beziehungen in der Wirklichkeit repräsentierten. Wittgenstein übertrug diese Auffassung auf Bilder überhaupt und von diesen auch auf die Sprache. Ein Bild besteht darin, daß gewisse Gegenstände, die die Gegenstände in der abgebildeten Sachlage vertreten, in Beziehungen gesetzt werden, die den Beziehungen zwischen den Gegenständen in der Sachlage „entsprechen". So kann ein räumliches Bild eine räumliche Tatsache, ein farbiges Bild etwas Farbiges etc. abbilden. Auch Sätze bilden Sachlagen ab, indem sie Gegenstände, die Namen, in logisch-grammatische Beziehungen setzen, die mit den logischen Beziehungen der Gegenstände in der Sachlage übereinstimmen. Damit dies möglich wird, müssen Sätze in *Elementarsätze* zerlegbar sein, die einfache Sachverhalte abbilden. Die Elementarsätze sind es eigentlich, die aus Verbindungen von Namen in einer logisch-grammatischen Struktur bestehen. Wenn die Struktur des Satzes mit der logischen Struktur der abgebildeten Tatsache identisch ist, ist der Satz ein *logisches* Bild.

Elementarsätze können wahr oder falsch sein, *tertium non datur*. Aus der Wahrheit und Falschheit der Elementarsätze müssen alle anderen Sätze folgen, sie müssen *Wahrheitsfunktionen* der Elementarsätze sein. Der Satz „Es herrscht trübes Novemberwetter" könnte z. B. in die Elementarsätze „Der Himmel ist bedeckt", „Es ist neblig" und „Die Temperatur liegt zwischen 0° und +10 °C" analysiert werden. Er ist nun gerade dann wahr, wenn alle drei Elementarsätze wahr sind, er ist also eine Wahrheitsfunktion, genauer: eine Konjunktion dieser drei Elementarsätze. Dies schien eine klare formale Darstellung des Verifikationsprinzips zu ermöglichen. Der Grundsatz der Logischen Empiristen „Der Sinn eines Satzes ist die Methode seiner Verifikation" ließ sich nun so erklären, daß ein Satz in seine Elementarsätze zerlegt werden muß, deren Wahrheit oder Falschheit unmittelbar festgestellt werden kann. Daher wird manchmal behauptet, daß sich das Verifikationsprinzip als solches zuerst im *Tractatus* findet.

Es gibt nun auch im *Tractatus* Sätze, bei deren Analyse sich erweist, daß sie nicht aus echten Elementarsätzen bestehen. Dies sind unter anderem solche Sätze, die über strukturelle oder formale Eigenschaften der Welt reden und dies wiederum sind vor allem die Sätze der traditionellen Philosophie. Der Ausdruck „Sein" bezeichnet etwa nach dem *Tractatus* aus bestimmten Gründen eine strukturelle Eigenschaft der Welt. Nach den Prämissen des *Tractatus* können aber strukturelle Eigenschaften nicht mit Namen benannt werden - dies ist ausschließlich einfachen Gegenständen vorbehalten - sondern nur in den Verbindungen der Namen dargestellt werden. Sätze, die den Ausdruck „das Sein" wesentlich in einer benennenden Weise verwenden, sind also nicht in Elementarsätze analysierbar, die aus einfachen Namen bestehen - der Name „das Sein" bezeichnet in diesen Elementarsätzen nichts, sie sind also unvollständige, nur scheinbare Sätze, sog. *Scheinsätze.* Was überhaupt „über" das Sein gesagt werden kann, muß sich daher in den *Formen* der Sätze, den Verbindungen echter Namen, zeigen. Wittgenstein kommt somit oberflächlich betrachtet zum selben Ergebnis wie die Logischen Empiristen: Die Sätze der Metaphysik sind bloße Scheinsätze, da sie nicht in Elementarsätze analysiert werden können. Er zieht daher den folgenden Schluß, den auch Carnap zustimmend ans Ende seines *Logischen Aufbau* setzt: „Die richtige Methode der Philosophie wäre eigentlich die: Nichts zu sagen, als was sich sagen läßt, also Sätze der Naturwissenschaft - also etwas, das mit Philosophie nichts zu tun hat -, und dann immer, wenn ein anderer etwas Metaphysisches sagen wollte, ihm nachzuweisen, daß er gewissen Zeichen in seinen Sätzen keine Bedeutung gegeben hat." (Satz 6.53)

Im System des *Tractatus* bedeutet dies keine Abwertung der Metaphysik, sondern eher eine Abwertung der Philosophie als Versuch über das Unsagbare zu reden, als ob es sich um profane Tatsachen handelte. Die Logischen Empiristen sahen jedoch im *Tractatus* einen Beweis für die Sinnlosigkeit der Metaphysik und den Nutzen des Verifikationsprinzips. Ein wichtiges Merkmal des *Tractatus*-Systems, das uns im letzten Kapitel nocheinmal beschäftigen wird, wurde dabei zum Streitpunkt innerhalb der Gruppe: Die Reduktion von sinnvollen Sätzen auf Wahrheitsfunktionen von Elementarsätzen war bei Wittgenstein gleichbedeutend mit der Unmöglichkeit, von logischen Formen zu sprechen. Carnaps *Logischer Aufbau* sprach aber extensiv und fast ausschließlich über „die Form wissenschaftlicher Aussagen“, „die Stufenformen“, „die Systemform“, „die Gegenstandsformen“. Bedenken wir, daß das ganze System eigentlich eine *Strukturbeschreibung* der Welt darstellen sollte, dann wäre es im Sinne des *Tractatus* geradezu ein Paradebeispiel für schlechte Metaphysik.[16] Es braucht nicht betont zu werden, daß das System des Tractatus nicht nur das Sprechen über Formen einer Sprache *in derselben Sprache* als unsinnig betrachtete, sondern gleichermaßen die Möglichkeit einer Strukturbeschreibung in einer *Metasprache* ausschloß. Auch hier dürfen Formen nur durch Formen und nicht durch Namen dargestellt werden.

Nun hätten Carnap verschiedene Möglichkeiten zur Verfügung gestanden, den *Aufbau* und selbst seine spätere *Logische Syntax der Sprache* im Sinne des *Tractatus* zu retten. Er hätte etwa seine wortsprachlichen Passagen zu bloßen Erläuterungen erklären können (bewußten Scheinsätzen), während die formalen Darstellungen der Strukturformeln der Gegenstände nicht als *Beschreibungen* von Strukturen, sondern als deren *Darstellung* in einer möglicherweise noch nicht ganz geeigneten Notation zu verstehen wären. Die Formeln des *Aufbau* würden also im Sinne des *Tractatus* die Form der Gegenstände nicht benennen, sondern *zeigen*, eine Möglichkeit, die der *Tractatus* ausdrücklich einräumt und befürwortet. Carnap machte von dieser Möglichkeit jedoch keinen Gebrauch. Die Behauptung, daß logische Formen nicht beschreibbar oder benennbar sein sollten, waren den Logischen Empiristen (die sich von den klassischen Empiristen ja gerade durch den Einsatz der modernen mathematischen Logik abheben wollten) zutiefst suspekt. Nur Waismann und Schlick vertraten den Standpunkt Wittgensteins hier nachdrücklich. In seinem Aufsatz „Die Wende der Philosophie“ aus dem Jahr 1930 schreibt Schlick, daß jede Erkenntnis die Tatsache ausdrückt, die in ihr erkannt wird, daß jedoch alle möglichen Darstellungsarten, wenn sie wirklich dieselbe Erkenntnis ausdrücken sollen, dieselbe logische Form aufweisen müssen. Diese Form ist auch seiner Auffassung nach nicht selbst wieder beschreibbar. „So ist alle Erkenntnis nur vermöge ihrer Form Erkenntnis; durch sie stellt sie die erkannten Sachverhalte dar, die Form selbst aber kann ihrerseits nicht wieder dargestellt werden ...“.[17] Besonders Neurath lehnte diesen Standpunkt ab und setzte sich damit innerhalb des Kreises durch. Schlick war der letzte Verteidiger von Wittgensteins Überzeugung, daß es prinzipiell *unaussprechliche* Fakten, nämlich die strukturellen oder formalen gibt, die sich nur *in* Beschreibungen oder Darstellungen zeigen, aber nicht propositional repräsentiert werden können.

Kehren wir nun zu unserer Hauptfrage zurück: Gibt es Basissätze und wie erhalten sie ihre Bedeutung? Wittgenstein schien diese Frage zunächst eindeutig zu beantworten: Es gibt Basissätze, die Elementarsätze, und sie erhalten ihre Bedeutung dadurch, daß sie Sachverhalte abbilden. Wittgenstein war auch ganz im Sinne der neuen philosophischen Wende der Ansicht, daß die Namen ebensowenig isolierte Bedeutung besitzen, wie die Gegenstände, die sie bezeichnen, unabhängig von Sachverhalten denkbar sind. „Nur der Satz hat Sinn; nur im Zusammenhange des Satzes hat ein Name Bedeutung", heißt es im Satz 3.3 des *Tractatus*. Wie bei Frege ist also die grundliegende Einheit der Satz. Wir erfahren jedoch nicht, von welcher Art die zugrundegelegten Elementarsätze und Sachverhalte sind. Wittgenstein wollte im *Tractatus* ein Modell *jeder denkbaren (möglichen) Welt* vorstellen – genauer: das einzige denkbare Modell – und überwies die Frage, wie dieses Modell in der Wirklichkeit manifestiert ist, an die Naturwissenschaften. Er betrachtete das *Tractatus*-System als ein System im Rahmen der Logik (die bei ihm schließlich eine pragmatische Funktion gewinnt), nicht der Erkenntnistheorie. Er schloß also, daß es aus *logischen* Gründen Elementarsätze und einfache Sachverhalte geben müsse, sagte aber nicht, wie sie beschaffen sind. Auch erweist sich die naheliegende Vermutung, daß solche Elementarsätze im Sinne der Bildtheorie unmittelbar Wirklichkeit abbilden, bei näherem Hinsehen als nicht haltbar. Mit den Verwicklungen der *Tractatus*-Theorie werden wir uns in einem späteren Kapitel noch genauer befassen. Hier wollen wir nur festhalten, daß es nach Auffassung Wittgensteins in jeder denkbaren Welt Elementarsätze gibt, die Sachverhalte abbilden. Man kann diese Idee als eine Art Initialzündung für die Protokollsatzdebatte betrachten, der wir uns nun in den folgenden Abschnitten zuwenden. Die Frage ist also, wie diese Elementarsätze aussehen und welche Bedeutung sie besitzen.

5 Konstatierungen und Phänomene

Während die Logischen Empiristen viele Ideen aus dem *Tractatus* aufgriffen, wurde Carnaps System des *Logischen Aufbau* vom Wiener Kreis nicht wirklich übernommen – auch Carnap selbst wandte sich bereits kurz nach der Publikation anderen Konstruktionsmöglichkeiten zu und kam auf das System des *Aufbau* nicht mehr zurück. Carnap hatte schon im *Aufbau* selbst keinen Hehl daraus gemacht, daß sein Vorschlag eines Stufensystems der Welt den Charakter eines bloßen Versuchs hatte und durch spätere wissenschaftliche Entwicklungen revidiert werden könnte. Das bedeutete aber auch, daß die „Reduktion" eines Gegenstandes auf einen anderen (genauer: seine Fundierung in einem anderen) keine Erkenntnisse lieferte, die Gewißheit in einem fundamentalen Sinne beanspruchen konnten. Nicht die zugrundegelegten Erlebnisse, sondern Überlegungen der Zweckmäßigkeit, bestimmte Beschreibungsziele und der Stand wissenschaftlicher Forschung waren bestimmend für die Konstitutionsstruktur eines Gegenstandes, die so im gesamten Lebenskontext gründete.

Wenn es aber nicht fundamentale Erlebnisse sind, die die Konstitutionsstruktur unserer Gegenstände bestimmen, sondern so veränderliche empirische Fakten wie Konventionen oder Forschungsergebnisse, dann ist auch die Bedeutung unserer Ausdrücke unsicher und schwankend. Moritz Schlick hat vor allem diesen Punkt an Carnaps *Aufbau* kritisiert. Die Aufgabe der Philosophie besteht seiner Auffassung nach darin, solche Aussagen zu finden, die den Ausdrükken ihre endgültige Bedeutung verleihen, d. h. Basissätze in einem echten Sinne. Diese Forderung begründete Schlick so: Entweder wir kennen die Bedeutung der Ausdrücke und wissen also, was mit einer Aussage gemeint ist, oder aber wir kennen sie nicht und haben es folglich mit bedeutungslosen Zeichen zu tun. Eine dritte Möglichkeit besteht nicht. Wenn wir aber die Bedeutung von Ausdrücken kennen, dann muß der Prozeß ihrer Erläuterung oder Definition an irgendeiner Stelle definitiv zu einem Ende kommen, und dies ist nur dann möglich, wenn es wirklich fundamentale Sätze gibt.

Schlick war daher überzeugt, daß es ein solches Fundament der Erkenntnis geben müsse, „eine unerschütterliche Grundlage [...], die allem Zweifel entzogen ist und den festen Boden bildet, auf dem das schwankende Gebäude unseres Wissens sich erhebt".[18] Dieses Fundament besteht nach Schlick nun aus *Konstatierungen*; das sind Sätze, die unmittelbare Erlebnisse ausdrücken und deren Wahrheit in demselben Moment erkannt wird, in dem man ihren Sinn versteht. Wir trauen unseren unmittelbaren Beobachtungen *während sie geschehen* in einem sehr hohen Ausmaß und würden uns in der Regel auch nicht bereit erklären, sie zugunsten widersprechender Behauptungen zu verleugnen – es sei denn, wir könnten diese Behauptungen durch eine Kette von Argumenten mit unseren Beobachtungen verbinden. Das Vertrauen in die Sinneserfahrung geht nun nicht darauf zurück, daß wir sie als Protokolle wissenschaftlichen Untersuchungen zugrundelegen könnten, oder daß sie sich im Laufe der Erfahrung als besonders zuverlässig erwiesen haben. Vielmehr ist der Moment des Erlebens in gewissem Sinne unschuldig und von theoretischen Beifügungen unbefleckt. Der Augenblick der Wahrnehmung von Röte, der Empfindung von Schmerz, der Bewegung eines Muskels sind solche wirklichen Fundamente. Schlick gibt ihnen die sprachliche Form „Hier jetzt so und so", also die Form von (teils unvollständigen) Sätzen, in denen kein Subjekt vorkommt. Konkrete Konstatierungen lauten z. B. „Hier fallen jetzt zwei schwarze Striche zusammen" oder „Hier jetzt Schmerz". Diese Arten von „Sätzen" müssen hinweisende Pronomina enthalten, die die Funktion von zeigenden Gesten übernehmen und einen unmittelbaren Kontakt zwischen Satz und Wirklichkeit herstellen. Dieses „deiktische" (hinweisende) Element soll außerdem garantieren, daß der Satz nur im Moment der Konstatierung Gültigkeit besitzt. In den Konstatierungen kollabieren so in gewissem Sinne Wahrnehmung und Wahrgenommenes, Satz und Bedeutung. Sie bilden auf diese Weise eine Art „Fühler", die Erkenntnis und Wirklichkeit verbinden und erinnern dadurch an die Elementarsätze aus Wittgensteins *Tractatus*. Auch hat die Form von Konstatierungen Ähnlichkeit mit der *allgemeinen Satzform*, die Wittgenstein im *Tractatus* mit den Worten beschreibt „Es verhält sich so und so". Konstatierungen sind jedoch keine logischen Bilder – sie sind nicht einmal notwendig grammatisch –, sondern drücken Erlebnisse unmittelbar aus. Sie sind damit die eigentlichen Nachfolger der unmittelbaren Bewußtseinsphänomene, die noch bei Husserl eine fundierende Rolle im Erkenntnisprozeß gespielt hatten.

Dieser Zusammenhang, der jedoch von Schlick niemals anerkannt wurde, zeigt sich auch in einem Beispiel aus dem Bereich der Farbwahrnehmung. Auf die Frage „Was befindet sich jetzt in deinem Gesichtfeld?" kann man nicht antworten „Vielleicht Gelb". Eine solche Antwort würde darauf hinweisen, daß die Frage mißverstanden wurde, denn sie läßt, wie Schlick sagt, kein „vielleicht" zu. Dies ist es gerade, was Konstatierungen von anderen Aussagen unterscheidet. Die Frage „Welche Farbe hat der Papierbogen in der obersten linken Schublade" können wir dagegen durchaus mit „Vielleicht Gelb" beantworten – hier sind Zweifel und Unsicherheit sinnvoll. Konstatierungen wie „Hier jetzt Gelb", „Hier jetzt Schmerz" haben daher einen ganz anderen Status als wissenschaftliche oder alltägliche Aussagen. Bei den letzteren kann immer unabhängig von ihrer Bedeutung gefragt werden, ob sie wahr oder falsch sind. Haben wir dagegen eine Konstatierung verstanden, dann ist auch klar, daß sie wahr sein muß, vorausgesetzt der Sprecher lügt nicht absichtlich und er verwendet die Wörter so, wie es ihrem korrekten Gebrauch entspricht. Dieses Merkmal teilen Konstatierungen mit den *analytischen* Aussagen, die bestimmte Bedeutungsmerkmale von Ausdrücken explizieren. Mit der Gewißheit von unmittelbaren Wahrnehmungen beschäftigen wir uns nocheinmal im sechsten Kapitel.

In dem Augenblick, in dem die Konstatierung vorüber ist, kann auch ihre Gewißheit wieder in Zweifel gezogen werden. Wird sie dann als Protokoll festgehalten, mutiert sie zu einer normalen Hypothese, die der üblichen Anfechtbarkeit unterliegt. Die Konstatierung „Hier jetzt rot" ist also nicht vergleichbar mit dem Protokollsatz „N. N. nimmt zum Zeitpunkt t rot wahr" und Konstatierungen können im eigentlichen Sinne gar nicht protokolliert werden. Aus diesem Grund kann eine Konstatierung nicht in dem Sinne als Fundament der Erkenntnis gelten, daß aus ihr andere Aussagen gefolgert oder auf ihr aufgebaut würden, wenn sie auch eine gewisse Funktion als Ausgangspunkt und Motivation von Untersuchungen besitzen mögen. Ihre Beziehung zu eigentlichen Protokollsätzen ist jedenfalls unklar und wird von Fall zu Fall schwanken. Es gibt schließlich keine notwendigen oder gesicherten Beziehungen zwischen der Konstatierung „Hier fallen jetzt zwei Striche zusammen" und „Der Zeiger der Apparatur steht auf dem Meßwert 10,5". Welche Rolle können diese konstatierenden Beobachtungssätze dann überhaupt im Prozeß der Erkenntnis spielen?

Wenn ein Forscher im Lauf einer bestimmten Untersuchung Hypothesen aufstellt, dann wird er auch bestimmte Handlungen beschreiben können, die Beobachtungen zur Folge haben müßten, die diese Hypothesen wahr machen, d. h. verifizieren. „Nehmen wir an“, so beschreibt Schlick diesen Fall, „daß bei der Befolgung dieser Anweisung das prophezeite Ereignis wirklich eintritt, so heißt dies ja, daß wir eine Konstatierung machen, auf die wir vorbereitet sind; wir fällen ein Beobachtungsurteil, das wir *erwarteten*, wir haben dabei ein Gefühl der Erfüllung, einer ganz charakteristischen Befriedigung, wir sind *zufrieden*.“ (ebd. S. 93) Man kann nun sagen, daß die Funktion der Konstatierungen darin besteht, uns dieses Gefühl von Befriedigung zu verschaffen, das jeweils für den Augenblick Gültigkeit hat und die aufgestellte Hypothese verifiziert. Insofern liefern uns Konstatierungen *im Nachhinein* das Fundament, das unsere übrigen Sätze absichert. Es ist dabei wegen der theoretischen „Unschuld“ der Konstatierungen wahrscheinlich, daß sie voneinander unabhängig, also atomar sind.

Konstatierungen sind somit Rumpfsätze von der grammatischen Form „Hier jetzt so und so“, deren Bedeutungen Erlebnisse oder phänomenale Zustände darstellen. Im Prozeß der Erkenntnis liefern sie nach Überzeugung Schlicks absolute Gewißheit und können nicht durch andere Sätze oder Erfahrungen revidiert werden. Obwohl sie am Ende eines Untersuchungsprozesses stehen, bilden sie eine nachträgliche Rechtfertigung der Hypothesen. Sie wären also *Fundamente* in dem oben dargestellten Sinne. Da sie aber nicht in eigentliche Sätze übersetzt werden können, bilden sie keine Basis von Ableitungen und Tests anderer Sätze. Konstatierungen haben also in gewisser Weise die Rolle eines *unsagbaren* Fundaments – ein Merkmal, das ihnen wenig Sympathien einbrachte. Vor allem die Frage, wie etwas eigentlich „Unsprachliches“ wissenschaftliche Aussagen rechtfertigen könnte, blieb ungeklärt. Auch eine andere Eigenart erwies sich als problematisch: Obwohl Konstatierungen ohne Ausdrücke für ein Subjekt auskommen, stellen sie durch andere indexikalische Bestandteile (z. B. „hier“) einen Erlebnisausdruck vom subjektiven Standpunkt aus dar. Es ist nicht leicht zu sehen, wie ein solcher Standpunkt der ersten Person wissenschaftliche Objektivität garantieren könnte. Und ein letzter Einwand: Die Behauptung, daß es sensuelle Basiserlebnisse von der Art einer isolierten Rotwahrnehmung gibt, hatte bereits die Gestalttheorie zurückgewiesen. Die Einbettung solcher Erlebnisse in einen Konstatierungskontext, in dem außerdem „hier“ und „jetzt“ eine Rolle spielen, reicht aber nicht aus, um ihre „Kontextabhängigkeit“ darzustellen. Schon in Carnaps *Aufbau* hatten Farben als Abstraktionen höherer Stufen gegolten, während sie bei Schlick wieder auf einer hypothetischen untersten Stufe reiner Sinneswahrnehmung landeten. Konstatierungen schienen daher nicht als Fundament der Erkenntnis geeignet. Trotz dieser Einwände erscheint die Idee mit gewissen Modifikationen bis heute verführerisch. Sätze mit deiktischen Elementen scheinen allzu geeignet, unsere Begriffsnetze an der Wirklichkeit festzunageln, als daß man ohne weiteres auf sie verzichten wollte. Hier wie auch bei den anderen Standpunkten der Debatte zeigt sich, daß die Positionen des Wiener Kreises keineswegs so altbacken sind, wie uns die Geschichtsschreibung glauben machen möchte.

6 Physikalische Protokolle

Bereits im *Aufbau* selbst hatte Carnap die Möglichkeit eingeräumt, das Konstitutionssystem auf einer physikalischen, anstatt einer phänomenalen Basis zu begründen. Die phänomenale Grundlage des *Aufbau* war der Erlebnisstrom eines erkenntnistheoretischen Subjekts, wobei Carnap allerdings von vornherein betont hatte, daß solche Kennzeichnungen wie „Erlebnisstrom" und „Subjekt" nur eine methodische Beschreibung eines eigentlich abstrakten Systems darstellen, da Erlebnisströme und Subjekte erst auf höheren Konstitutionsstufen gebildet werden können. Das Vorgehen des *Aufbau* nannte er deshalb auch *methodischen Solipsismus* im Unterschied zu „echtem" Solipsismus, der behauptet, daß alle Erkenntnis von subjektiven Erlebnissen ausgehen muß. Die Intersubjektivität des Systems war dadurch garantiert, daß die Gegenstände letztlich durch reine Strukturbeschreibungen bestimmt sind, ohne daß ein Rückgriff auf konkrete Erlebnisse konkreter Personen erforderlich wäre. Das Konstitutionssystem des *Aufbau* kommt daher im Grunde genommen ohne das empirisch Gegebene aus – dieses ist eine bloße realistische Interpretation der Grundrelation der Ähnlichkeitserinnerung. Daher glaubte Carnap, daß das System auch mit einer physikalischen Basis – Beziehungen zwischen physikalischen Gegenständen – beginnen könnte.

Ein solcher Ansatz hat etwas Strukturalistisches an sich, das dem Empiristen Carnap, wie es scheint, bald suspekt wurde. Zumindest erwähnt er selbst die Tatsache, daß im Aufbau Objektivität durch Strukturbeschreibung hergestellt werden sollte, später nicht mehr, und deutet sein eigenes System *phänomenalistisch*, so als sei es hier um echten, anstatt um methodischen Solipsismus gegangen. Er verfolgt nun die erwähnte andere Option eines physikalischen Aufbaus der Welt, d. h. eines Aufbaus, der als Basis physikalische Aussagen verwendet. Den Gedanken der reinen Strukturbeschreibung läßt Carnap stillschweigend fallen. Betrachtet man den *Aufbau* als phänomenalistisches System, dann erhebt sich die alte Frage des Übergangs von subjektiven Erlebnissen zu objektiven wissenschaftlichen Aussagen. Eine physikalische Grundlage, d. h. eine Beschreibung der physikalischen Tatsachen, hätte dagegen zur Folge, daß das Problem der Intersubjektivität der konstituierten Gegenstände gar nicht erst auftaucht, weil die Sprache der Physik von vornherein Intersubjektivität beansprucht. Da die Physik zudem nach allgemeinen Gesetzen sucht und die Wissenschaften insgesamt an der Einordnung individueller Ereignisse und Tatsachen unter allgemeine Gesetze interessiert sind, scheint ein solches physikalistisches System für wissenschaftliche Zwecke geeigneter als das System des Aufbau mit phänomenaler Basis.

Carnaps Auffassung änderte sich in den folgenden Jahren unter dem Eindruck der Debatten um die Basis der Erkenntnis mehrmals. Nach verschiedenen Anläufen formulierte er in dem berühmten Aufsatz „Die physikalische Sprache als Universalsprache der Wissenschaft“ aus dem Jahr 1932 die These, daß die Sprache der Physik ausreichend für wissenschaftliche Erkenntnis sei. Carnap fordert in diesem Zusammenhang zunächst neben der physikalischen Sprache eine Protokollsprache, die gewisse Merkmale von Schlicks Konstatierungen aufweist. So stehen Protokollsätze am Ende wissenschaftlicher Untersuchungen und bestätigen oder falsifizieren Hypothesen dadurch, daß sie aus den Hypothesen abgeleitet und dann mit dem Protokoll verglichen werden. Zur Protokollsprache könnten etwa Sätze der Form „Hier jetzt roter Kreis“ gehören, wobei Carnap im Unterschied zu Schlick betont, daß Wörter wie „Rot“ nicht in Protokollsätzen vorkommen, sondern erst „Ergebnisse abstrakter Zerlegung“ sind, wie die Gestalttheorie gezeigt hatte. Darüberhinaus legt sich Carnap nicht auf eine bestimmte Form der Protokolle fest – sie könnten sowohl über Teilgestalten der einzelnen Sinnesgebiete reden, als auch über ganze Sinnesfelder wie das Sehfeld, als auch über Gesamterlebnisse eines Augenblicks wie im *Aufbau*.

Was unterscheidet nun das System des *Aufbau* von dieser neuen Konzeption? Abgesehen davon, daß Carnap nicht mehr die Möglichkeit reiner Strukturbeschreibungen in Betracht zieht, glaubt er nun auch, daß die subjektiven qualitativen Erlebnisse, die durch Protokollsätze dargestellt werden, *physikalisierbar* sind. So könnte etwa ein Psychologe feststellen, unter welchen physikalischen Bedingungen eine Versuchsperson eine bestimmte Qualität erlebt. Die qualitative Beschreibung kann dann durch eine Beschreibung in einer physikalischen Sprache ersetzt werden. Derselbe Vorgang ist prinzipiell auch bei den eigenen Erlebnissen möglich. Ein „glücklicher Umstand“ – also keine logische Notwendigkeit, sondern bloßes empirisches Faktum – bringt es mit sich, daß die Inhalte der Erfahrung so geordnet sind, daß sie physikalisch beschrieben werden können, und ein weiterer glücklicher Umstand zeigt uns, daß die Erfahrungsinhalte oder Protokolle verschiedener Personen sich auffallend gleichen. Ein Satz, der subjektive Erlebnisse ausdrückt, kann also nach dieser Auffassung durch eine physikalische Redeweise fundiert werden, etwa der Satz „Ich bin ärgerlich“ durch bestimmte körperlich meßbare Reaktionen und Verhaltensweisen des Sprechers. Zwar gibt Carnap zu, daß auf dem Weg einer solchen Übersetzung bestimmte Aspekte des „Eigenpsychischen“ verloren gehen – das subjektive Phänomen des Gefühls von Ärger wird nicht übersetzt. Aber solche Aspekte sind für die Wissenschaft nicht von Interesse, denn diese befaßt sich eben nur mit intersubjektiv erfaßbaren Tatsachen. Carnap gelangte also zu der Überzeugung, daß am Grunde der Erkenntnis zwar Erlebnisse und Beobachtungen des Subjekts – also eine Art phänomenaler Protokolle – stehen, daß diese aber in einer physikalischen Sprache dargestellt werden können, d. h. in einer Sprache, die sich auf die objektiv beobachtbaren körperlichen Zustände des Subjekts beziehen und nicht etwa auf solche Zustände, die allein introspektiv erreicht werden können. Die physikalische Sprache soll darüberhinaus auch die geeignete Ausdrucksweise für alle anderen Wissenschaften, etwa die Biologie und die Soziologie darstellen. Sie ist daher die *Universalsprache* der Wissenschaft.

Die Übersetzung der Erlebnisse eines Subjekts in die physikalische Sprache ist jedoch nicht so unproblematisch, wie es auf den ersten Blick erscheint. Zunächst ist für Carnap die Protokollsprache eine *Teilsprache* der physikalischen, denn „auch die Sachverhalte des Gegebenen, die unmittelbaren Erlebnisse, [sind] physikalische Sachverhalte, also raum-zeitliche Vorgänge“ (S. 453). Dies widerspricht in eklatanter Weise der üblichen erkenntnistheoretischen Auffassung, wonach das Erlebnis von Freude qualitativ verschieden von einem physikalischen Prozeß ist, selbst wenn ein solcher Prozeß das Erlebnis begleitet. In diesem Sinne hatten wir im zweiten Kapitel festgestellt, daß Ereignisse in anderen *fundiert*, aber nicht mit diesen identisch sein können. So kann eine Person S_1 normalerweise zwar die physikalischen Daten einer anderen Person S_2, die Durst hat, messen, aber S_1 kann nicht das *Dursterlebnis* von S_2 empfinden. Daraus würde nun folgen, daß die Sätze der Protokollsprache sich nur auf ein bestimmtes Subjekt beziehen und also nicht intersubjektiv sind. Dann aber stünde es schlecht um ihre Übersetzbarkeit in eine intersubjektive Sprache.

Aber anstatt den solipsistischen Schluß zu ziehen, der hier nahezuliegen scheint, betont Carnap, daß wir in der Tat wissenschaftliche Hypothesen durch Erlebnisse *überprüfen*, daß also keine unüberbrückbare Kluft zwischen subjektivem Erlebnis und physikalischer Tatsache bestehen kann. Der Dualismus kann nur aufgelöst werden durch einen Monismus, und dieser fällt bei Carnap zugunsten der physikalischen Ereignisse, nicht zugunsten der Erlebnisse aus. Die dualistische Redeweise kann nun eliminiert werden, wenn man zu einer *formalen* Redeweise übergeht, die nurmehr von sprachlichen Formen redet. In dieser Redeweise wird also nicht mehr behauptet, daß auch Erlebnisse raum-zeitliche Vorgänge sind, sondern nur, daß die Sätze der Protokollsprache in die physikalische Sprache *übersetzbar* sind, insofern als es bestimmte Zuordnungen zwischen Erlebnissen und physikalischen Ereignissen gibt. Prinzipiell könnte also der Protokollsatz des S_2 „(Ich sehe) jetzt Rot“[19] in einen physikalischen Satz „Der Körper von S_2 ist jetzt rotsehend“ übersetzt werden (mit einer physikalischen Beschreibung an der Stelle von „rotsehend“).[20]

Wenn die Protokollsprache eine Teilsprache der physikalischen ist, wozu wird sie dann überhaupt benötigt? Das Grundproblem, das die Gedankengänge durchzieht, ist der Status der *Gewißheit* wissenschaftlicher Aussagen. Die unmittelbaren phänomenalen Erlebnisse einer Person haben zwar den Nachteil der Subjektivität, dafür sind sie jedoch unbezweifelbar, während die physikalischen Protokolle, wie auch Schlick ausgeführt hatte, den Status von empirischen Hypothesen haben und nicht als unabhängiges Fundament der Erkenntnis gelten können. Die Gewißheit der Phänomene muß also auf irgendeine Weise in die physikalistische Protokollsprache hinübergerettet werden. Die Protokollsätze der Art „Hier roter Kreis“ beziehen sich, wie Carnap auch 1932 noch schreibt, „auf das Gegebene“, und in formaler Redeweise sind es „Sätze, die selbst nicht einer Bewährung bedürfen, sondern als Grundlage für alle übrigen Sätze der Wissenschaft dienen“ (ebd. S. 438). Die Protokolle sollten nicht-revidierbar sein, und Zweifel an ihrer Gültigkeit würden lediglich die Korrektheit ihrer Übersetzung betreffen. In diesem Sinne garantieren also die Protokollsätze die Gewißheit, die die physikalischen Aussagen nicht beanspruchen können, während sie durch ihre Übersetzung in physikalische Sätze vom Ruch der Subjektivität befreit und in die physikalische Sprache integriert werden können. Sind die Protokollsätze nun echte Fundamente oder ist die Übersetzung des Subjektiven ins Physikalische ein bloßer Taschenspielertrick?

7 Abstraktion und Kohärenz

Die Debatte um den Status und die Art von Protokollsätzen im Wiener Kreis war vielschichtig und kompliziert, und man hat zu Recht bezweifelt, daß es den Kontrahenten immer um dasselbe Thema ging.[21] Otto Neurath erwies sich als der schärfste Kritiker aller drei bisher dargestellten Positionen: er lehnte sowohl Wittgensteins Abbildtheorie, als auch Schlicks Konstatierungen, als auch Carnaps ursprüngliche Protokolle ab. Neurath war derjenige, der die wissenschaftsphilosophische Kritik Duhems (vgl. Kap. I) wiederbelebte und für die Erkenntnistheorie fruchtbar machte. Duhem hatte die Auffassung formuliert, daß Beobachtungen und Experimente *in der Physik* nicht „rein“, sondern vom theoretischen System, indem sie vorkommen, geprägt sind. Neurath ließ die Einschränkung Duhems auf die Physik fallen und dehnte die These auf alle Beobachtungen aus. Physikalische Protokollsätze – d. h. also Übersetzungen von ursprünglichen Protokollen – sind nun gerade Aussagen, auf die Duhems These besonders deutlich zutrifft: sie enthalten theoretische Termini, die nur im Zusammenhang der ganzen Physik Bedeutung besitzen, so daß kein unmittelbarer Kontakt zwischen Satz und Wirklichkeit besteht. Das bedeutet, daß sie nicht, wie Carnap vorausgesetzt hatte, „keiner Bewährung bedürfen“ oder unrevidierbar sind. Physikalische Protokollsätze unterscheiden sich nicht wesentlich von anderen Sätzen, sie bilden kein unabhängiges, absolutes Fundament, sondern stehen im ganzen Kontext der Sprache, der Wissenschaft und der Kultur, in der sie formuliert wurden.

Die Konstatierungen Schlicks entsprechen dagegen eher den verständnislosen Beobachtungen des physikalischen Laien in einem Labor: sie haben wenig oder gar nichts mit den Sachverhalten zu tun, die für das jeweilige Experiment von Bedeutung sind. Eine Konstatierung kann daher, wie Carl Hempel einmal bemerkt hat, unmöglich mit einer wissenschaftlichen Aussage verglichen werden. Selbst wenn es Beobachtungen oder phänomenale Erlebnisse gäbe, die wirklich frei von theoretischen Einflüssen sein könnten, dann wäre immer noch rätselhaft, weshalb gerade *bestimmte* Erlebnisse eine Hypothese verifizieren. Betrachten wir den unwissenden Beobachter im physikalischen Experimentierfeld, dann wird unter der Vielzahl von Erlebnissen, die er im Laufe seiner Beobachtung macht, nur ein sehr geringer Teil für das physikalische Experiment von Bedeutung sein. Woher sollte der Beobachter wissen, welche es sind, wenn er nicht bereits über beachtliche Vorkenntnisse verfügt?

Neurath formulierte jedoch einen gewichtigeren Einwand, der sich sowohl gegen die Konstatierungen, als auch gegen die ursprünglichen phänomenalen Protokolle Carnaps richtet. Schlick hatte bemerkt, daß Konstatierungen im eigentlichen Sinne nicht aufgeschrieben werden können, weil durch ihre Festschreibung in Wörtern bereits theoretische Einflüsse das Erlebnis verfälschen können. Carnap jedoch betrachtete seine ursprünglichen Protokolle als wirkliche sprachliche Äußerungen. In einem solchen ursprünglichen Protokoll sollten keine Sätze verwendet werden, für deren Gewinnung andere Protokollsätze mitverwendet sind, weshalb etwa das Protokoll des Physikers „Bei 500 Volt tritt Funkentladung ein" nicht als ursprünglich gelten kann. Neurath macht nun darauf aufmerksam, daß die Trennung zwischen solchen „ursprünglichen" und anderen „abgeleiteten" Sätzen willkürlich ist. In seinem Aufsatz „Protokollsätze", der eine unmittelbare Antwort auf Carnaps Artikel aus dem Jahr 1932 darstellt, beschreibt er einen „Universalslang", der Ausdrücke der historischen Alltagssprache („Trivialsprache") und Ausdrücke der hochwissenschaftlichen physikalischen Sprache umfaßt. „Es gibt innerhalb des Universalslangs keine Sätze, die man als ‚ursprünglicher' bezeichnen kann", fährt Neurath fort, „alles sind Realsätze von *gleicher Ursprünglichkeit*; in allen treten Worte wie: ‚Menschen', ‚Wahrnehmungsvorgänge' und andere Worte wenig ursprünglicher Art auf [...]. *Das heißt, es gibt weder ‚ursprüngliche Protokollsätze', noch gibt es Sätze, die ‚keiner Bewährung bedürfen'*."[22] Während es an dieser Stelle noch so klingt, als gebe es auch für Neurath Wörter „ursprünglicher Art", macht er in einem anderen Zusammenhang deutlich, daß es *keine* Ausdrücke gibt, die in dem Sinne ursprünglich wären, daß sie sich unmittelbar auf die privaten Erlebnisse eines Subjekts bezögen und durch sie ihre Bedeutung erhielten. In dem Aufsatz „Physikalismus" aus dem Jahr 1931 schreibt Neurath, daß die Unterteilung in eine phänomenale und eine physikalistische Sprache nicht durchführbar ist, daß im Gegenteil von Anfang an nur eine Sprache in Frage kommt, und dies ist die physikalische. Sein Argument, das viele Aspekte des sog. Privatsprachenarguments von Wittgenstein vorwegnimmt, geht davon aus, daß der *Gebrauch* eines Ausdrucks über eine Zeit hinweg konstant bleiben muß, wenn der Ausdruck überhaupt Bedeutung besitzen soll. Von einer Person, die jedem Wort bei jeder Verwendung neue Bedeutung zuordnen würde, könnte man nicht eigentlich sagen, daß sie *Sprache* verwendet. Wenn sie sich jedoch bei der Verwendung eines Wortes im selben Sinne wie zuvor auf private und momentane Erlebnisse stützen müßte, gäbe es für sie selbst keine Garantie, daß sie sich auf *dasselbe* Erlebnis bezieht. Diese Garantie besitzt sie nur dann, wenn sie die Bedeutung des Wortes auf äußere, intersubjektiv kontrollierbare Fakten bezieht. Dies sind aber gerade die physikalischen Tatsachen, auch wenn wir die Bedeutungen unserer Wörter normalerweise nicht als solche identifizieren. Neurath betont: „Man kann die physikalische Sprache von frühester Kindheit an lernen. Wenn jemand Vorhersagen trifft und sie überprüfen will, muß er auf Veränderungen im System seiner Sinne zählen, er muß Uhren und Lineale benutzen; kurz, die angeblich in Isolation befindliche Person macht bereits Gebrauch von der ‚intersensualen' und ‚intersubjektiven' Sprache. Der Vorhersager von gestern und der Überprüfer von heute sind sozusagen zwei Personen."[23] Jeder, der seine eigenen Erlebnisse beschreibt, muß sich auf sie mit Worten, d. h. mit Symbolen beziehen. Solche Symbole sind jedoch durch den öffentlichen Gebrauch der Sprache geprägt, und ihre Bedeutungen sind öffentlich zugängliche, intersensuelle Fakten. Lediglich private Erfahrung, Erlebnisse, die unmittelbar und frei von theoretischen Einflüssen sind – wie es Schlicks Konstatierungen sein sollen – wären also nach Neuraths Auffassung gar nicht sprachlich faßbar. Dies ist ein Argument, das der Intuition widerstrebt – selbstverständlich bezeichnen wir unsere private Schmerzempfindung mit dem Wort „Schmerz" oder mit einer Äußerung wie „Hier (empfinde ich) jetzt Schmerz". Woher wissen wir jedoch, daß das Wort „Schmerz" der richtige Ausdruck für diese Empfindung ist? Prinzipiell nur daher, daß wir das Wort in seinem öffentlichen Sinne gelernt haben, d. h. als Bezeichnung für bestimmte äußere Symptome und Anzeichen des inneren Zustands.

Dieses Argument macht im Nachhinein nicht nur die Position Schlicks, sondern auch die Auffassung Carnaps, die zwischen den Konstatierungen und physikalischen Aussagen angesiedelt war, unplausibel. Es gibt keine „ursprünglichen Protokolle“, die aus Beschreibungen phänomenaler Erlebnisse bestehen und in physikalische Protokolle übersetzt werden. Phänomenale Erlebnisse sind prinzipiell nicht-sprachlicher Natur, und echte Protokolle beziehen sich nicht auf phänomenale Erlebnisse. Es gibt daher tatsächlich nur *eine* Sprache, die auf intersubjektiv wahrnehmbare Zustände oder Verhaltensweisen eines Organismus' in Reaktion auf bestimmte Einflüsse aus seiner Umwelt Bezug nimmt. Innerhalb dieser Sprache gibt es nun durchaus Sätze, mit denen wir unmittelbare Erlebnisse beschreiben, also Protokollsätze in einem gewissen Sinne. Wie Carnaps Protokolle und Schlicks Konstatierungen dienen sie der Bestätigung von Hypothesen. Neuraths Protokollsätze ähneln alltagssprachlichen Sätzen mit einem physikalischen Vokabular, müssen jedoch immer Personennamen und einen Wahrnehmungsausdruck enthalten – wie gesagt ohne die Fiktion, daß es sich dabei um ursprüngliche, theoretisch unschuldige Bezeichnungen handelt. Nur diese Merkmale unterscheiden sie von anderen Sätzen des Universalslangs. Während nun Schlicks Konstatierungen und Carnaps ursprüngliche Protokolle absolute Gewißheit beanspruchten und nicht revidierbar sein sollten, sind Neuraths Protokollsätze abhängig von den Entscheidungen der Sprecher und der Konvention der Sprachgemeinschaft und können immer revidiert werden. Es gibt daher keinen festen Ausgangspunkt und keinen Standpunkt außerhalb, kein Dock, in dem das Schiff der Erkenntnis repariert werden könnte. Statt von einer absoluten *Wahrheit* oder *Falschheit* von Aussagen auszugehen, ist nur die Akzeptierbarkeit von Sätzen im System relevant. Ihre *Bedeutung* hat zwar mit äußeren Beobachtungen und intersubjektiv nachprüfbaren Reaktionen zu tun, aber sie bestimmt sich durch die anderen Sätze der Sprache, nicht durch unmittelbare Abbildung von Tatsachen. Das System der Wissenschaften und im weiteren Sinne das System menschlicher Erkenntnis ist daher nicht zuletzt von sozialen Faktoren bestimmt und kann nur von innen heraus umgebildet werden.

8 Satzvariable

Kehren wir nun von der Frage der Rechtfertigung von Aussagen zum Problem ihrer Genese zurück: Wie erhalten Sätze ihre Bedeutung? Die kleine „holistische Wende“ Freges hatte gezeigt, daß Satzbedeutung nicht *primär* durch Zusammensetzung von Wortbedeutung entsteht – auch wenn aus den abstrahierten Satzteilen neue Sätze gebildet werden können – und die Protokollsatzdebatte zeigte, daß sie auch nicht von Basissätzen stammt, die außersprachliche Fakten abbilden. Solche Fakten wären entweder psychische Erlebnisse oder physikalische Tatsachen, aber die ersteren können keinen Sprachgebrauch konstituieren, während die physikalischen Tatsachen „theoriebeladen“ und damit nicht außersprachlich sind. Sätze erhalten ihre Bedeutungen also von anderen Sätzen der Sprache, und dieser Vorgang ist bislang mysteriös geblieben. Es scheint jedoch klar, daß die Bedeutung eines Satzes mit seinen strukturellen Beziehungen zu den übrigen Sätzen einer Sprache zu tun hat und die nächste Aufgabe ist also, diese Beziehungen zu beschreiben. Erinnern wir uns nun an die Idee Carnaps, einen Gegenstand des Konstitutionssystems allein durch seinen Ort in der Struktur des ganzen Systems zu identifizieren. Genauso könnte man versuchen, einen Satz durch seinen „Ort“ im Strukturgefüge der Sprache zu kennzeichnen. Einen solchen Vorschlag hat Wittgenstein im *Tractatus* formuliert, und da er für die folgenden Kapitel von Bedeutung sein wird, werden wir ihn zum Abschluß etwas genauer betrachten.

Von Husserl kennen wir eine Methode, die Strukturformel oder das Wesen eines Gegenstandes zu isolieren: die Methode der eidetischen Variation. Sie bezog sich auf unmittelbare *Phänomene*, d. h. Gegebenheiten des Bewußtseins. Nun haben wir es hier jedoch mit *Sätzen* zu tun, und könnten versuchen, auch in diesem Fall Strukturen durch Variation zu identifizieren. Dies ist Wittgensteins Vorschlag. Im Satz 3.31 des *Tractatus* definiert er den Begriff „Ausdruck“ oder „Symbol“. Ein Ausdruck ist ein Satzteil, der für den Sinn des Satzes wesentlich ist oder diesen Sinn „charakterisiert“. Für den Sinn des Satzes „Legrand hat die Geheimschrift entziffert“ sind nicht Buchstabenfolgen wie „ziff“ oder „grand“ wesentlich und nach Frege auch nicht das Hilfsverb „hat“, während „hat die Geheimschrift entziffert“ ein zusammengehöriger Ausdruck ist, der einen wesentlichen Bestandteil des Sachverhalts bezeichnet. Was in diesem Sinne wesentlich ist und was nicht, zeigt sich dann, wenn wir bestimmte Stellen im Satz systematisch variieren, und dabei beobachten, wann der Satz seinen Sinn verliert. Dieses Vorgehen scheint also eine Abwandlung der eidetischen Variation Husserls. Was geschieht, wenn wir Stellen in einem Satz auf diese Weise verändern? Wir werden feststellen, daß gewisse Abwandlungen harmlos, andere seltsam sind und wieder andere zu offensichtlichem Unfug führen. Formal gesehen entspricht der Vorgang der Ersetzung eines Ausdrucks durch eine Variable. Die Variation im Beispielsatz läßt sich also durch die Satzvariable „hat die Geheimschrift entziffert (x)“ darstellen. Wittgenstein betrachtet diesen variablen Satz als eine Art Abkürzung für alle Sätze, die entstehen, wenn „x“ durch bestimmte sprachliche Ausdrücke ersetzt wird. Ebenso ist „Legrand“ ein Ausdruck, der durch die Satzvariable „Φ (Legrand)“ dargestellt wird und alle Sätze bezeichnet, die durch Einsetzung von Ausdrücken für „(Φ)“ entstehen.

Die Frage, wie Sätze zu ihrer Bedeutung kommen, läßt sich nun ganz analog zu Carnaps Vorgehen im *Logischen Aufbau* beschreiben. Wir hören Sätze, die in bestimmten Situationen gebraucht werden und erkennen Ähnlichkeiten zwischen ihnen, da bestimmte Ausdrükke immer wieder in denselben Situationen vorkommen. Aus der ganzen Klasse der Sätze, in denen ein Ausdruck vorkommt, abstrahieren wir nun den Ausdruck selbst, der sich durch die entsprechende Satzvariable darstellen läßt. Der Ausdruck gibt dabei, wie Wittgenstein sagt „eine Form und einen Inhalt“ wieder, er bezeichnet einen Gegenstand und die Möglichkeiten seiner sinnvollen Kombination in Sätzen. Wir wissen etwa aus der Form von „Φ (Legrand)“, daß an die Stelle von „(Φ)“ nur einstellige Prädikate passen, und daß andere Kombinationen keine sinnvollen Sätze ergeben würden. Diese Abstraktion der Form aus dem Satzganzen entspricht dem Vorgehen Freges, nur daß Frege die Form der Gedanken als gegeben vorausgesetzt hatte, während Wittgenstein sie aus dem Ganzen des Sprachgebrauchs gewinnt. Daher heißt es in Satz 3.326: „Um das Symbol am Zeichen zu erkennen, muß man auf den sinnvollen Gebrauch achten“, (in 3.328:) „Wird ein Zeichen nicht gebraucht, so ist es bedeutungslos“ und (in 5.5563:) „Alle Sätze unserer Umgangssprache sind tatsächlich, so wie sie sind, logisch vollkommen geordnet.“ Formale Ausdrucksweisen sind in diesem Sinne Hilfsmittel für die Darstellung von Strukturen, die wir den Ähnlichkeitsbeziehungen unserer Sätze intuitiv und spontan entnehmen. Aufgrund dieses strukturellen Wissens können wir entscheiden, ob ein Satz sinnvoll ist oder nicht und seine Bedeutung, oft erst mit Hilfe von logischer Analyse, herausfinden. Der Kontakt zur Wirklichkeit, der notwendig ist, damit wir sinnvollen und sinnlosen Gebrauch unterscheiden können, ergibt sich im *Tractatus* durch die Abbildung von Sachverhalten. Aber durch die vielfältigen strukturellen Beziehungen der Sätze untereinander besteht kein wesentlicher Unterschied zwischen Sprache, Logik und Welt. „Die Logik erfüllt die Welt", heißt es in Satz 5.61. Der strukturelle Ort der Sätze ergibt sich damit nicht aus einem abstrakten Sprachgefüge, sondern aus dem lebendigen Gebrauch der Sprache in der Welt. Das Ganze unserer These (B) wird immer umfangreicher. In den folgenden Kapiteln werden wir die Konsequenzen dieser holistischen Inflation begutachten.

9 Ausblick

Die Kontroverse um die Protokollsätze im Wiener Kreis ist eine Kontroverse um die Rechtfertigung von Sätzen oder Überzeugungen auf der Basis einer empiristischen Erkenntnistheorie. Seit den Schwierigkeiten und Überschätzungen, in die sich die Logischen Empiristen verstrickt hatten, ist Empirismus nicht mehr eine Glaubensfrage analytischer Philosophen, sondern man versucht, möglichst im Rahmen wissenschaftlicher Erkenntnisse zu bleiben und die Annahme überflüssiger Entitäten zu vermeiden. In diesem Rahmen ist also die Diskussion um die Rechtfertigung von Überzeugungen fortgesetzt worden. Es wurden dabei sowohl Theorien entwickelt, die *Kohärenz* zum entscheidenden Merkmal einer Rechtfertigung erklärten und sich damit in die Nachfolge von Neurath stellten, als auch Theorien, die Schlick darin folgten, daß sie nach einem *Fundament* der Erkenntnis suchten.[24]

Eine moderne fundamentalistische Theorie der Rechtfertigung hat z. B. Paul Moser (1989) entwickelt. Das Hauptproblem mit Schlicks Konstatierungen war die Tatsache, daß sie im Moment ihres Auftretens sprachlich nicht faßbar sind, während sie durch ihre sprachliche Formulierung den Status der Gewißheit verlieren und damit kein sicheres Fundament der Erkenntnis mehr liefern können. Moser unterscheidet nun nicht-propositionale Inhalte von Wahrnehmungen von ihrer propositionalen Beschreibung. Die subjektiven Wahrnehmungen machen einen Satz P dadurch wahrscheinlich, daß P die beste Erklärung für das Vorkommen dieser Wahrnehmungen liefert. So sind etwa die Wahrnehmung von Röte, von einem gewissen Geschmack und einem charakteristischen Geruch sowie andere Wahrnehmungen der entfernteren Umgebung und zeitlich zurückliegender Ereignisse *die beste Erklärung* für die Behauptung, daß ich gerade Erdbeeren esse. Insofern ist diese Behauptung auch durch die entsprechenden Wahrnehmungen begründet. Solche Wahrnehmungen können und müssen selbst nicht begründet werden und bilden in diesem Sinne ein Fundament, auf dem inferentielle Rechtfertigung aufbauen kann.

Die Gegenseite wird u. a. von Laurence BonJour vertreten. Das Problem, das Neuraths Auffassung von Protokollsätzen begleitete, versteckt sich in seiner Metapher vom Boot, das nur auf offener See umgebaut werden könne. Kohärenztheorien der Rechtfertigung sind mit einem Regreßproblem konfrontiert: Wenn der Prozeß der Rechtfertigung einer Überzeugung nicht an irgendeinem Punkt haltmacht, wird die Rechtfertigung zirkulär. Eine zirkuläre Begründung würden wir aber normalerweise überhaupt nicht als Begründung gelten lassen. BonJour versucht, diesem Dilemma zu entkommen, indem er *spontanen Wahrnehmungsüberzeugungen* einen gewissen ausgezeichneten Status im System der Erkenntnis einräumt. Von solchen Überzeugungen (die im Gegensatz zu Moser propositional sind) können wir vernünftigerweise annehmen, daß sie wahrscheinlich wahr sind, wenn sie sich kohärent in unser Überzeugungssystem einfügen.[25]

Die Kontroverse um die Rechtfertigung von Überzeugungen kreiste im Wiener Kreis auch um die Frage, wie basale Sätze ihre Bedeutung erhalten – der Grund, weshalb sie in unserer Diskussion über den semantischen Holismus auftauchten. Der Zusammenhang zur Semantik entstand durch den Verifikationismus: Wenn die Bedeutung eines Satzes die Methode seiner Verifikation oder Bestätigung ist, fragt sich, ob ein Satz durch fundamentale Tatsachen oder durch andere Sätze verifiziert wird. Und die Verifikation ist mit seiner Rechtfertigung gleichzusetzen. Von diesem semantischen Hintergrund hat sich die Debatte um die Rechtfertigung von Überzeugungen heute weitgehend gelöst.

10 Resümee

In diesem Kapitel untersuchten wir verschiedene Möglichkeiten, Erkenntnis auf einem gewissen Kontingent von Basissätzen zu gründen, das die Merkmale eines echten Fundaments erfüllt. Solche Sätze müßten in dem Sinne fundamental sein, als sie die übrigen Sätze rechtfertigen und selbst nicht durch andere gerechtfertigt werden könnten. Wir betrachteten verschiedene Kandidaten solcher Sätze, wie sie im Umkreis der „Protokollsatzdebatte" im Wiener Kreis vorgeschlagen wurden. Zwar sind seither andere Arten von Basissätzen diskutiert worden und etwa von Paul Moser gemäßigte Arten von Fundamentalismus vorgeschlagen worden. Das Grundproblem bleibt jedoch immer dasselbe: Interne Zustände und Erlebnisse eines Subjekts sind zwar möglicherweise absolut gewiß und brauchen nicht gerechtfertigt zu werden. Diese komplexen Erlebnisse sind nun jedoch entweder nichtsprachlicher Natur. Dann können sie nicht zur Rechtfertigung von Aussagen dienen. Oder aber sie weisen die Form von Sätzen auf. In diesem Falle benutzen sie Wörter, die durch den öffentlichen Gebrauch bestimmt sind und daher nicht jenen Bezug zu unmittelbaren Erlebnissen haben, der die Gewißheit von Basissätzen garantieren könnte. Es gibt daher auf der Ebene der Sätze kein Fundament, das nichtrevidierbar und unabhängig von den übrigen Sätzen einer Sprache wäre. Zwar benutzen wir gewisse Sätze - solche über unsere phänomenalen Erlebnisse - zur Bestätigung von Hypothesen und Theorien, aber diese unterliegen, wie Neurath sagt, keinem „noli me tangere". Jeder Satz, auch ein Wahrnehmungsurteil, kann aufgegeben werden, jeder muß sich im System der anderen Sätze bewähren. In diesem Sinne gibt es zwar Elementarsätze, wie Wittgenstein in einem abstrakten Sinne gefordert hatte, sie hängen jedoch vom Gesamtsystem der Sprache und letztlich vom lebendigen Sprachgebrauch ab. Diese Abhängigkeit läßt sich mit Hilfe einer Art semantischer Variation beschreiben, die Wittgenstein im *Tractatus* darstellt.

IV Theorie und Erfahrung

> „Wenn ein Vogel Strauß beim Auftauchen der Gefahr seinen Kopf in den Sand steckt, dann verläuft es wahrscheinlich am besten. Er versteckt sich vor der Gefahr und sagt dann ruhig, es gäbe keine Gefahr; und wenn er sich vollkommen sicher fühlt, daß keine Gefahr vorhanden ist, warum sollte er seinen Kopf heben, um nachzusehen? Ein Mensch kann durchs Leben kommen, indem er systematisch alles außer acht läßt, was eine Änderung seiner Meinungen verursachen könnte, und wenn ihm das gelingt, [...] kann ich nichts finden, was dagegen spräche. [...] Soll er denken, wie er will."
> *(Charles Sanders Peirce 1877)*

1 Ein Besuch im Dschungel

Die Vogel-Strauß-Politik, die Peirce beschreibt, ist nicht die vernünftigste Haltung gegenüber Erfahrung, aber sie reicht tiefer als der gesunde Menschenverstand glauben möchte. Die Untersuchungen, die Quine über den Zusammenhang zwischen Theorie und Erfahrung angestellt hat und die wir in diesem Kapitel darstellen werden, legen nahe, daß uns nichts vor einer solchen Haltung bewahren kann, daß es keine Tatsachen gibt, die uns zwingen, unsere Meinung zu ändern. Die Ethnologie liefert eine Fülle von Beobachtungen, die in diese Richtung zu deuten scheinen, zumindest, wenn wir sie im Licht unseres eigenen aufgeklärten wissenschaftlichen Denkens interpretieren. So berichtete Malinowski 1932 in einem Buch über „Das Sexualleben der Wilden", daß die Trobriander, ein matrilinearer Stamm auf den Trobriand-Inseln in Neu Guinea, nichts vom Zusammenhang zwischen Schwangerschaft und Sexualität wußten. Die trobriandische Gesellschaft war so organisiert, daß ihre Mitglieder kein Indiz für eine solche Verbindung hatten. Sexualität wurde freizügig ausgeübt, Geburt wurde durch übernatürliche Ursachen erklärt, und es gab nichts, das ihre Aufmerksamkeit auf das entsprechende Faktum gelenkt hätte. Die Theorie bestimmte vollständig und über viele Generationen hinweg die Erfahrung, wobei hier der Ausdruck „Theorie" für eine Haltung steht, die u. a. durch bestimmtes Wissen und bestimmte Wissenslücken, praktische Erfahrungen, animistische Vorstellungen, moralische und rechtliche Grundsätze der Gemeinschaft und Gefühlsneigungen des Einzelnen bestimmt ist. Malinowski erklärte die Tatsache, daß den Trobriandern eine scheinbar augenfällige Gegebenheit systematisch entging, mit ihrem anders gelagerten Interesse und betonte, daß nicht etwa mangelnde Beobachtungsgabe oder Intelligenz für ihren Irrtum verantwortlich waren. Die Wirkung eines solchen Interesses auf die Bildung von Sprache und Überzeugung wird uns in den folgenden Kapiteln unter verschiedenen Aspekten immer wieder begegnen.

Im Falle der Trobriander gibt es offenbar Fakten, die zwischen ihren und unseren Auffassungen entscheiden. Hier wie im Fall der Azande, deren magische Überzeugungen schon im ersten Kapitel beschrieben wurden, scheint es uns selbstverständlich, daß die außersprachliche und außertheoretische Wirklichkeit Kriterien für die Entscheidung zwischen konkurrierenden Theorien bereit hält. Diese Einstellung sorgte lange Zeit für die Überzeugung, daß Völker und Stämme mit einer uns sehr fremden Kultur, die zu ganz anderen Beurteilungen der Wirklichkeit kommen als wir selbst, primitiv und geistig beschränkt sein müßten. Die positivere Seite dieser Ansicht lautete, daß die Menschheit im Prinzip ähnliche Sprachen und im wesentlichen dieselben Gedanken besitzt, so daß eben gewisse kulturelle Randfaktoren für Unterschiede im Wissensschatz der Völker verantwortlich sein mußten. Die aufkommende Tendenz zu holistischem Denken, die einzelne Überzeugungen aus dem ganzen Weltbild abzuleiten versuchte, widersprach diesem universalistischen Anspruch. Gegen sie richtete sich die folgende Bemerkung Freges, der ja andererseits selbst einen Anstoß zur Entwicklung des Holismus gegeben hatte. Frege schreibt: „Man ist jetzt, wie es scheint, geneigt, die Tragweite des Satzes zu übertreiben, daß verschiedene sprachliche Ausdrücke niemals vollkommen gleichwertig seien, und daß ein Wort nie genau in einer anderen Sprache wiedergegeben werde. (...) Es darf nicht verkannt werden", fährt Frege fort, „daß man denselben Sinn, denselben Gedanken verschieden ausdrücken kann, wobei denn also die Verschiedenheit nicht eine solche des Sinnes ist, sondern nur eine der Auffassung, Beleuchtung, Färbung des Sinnes und für die Logik nicht in Betracht kommt. Es ist möglich, daß ein Satz nicht mehr und nicht weniger Auskunft als ein anderer gibt; und trotz aller Mannigfaltigkeit der Sprachen hat die Menschheit einen gemeinsamen Schatz von Gedanken."[1] Die Geschichte der Ethnologie in den letzten hundert Jahren ist auch ein Dokument der wachsenden Erkenntnis, daß dieser Schatz an Gemeinsamkeit geringer ausfällt, als das „eurozentrische Denken" des letzten Jahrhunderts zugeben wollte. Theorie, Sprache und Erfahrung sind nicht voneinander unabhängige Aspekte menschlicher Erkenntnis, und es ist nicht so sehr die Erfahrung, die die Entstehung einer Theorie bewirkt, als vielmehr umgekehrt die Theorie, die unsere Erfahrung bestimmt – abermals eine Instanz unserer These (B).

Auch die Azande, deren magische Überzeugungen uns schon im ersten Kapitel begegnet sind, wurden durch Fakten nicht von der Falschheit ihrer Auffassungen überzeugt. Die Fakten, die im Fall der Azande zur Debatte stünden, sind nicht so sehr Tatsachen in der Welt, sondern logische Schlußfolgerungen, die wir für unbedingt zwingend halten. Wie können Menschen, die sich in den kleinen alltäglichen Dingen völlig rational verhalten und richtige Vorhersagen treffen, ihr Leben nach einem Orakel ausrichten? Die Azande besaßen eine besonders wirksame Methode, ihre eigene Voreingenommenheit bezüglich des Giftorakels zu bestätigen. Hatten sie nämlich ein Huhn unter einer bestimmten Fragestellung mit dem Gift *benge* gefüttert und eine entsprechende Antwort erhalten, dann wurde diese Antwort zwei Proben unterworfen, bevor sie als gültig anerkannt wurde. Die Natur dieser Proben scheint nach unseren Auffassungen absurd: Sie bestand nämlich in weiteren Orakelfragen derselben Art nach derselben Methode. Ein solcher Test sah z. B. so aus:

„*Erste Probe:* Wenn X Ehebruch begangen hat, Giftorakel töte das Huhn. Wenn X unschuldig ist, Giftorakel, schone das Huhn. Das Huhn stirbt.

Zweite Probe: Das Giftorakel hat X des Ehebruchs für schuldig erklärt, indem es das Huhn tötete. Wenn seine Erklärung wahr ist, laß es dieses zweite Huhn schonen. Das Huhn überlebt.

Resultat: Ein gültiges Urteil. X ist schuldig."[2]

Vom rationalen Standpunkt her erscheint dieses Vorgehen lächerlich, es hat alle Kennzeichen einer „Immunisierungsstrategie". Es gibt keine Möglichkeit, in dieser Weise das Verfahren *selbst* auf seine Stichhaltigkeit zu prüfen. Die Prüfung des Orakels verstärkt den Glauben an seine Wirksamkeit, anstatt die Richtigkeit der Aussage zu bestätigen. Die Testsituation erzeugt einen hohen Grad an innerer Kohärenz des zandischen Weltbildes, das von einem so dichten Netz von mystischen Überzeugungen durchzogen wird, daß eine Widerlegung unmöglich scheint. „Zande nehmen das Funktionieren des Giftorakels so wahr wie wir", schreibt Evans-Pritchard, „aber ihre Wahrnehmungen werden immer ihrem Glauben untergeordnet, ihm eingegliedert und zu seiner Erklärung und Rechtfertigung verwandt. [...] Denn ihre mystischen Vorstellungen sind in hohem Maße kohärent, sie sind durch ein Netzwerk logischer Verknüpfungen untereinander verbunden und so angeordnet, daß sie niemals allzu kraß der sinnlichen Erfahrung widersprechen, sondern im Gegenteil durch die Erfahrung gerechtfertigt zu werden scheinen. Der Zande ist in ein Meer von mystischen Vorstellungen eingetaucht, und wenn er über sein Giftorakel spricht, muß er dies in einer mystischen Redeweise tun."[3] Evans-Pritchard war der zandischen Kohärenz zum Trotz überzeugt, daß das Weltbild der Azande *falsch* und sein eigenes wissenschaftliches Weltbild *korrekt* sei. Jedoch läßt sich seine Beschreibung des Zande-Denkens ohne Mühe in eine Beschreibung des wissenschaftlichen Denkens umwandeln. „Europäer nehmen das Funktionieren des Giftorakels so wahr wie die Zande", beginnt eine Parodie dieses Zitats, die Peter Winch auf die wissenschaftlichen Ethnologen gemünzt hat, „aber ihre Wahrnehmungen werden immer ihrem Glauben untergeordnet, ihm eingegliedert und zu seiner Erklärung und Rechtfertigung verwandt. [...] Der Europäer ist in ein Meer von wissenschaftlichen Vorstellungen eingetaucht, und wenn er über das Giftorakel der Zande spricht, muß er dies in einer wissenschaftlichen Redeweise tun." (ebd.) Seit Duhem wissen wir, daß wissenschaftliche Ergebnisse, die den Hypothesen widersprechen, mit Fehlern in den Randbedingungen erklärt werden können und nicht zur Aufgabe der Theorie führen müssen. Was unterscheidet also ein wissenschaftliches Experiment, das bei Bedarf wiederholt wird um Sicherheit zu maximieren, von dem Vorgehen der Azande? Würde etwa ein Wissenschaftler auf die Idee kommen, die Richtigkeit eines Experiments durch ein zandisches Giftorakel zu überprüfen? Mit welchem Recht wird das wissenschaftliche Weltbild für das Richtige erklärt? Oder haben wir keine andere Wahl? Gibt es Voraussetzungen in diesem Weltbild, die so fundamental sind, daß sie schlechterdings nicht aufgegeben werden können, ohne überhaupt das Verstehen des Fremden zu gefährden?

In den folgenden Kapiteln werden wir uns mit Theorien beschäftigen, in denen Fragen dieser Art eine wesentliche Rolle spielen. Die Auffassung Quines vom Zusammenhang zwischen Theorie, Sprache und Erfahrung und die Theorie, die Davidson von den Vorgängen bei der Interpretation von Äußerungen entworfen hat, beziehen sich immer wieder auf die Situation eines Forschers, der die Äußerungen eines fremden Stammes zu verstehen sucht. Im Zusammenhang dieser philosophischen Erklärungen geht es nicht um die wirklichen Probleme eines Ethnologen. Die Situation der „Urübersetzung" oder „Urinterpretation" ist ein bloßes Modell, das den Fall des ursprünglichen Sprachlernens imitieren soll, um notwendige Bestandteile und Mechanismen im Zusammenspiel von Sprache, Theorie und Erkenntnis zu entdecken. Denn wie Neurath in seinem Argument gegen die Möglichkeit eines privaten Bezugs oder einer privilegierten Perspektive gezeigt hatte, läßt sich immer argumentieren, daß ein Subjekt sich selbst gegenüber in keiner anderen Situation ist, als gegenüber einem völlig Fremden: gezwungen, die eigenen Äußerungen und Handlungen im Licht öffentlicher Daten und sprachlicher Ausdrücke zu interpretieren. Die Diskussion der Ethnologen verlief weitgehend unabhängig von solchen abstrakten Problemen, führte aber doch zu ähnlichen Ergebnissen. Betrachten wir also zunächst die Argumente, die von philosophischer Seite für und gegen die Unentscheidbarkeit zwischen verschiedenen Weltbildern ins Spiel gebracht wurden. Hier geht es um Varianten der holistischen These (U), um die Behauptung, daß weder Fakten noch die Struktur des Ganzen ausreichen, um Teile eines Ganzen eindeutig zu bestimmen. Gelegentliche Abstecher in magische Weltbilder werden die Schwierigkeiten dieser Debatte illustrieren.

2 Analytische und synthetische Aussagen

Der „gemeinsame Schatz von Gedanken", den Frege der Menschheit zuschreiben wollte, sollte in einem Kern von Bedeutungen bestehen, die gegenüber kulturellen Unterschieden immun wären und die Frege den *Sinn* von Sätzen nannte. Frege glaubte, daß etwa Naturgesetze und mathematische Gesetze solche „harten" Satzbedeutungen darstellen, und daß diese aus prinzipiellen Gründen vom Menschen nicht gemacht, sondern bloß erfaßt werden. Stellen wir uns vor, daß zwei Sprecher des Deutschen mit dem Satz „2 x 2 = 4" verschiedenen Sinn verbänden, was würde folgen? Der eine könnte behaupten, daß der Satz wahr, der andere, daß er falsch sei, und dies wäre kein Widerspruch, da beide von verschiedenen Gedanken sprechen. „Ein Streit über die Wahrheit wäre also eitel", schreibt Frege, „Es fehlte eben der gemeinsame Kampfplatz; jeder Gedanke wäre in seiner Innenwelt eingeschlossen und ein Widerspruch der Gedanken verschiedener Menschen wäre ähnlich einem Kriege zwischen uns und den Marsbewohnern."[4] Frege spricht hier ganz im Sinne der traditionellen Auffassung von Sprache, nur mit einem Unterschied: Wörter sind nicht Namen für an sich unsprachliche Ideen, aber Sätze drücken an sich unsprachliche Gedanken aus, und diese Gedanken sind für alle Menschen gleich zugänglich, wenn auch ihr Ausdruck in der einen Sprache leichter als in der anderen sein mag. Die Gedanken der Marsbewohner mögen jedoch von ganz *anderer* Art sein als die der Erdlinge, weil die Tatsachen auf dem Mars von den irdischen in unbekanntem Maße abweichen können. Daher werden Mars-Sätze (falls es solche gibt) nicht übersetzbar sein in Erde-Sätze und eine Diskussion zwischen Erdlingen und Marsbewohnern ein Ding der Unmöglichkeit. Dieses Argument dient aber nur dem Nachweis, daß es gemeinsame Gedanken unter den Erdlingen geben *muß*, weil es Auseinandersetzungen über Wahrheit und Falschheit von Sätzen, die Erkenntnis von Widersprüchen und sinnvolle wissenschaftliche Untersuchungen tatsächlich gibt.

Frege hat sich nie klar darüber geäußert, wie die Sprache sich auf jene Satzsinne oder Gedanken auswirkt. Im Prinzip glaubte er, daß die Gedanken unabhängig von Sprache sind, aber er betont auch manchmal, daß die Sprache den Gedanken verkleiden und unkenntlich machen kann, und daß es gedanklicher Arbeit bedarf, den Sinn aus einem Satz herauszuschälen. Unter den Gedanken gibt es nun einige, die wahr sind, weil die Tatsachen eben so sind, wie es der entsprechende Satz ausdrückt, und einige, die wahr sind, weil sie nach den Regeln der Logik als wahr bewiesen werden können. Die ersten nennt Frege synthetische, die zweiten analytische Urteile.

Die Unterscheidung zwischen analytischen und synthetischen Urteilen geht schon auf Leibniz zurück, der Vernunftwahrheiten und

Tatsachenwahrheiten unterschied. Da Leibniz die klassische Auffassung von der logischen Form von Sätzen zugrundelegte, nach der Sätze aus „Ideen“ gebildet wurden, hatte die Unterscheidung einen klar definierten Sinn. In einem Satz der Form „S ist ein P“ ist das Prädikat P entweder mit dem Subjekt identisch oder im Subjekt S enthalten oder es wird ihm zugeschrieben. Im ersten ebenso wie im zweiten Fall wird einfach auf Grund des Identitätsgesetzes entschieden, daß „S ist ein P“ wahr ist, ohne daß man dabei auch nur wissen müßte, was die Ausdrücke bedeuten. Im dritten Fall jedoch muß der Satz mit den Tatsachen verglichen werden, um seine Wahrheit zu entscheiden. Der Satz „Ein Flageolett ist ein Flageolett“ ist eine offenbare Tautologie – sie entspricht dem ersten Fall. Der Satz „Ein Flageolett ist eine Schnabelflöte“ ist nach der Ansicht der klassischen Logik ebenfalls eine Tautologie, allerdings von versteckter Art. Denn der Ausdruck „Flageolett“ besteht wie alle komplexen Begriffe aus einfachen Ideen, in die er zerlegt werden muß, und auf einer Ebene der Analyse ergibt sich der Satz „Eine Schnabelflöte (...) ist eine Schnabelflöte“ (wobei die Punkte noch andere mögliche Merkmale von Flageoletts andeuten sollen). Der Satz „Ein Flageolett ist schwer zu spielen“ ist dagegen nicht wahr auf Grund logischer Gesetze, sondern auf Grund von Tatsachen. Das Merkmal „schwer zu spielen“ wird dem Flageolett durch Erfahrung hinzugefügt und nicht durch Begriffsanalyse gewonnen. Kant nannte die Vernunftwahrheiten daher analytische und die Tatsachenwahrheiten synthetische Urteile. Schon unsere Beschreibung der Unterschiede dieser Urteilsarten deutet auf einige Metaphysik im Hintergrund. Tatsächlich scheint es eine etwas willkürliche Festlegung, das Merkmal „schwer zu spielen“ den Tatsachen zuzuschreiben, dagegen das Merkmal „Schnabelflöte“ dem Begriff. Leibniz selbst hielt die Unterteilung für eine bloße Notlösung der Endlichkeit unseres Verstandes, da wir die Implikationen der Begriffe eben nicht alle überblicken. Im Geist Gottes sind daher *sämtliche* Urteile Vernunftwahrheiten (analytisch), und die wissenschaftliche Forschung sollte mit bloßer Begriffszergliederung weit kommen.

Kant hielt die Unterscheidung zwischen synthetischen und analytischen Urteilen dagegen für absolut. Als Beispiele einer synthetischen Aussage führt er den Satz „Alle Körper sind schwer“ an, und als Beispiel einer analytischen „Alle Körper sind ausgedehnt“.[5] Auch die Aussage „Kein ungelehrter Mensch ist (gleichzeitig) gelehrt“

vertritt in der *Kritik der reinen Vernunft* ein analytisches Urteil, während wir sie heute als logische Wahrheit oder Tautologie – einen Satz der Form $\sim(\sim p \wedge p)$ – bezeichnen würden.[6] Auch Kant glaubte, daß analytische Aussagen im Grunde logische Wahrheiten (nach dem Gesetz des Widerspruchs als wahr erkennbar) sind, weil sie durch Begriffsanalyse in solche überführt werden können. Die Existenz analytischer Aussagen schien daher bereits durch die unbestreitbare Existenz der logischen Wahrheiten bestätigt. Nun besteht aber keine *offensichtliche* Verwandtschaft zwischen Aussagen wie „Alle Körper sind ausgedehnt" und „Kein ungelehrter Mensch ist gelehrt". Daß der letzte Satz unbeschadet irgendwelcher Tatsachen als wahr bezeichnet werden kann, hängt von der bloßen *Form* des Satzes ab, die ausdrückt, daß keinem Substantiv ein Adjektiv gleichzeitig zu- und abgesprochen werden kann, gleichgültig welche Bedeutung die verwendeten Wörter besitzen.[7] Dagegen wird die Wahrheit von Aussagen wie „Alle Körper sind ausgedehnt" nicht von der logischen Form des Satzes, sondern von der *Bedeutung* der darin verwendeten Ausdrücke bestimmt. Und die Bedeutung ist offenbar nicht unabhängig von dem, was in der Welt geschieht. Könnten wir nicht den Ausdruck „Flageolett" auch für eine bestimmte Form von Klavieren verwenden oder den Begriff des Körpers für ausdehnungslose Punkte? Sind Verschiebungen in der Bedeutungsstruktur der Sprache durch Änderungen von Tatsachen in der Welt nicht ein alltägliches Faktum, so daß also analytische Aussagen plötzlich falsch werden können? Eine logische Wahrheit wie „Kein ungelehrter Mensch ist gleichzeitig gelehrt" dürfte dagegen viel Bedeutungswandel bestehen, ohne daß an ihrer Wahrheit zu rütteln wäre. Die Behauptung, daß analytische Aussagen auf derselben Stufe wie Tautologien stünden, darf also bezweifelt werden. Was ihr offenbar zugrundeliegt, ist die Auffassung, daß die Bedeutungen von Ausdrücken etwas an sich Gegebenes, Unwandelbares sind. Sobald die Überzeugung, daß es einfache Ideen oder ewige Gedanken gibt, deren Wahrheit oder Falschheit für alle Zeiten feststeht, in Zweifel gezogen wird, löst sich diese Beziehung.

Moderne Philosophen nach Frege waren nicht mehr so leicht bereit, schwergewichtige ontologische Postulate wie die Existenz von immerwährend wahren Gedanken in die Welt zu setzen, um die Möglichkeit von wissenschaftlicher Forschung und rationalen Diskursen zu erklären. Zweifellos gibt es eine sprachliche Intuition, die uns sagt, daß der Satz (J1) „Alle Junggesellen sind unverheiratete Männer" auf eine andere Weise Wahrheit beansprucht als der Satz (J2) „Alle Junggesellen lieben ihre Freiheit". Aber man muß nicht auf metaphysische Begriffe zurückgehen, um diese Tatsache zu erklären. (J1) ist wahr allein auf Grund der *Bedeutung* der in ihm vorkommenden Ausdrücke, während (J2) wahr oder falsch ist auf Grund der Bedeutung *und* der Tatsachen in der Welt. Diese Erklärung markiert aber nicht mehr als einen flüchtigen Übergang von der Welt ewiger Wahrheiten in die Welt ohne Bedeutung. Denn sollten die den Sätzen und Ausdrücken zugeschriebenen Bedeutungen eben nicht den metaphysischen Hintergrund der Ideen und Gedanken annehmen, sondern die sprachlichen Fakten wiedergeben, dann sind Bedeutungen ebenso wandelbar und abhängig von der Erfahrung wie alle Überzeugungen. Und also gibt es keinen scharfen Unterschied zwischen analytischen und synthetischen Aussagen.

In einem einflußreichen Artikel aus dem Jahr 1951 mit dem Titel „Zwei Dogmen des Empirismus"[8] hat W. V. O. Quine die Unterscheidung zwischen analytischen und synthetischen Aussagen als ein Dogma entlarvt, das er merkwürdigerweise dem Empirismus zuschrieb. Daß es eine scharfe Grenze zwischen Tautologien und synthetischen Aussagen gibt, war nie zur Diskussion gestanden, jedoch wird im Laufe seiner Argumentation auch diese Unterscheidung hinfällig. Unter dem Blickwinkel des Holismus sind analytische Urteile deshalb von Interesse, weil sie ein Gerüst oder Fundament des Denkens darstellen sollen, auf dem empirische Aussagen aufbauen. Für die reinen Tautologien war dies lange Zeit unstrittig und, wie es schien, inhaltlich gesehen harmlos. Daß es gewisse logische Wahrheiten gibt, die uns erlauben, aus Aussagen andere zu folgern und einige Aussagen von vornherein als falsch zu beurteilen, schien selbst für Empiristen akzeptabel zu sein. Zwar läßt sich gleichwohl fragen, wie wir zu diesen logischen Wahrheiten gelangen und welchen Status sie für unser Denken einnehmen. Aber brennender scheint die Frage nach der anderen Klasse der analytischen Aussagen, denjenigen, die die Bedeutung von Ausdrücken in etwas mysteriöser Weise „explizieren" oder „bestimmen". Nur mit Hilfe dieser Art von Aussagen scheinen die Aussagen der anderen Art, die synthetischen, einen guten Sinn zu erhalten, so daß unser Reden über die Welt gelingt. Dies zeigt sich an vielen Situationen, die uns im Alltag oder in der wissenschaftlichen Forschung begegnen. Fragen wir uns etwa, ob zwei Läufer *gleichzeitig* im Ziel eingetroffen sind, dann hat die Frage nur Sinn, wenn wir zuvor festgelegt haben, was „gleichzeitig" heißen soll: Wieviele Sekundenbruchteile wollen wir berücksichtigen? Wieviel Ungenauigkeit lassen wir zu? Nach welchen Uhren messen wir diese? Wie haben wir die Uhren synchronisiert? Empirische Beobachtung und Bewertung, Formulierung und Test von Hypothesen und unser alltäglicher Umgang mit Tatsachen haben in diesem Sinne viel damit zu tun, daß gewisse Bedeutungen festgelegt sind, und da dies nicht durch eine metaphysische Hintergrundtheorie geschehen sollte, dachte man sich die Bedeutungsfestlegung als *Konvention*. Solche konventionellen Bedeutungen waren es also, die in analytischen Aussagen expliziert wurden. In derselben Weise, wie man einmal die Bedeutung des Ausdrucks „Meter" durch einen Satz „Ein Meter ist die Länge des Urmeters in Paris" bestimmt hatte, ebenso dachte man sich die Bedeutung der meisten Ausdrücke unserer Sprache durch ideale konventionelle Akte gegeben, die natürlich nicht explizit stattgefunden haben mußten, aber doch irgendwann zumindest in Wörterbüchern ihren Niederschlag fanden.

In seinem Aufsatz über die zwei Dogmen des Empirismus spielt Quine verschiedene Vorschläge durch, eine scharfe Trennung der analytischen von den synthetischen Aussagen zu begründen. Die erste Möglichkeit besteht darin, analytische Aussagen durch Einsetzung von *Synonymen* in logische Wahrheiten umzuwandeln. In der klassischen Auffassung benutzte man anstelle von Synonymen die Merkmale, in die ein Begriff analysiert werden konnte, aber diese Möglichkeit steht nun nicht mehr zur Verfügung. Durch Einsetzung eines Synonyms wird aus dem Satz „Ein Lorgnon ist ein Monokel mit Stiel" durch Einsetzung von „Monokel mit Stiel" für „Lorgnon" die Tautologie „Ein Monokel mit Stiel ist ein Monokel mit Stiel". Anstatt mit der Frage, was analytische Aussagen auszeichnet, hätten wir es nun mit dem Begriff des Synonyms zu tun und dem Problem, daß Synonymie nicht gekennzeichnet werden kann, ohne den Begriff des analytischen Satzes vorauszusetzen. Denn die Synonymität von „Lorgnon" und „Monokel mit Stiel" war gerade dem analytischen Satz selbst entnommen worden und ist auf keine andere Weise gegeben. Zwar hat Carnap 1947 eine Methode vorgeschlagen, die Analytizität mittels „Zustandsbeschreibungen" definiert, aber Quine zeigt, daß diese Lösung nur für einfache Modellsprachen und nicht für normale Sprachen funktioniert. Synonymie verhilft uns also nicht zu einer Reduktion von analytischen Aussagen auf logische Wahrheiten.

Die zweite Möglichkeit besteht darin, *Definitionen* anstatt Synonyme zur Umwandlung der analytischen Aussagen zu verwenden. Diese Idee macht Gebrauch von der Annahme, daß Bedeutungen konventionell festgelegt seien. „Ein Picknick ist ein Essen im Freien" ist also deshalb ein analytischer Satz, weil „Picknick" als „Essen im Freien" definiert ist. Jedoch auch dieser Schritt führt nicht weiter. Abgesehen von echten Definitionen in wissenschaftlichen Zusammenhängen, in denen ein neuer, bisher sinnloser Name festgesetzt wird, sind vorgebliche Definitionen wie im Falle des Picknicks eigentlich Erläuterungen aufgrund von vorausgesetzter Synonymie. Denn in der natürlichen Sprache wissen wir nicht, wer zu welchem Zeitpunkt eine solche Definition festgesetzt haben sollte, aber wir kennen die Synonymierelation, die uns erlaubt, hier idealisierend von einer Definition zu sprechen. Im Zusammenhang der normalen Sprache gehen Definitionen also auf Synonymiebeziehungen zurück und diese wieder auf analytische Ausagen. Auch Definitionen helfen uns also nicht, analytische Aussagen auf logische Wahrheiten zu reduzieren.

Noch eine dritte Möglichkeit faßt Quine ins Auge. Wir könnten versuchen, Synonymie ohne Rückgriff auf Analytizität zu definieren, indem wir synonyme Ausdrücke als solche kennzeichnen, die in Aussagen füreinander ersetzt werden können, ohne daß sich der Wahrheitswert des ganzen Satzes ändert. Synonyme Ausdrücke sind also solche, die *salva veritate* austauschbar sind. Dies ist keine schlechte Idee, wenn wir uns an die Methoden der eidetischen Variation bei Husserl und der „semantischen" Variation bei Wittgenstein erinnern. Synonyme Ausdrücke wären dann solche, die aus gewissen wahrheitswerterhaltenden Variationen einer Stelle in einem Satz hervorgehen. Aber offensichtlich ist das Kriterium der Wahrheitswerterhaltung zu schwach. Obwohl es wahr ist, daß Frege ein großer Logiker war und obwohl es gleichzeitig wahr ist, daß er zu Lebzeiten unbekannt geblieben ist, sind die Ausdrücke „ein großer Logiker sein" und „zu Lebzeiten unbekannt sein" nicht synonym. Das wären sie nur dann, wenn es einen wahren Satz gäbe, der eine enge, notwendige Verbindung zwischen der Eigenschaft, ein großer Logiker zu sein und der Eigenschaft, unter den Zeitgenossen unbekannt zu sein, behauptet. Eine solche Verbindung könnte sich jedoch, wenn sie nicht wiederum von metaphysischen Notwendigkeiten Gebrauch machen will, nur darauf stützen, daß eine enge Beziehung in der *Bedeutung* der beiden Ausdrücke besteht. Die Frage ist, wie wir diese enge inhaltliche Beziehung charakterisieren sollen, und Quines Antwort lautet erwartungsgemäß: Dies kann nur durch Rückgriff auf den Begriff der Analytizität geschehen. Denn zwei Ausdrücke A und B sind in den sog. intensionalen Kontexten genau dann *salva veritate* füreinander ersetzbar, wenn die Aussage „A ist B" analytisch ist. Auch der Umweg über die Ersetzbarkeit *salva veritate* hat uns einer unabhängigen Charakterisierung von Analytizität nicht nähergebracht.

Quines Untersuchung hat gezeigt, daß sich analytische Aussagen nicht auf logische Wahrheiten reduzieren lassen. Da die Möglichkeit, daß Bedeutungen, z. B. als Ideen, an sich gegeben sind, von vornherein ausgeschlossen war, bleibt nur die andere Alternative übrig: Es gibt keine scharfe Grenze zwischen analytischen und synthetischen Aussagen. Wir tun besser daran, Grade von Analytizität zu unterscheiden, die fließend in „synthetische Urteile" übergehen. Auf dem einen Ende der Skala wären dann einige wenige Sätze zu finden, die in einem „harten" Sinne analytisch sind, etwa der Standardfall „Alle Junggesellen sind unverheiratete Männer", während der Satz „Ein Bruder ist ein männliches Geschwister" nur begrenzt analytisch genannt werden kann (in religiösen Kontexten wird das Wort anders verwendet), und in Fällen wie „Rauchen gefährdet die Gesundheit" die Entscheidung, ob es sich um eine analytische oder eine synthetische Aussage handelt, noch von anderen Faktoren abhängen muß.[9] Wie wichtig es sein kann, andere Einflüsse als die hypothetische Konvention auf die Bedeutung von Sätzen zu berücksichtigen, zeigte das Beispiel der Azande im ersten Kapitel. Nach unseren Regeln müßte der Satz „Alle männlichen Nachkommen eines Hexers sind selbst Hexer" analytisch wahr sein, da „Hexer" eben per Konvention als eine Eigenschaft definiert ist, die sich auf alle männlichen Nachkommen vererbt. Die Azande selbst empfanden dies nicht so und hatten mit ihrer laxen Einstellung zur Logik weiter keine Probleme. Wir werden dieses merkwürdige Faktum im letzten Kapitel untersuchen. Zunächst gehen wir der Frage nach, welche Faktoren dafür verantwortlich sind, daß wir manche Aussagen als zwingend wahr und manche als bloße Behauptungen empfinden, deren Wahrheit von äußeren Faktoren abhängt.

3 Bestätigung

Die Logischen Empiristen glaubten, daß die Bedeutung eines Satzes die Methode seiner Verifikation ist, und Ostwald fragte, in welcher Beziehung die Welt anders wäre, wenn diese oder jene Alternative wahr wäre. Verifikation scheint eine naheliegende Möglichkeit, synthetische und analytische Aussagen zu unterscheiden. Alle bisherigen Versuche gingen zwar von den *analytischen* Aussagen aus; jedoch ist der Begriff der *synthetischen* Aussage viel besser greifbar. Synthetische Aussagen sprechen über Tatsachen, sie lassen sich also als solche Aussagen definieren, die unter gewissen Umständen verifiziert sind und deren Bedeutung entsprechend in diesen Umständen besteht. Analytische Aussagen wären dann alle diejenigen Aussagen, die unter *allen* Umständen verifiziert sind, also durch alle Erfahrungen bestätigt werden. Das gibt unsere Intuition wieder, daß wir den Satz „Alle Junggesellen sind unverheiratete Männer" nicht mehr als analytisch betrachten würden, wenn uns eines Tages ein verheirateter Junggeselle begegnen sollte, kann jedoch andererseits die Bedeutungsunterschiede zwischen analytischen Sätzen nicht erklären. Setzen wir aber einmal voraus, daß die Methode funktioniert, dann ließe sich auch Synonymie auf die folgende Weise definieren: Zwei Aussagen sind synonym, wenn ihre Verifikationsmethoden gleich sind. Ausdrücke sind entsprechend in Aussagen synonym, wenn ihre Ersetzung durch einen anderen Ausdruck eine synonyme Aussage ergibt, die Verifikationsmethode also immer noch gleich bleibt. Eine solche Definition macht aber nur Sinn, wenn die Bestätigung von Aussagen unabhängig möglich ist, wenn also Satz S1 durch die Beobachtung (oder Menge von Beobachtungen) B1, S2 durch B2 etc. bestätigt wird, wenn also jedem Satz eine klar abgegrenzte Menge von Bestätigungsbedingungen entspricht.

Es ist gerade dieser Punkt – das zweite, reduktionistische Dogma des Empirismus – dem Quine widerspricht. Eine Aussage steht, wie Duhem festgestellt hat, in einem ganzen Netzwerk anderer Aussagen, und zwar schon einfach durch die Tatsache, daß Sätze aus einem begrenzten Wortschatz gebildet und die Wörter in verschiedenen Satzzusammenhängen gebraucht werden. Da wir nun nicht sinnvoll zwischen analytischen und synthetischen Aussagen unterscheiden können, ist es zwecklos, gewisse Vorkommnisse eines Wortes in gewissen Sätzen als Erklärung der „Bedeutung" zu betrachten und andere als Aussagen über die Welt. Wenn ein Zande behauptet, daß ein Getreidespeicher auf Grund von Hexerei eingestürzt sei oder das Giftorakel diese Ursache erwiesen habe, hat es keinen Sinn, seine Aussage unmittelbar an der Wirklichkeit überprüfen zu wollen oder eine solche Prüfung zu verlangen. „Unsere Aussagen über die Außenwelt [treten] nicht als einzelne Individuen, sondern als ein Kollektiv vor das Tribunal der sinnlichen Erfahrung", schreibt Quine in einer berühmt gewordenen Metapher.[10] Was also mit der Wirklichkeit in Kontakt tritt, sind nicht einzelne Sätze, sondern ein ganzes Netz von Sätzen und dieses hat keine offensichtliche Begrenzung. *Alle* Sätze sind miteinander verwoben.

Verifikationismus ist die Behauptung, daß die Bedeutung eines Satzes allein in seinem Einfluß auf die Welt besteht, d. h. in beobachtbaren, intersubjektiven Fakten, nicht in innerpsychischen Erlebnissen. Die verifikationistische These sagt aber nichts darüber aus, wieviele Dinge sich ändern müssen oder wieviele Fakten beobachtet werden müssen, damit ein Satz Sinn hat. Sie besagt also insbesondere nicht, daß ein Satz eine *isolierte Menge* solcher Wahrheitsbedingungen besitzt, auf die er *reduziert* werden kann. Quine ist zwar Verifikationist, aber nicht Reduktionist. Analytische und synthetische Aussagen lassen sich nicht scharf unterscheiden, es gibt keine klare Grenze zwischen Aussagen, die Bedeutungen festlegen und solchen, die von Tatsachen sprechen. Mit anderen Worten: Es gibt kein *Fundament* von Aussagen, das unser Sprechen über die Welt stützt, sondern die Festlegung von Bedeutung und die Bestätigung von Aussagen greifen untrennbar ineinander. Die Gesamtwissenschaft (eine Fortsetzung des Alltagsdenkens) beschreibt Quine als ein Netz, das die Erfahrung nur an den Rändern – bei der Bestätigung einzelner Aussagen – berührt. In einer zweiten, uns nun schon vertrauten holistischen Metapher nennt er sie auch ein Kraftfeld, dessen Randbedingungen Erfahrungen sind.

Die suggestive Metapher vom Netz, das an den Rändern mit der Erfahrung zusammenhängt, entspricht eigentlich nicht der Tatsache, daß *in allen* Aussagen Aspekte der Bedeutung mit solchen der Erfahrung verknüpft sein sollten. Diese Metapher verhilft Quine nun jedoch zu folgender Beschreibung des Zusammenhangs zwischen Theorie und Erfahrung: An der Peripherie des Netzes stehen Aussagen über sinnliche Erfahrungen, während sich im Zentrum die logischen Wahrheiten finden. Nun werden hin und wieder Konflikte an der Peripherie entstehen, und zwar dann, wenn sich Erfahrungen nicht mit den Aussagen im Netz in Einklang bringen lassen. Dies mag durch eine ungewöhnliche Beobachtung geschehen, durch das unerwartete Ergebnis eines Experiments oder durch ein Ereignis, das uns als Wunder erscheint. In diesem Sinne kann man vermuten, daß die Trobriander hin und wieder auf gewisse Fakten stießen, die ihnen hätten sagen müssen, daß Sexualität und Schwangerschaft unmittelbar zusammenhängen. Einige Aussagen innerhalb der Theorie werden in einem solchen Fall neu bewertet werden müssen, aber da die Aussagen „als Kollektiv vor dem Tribunal der Erfahrung" stehen, bleibt offen, welche es sind. In Übereinstimmung mit Duhem schreibt Quine: „Jede beliebige Aussage kann als wahr aufrecht erhalten werden, was da auch kommen mag, wenn wir nur anderweitig in dem System ausreichend drastische Anpassungen vornehmen". (Ebd., S. 47) So können wir die Beobachtung eines Wunders als Betrug oder als Halluzination erklären, und die Ergebnisse der Quantenmechanik durch Aufgabe des Gesetzes vom ausgeschlossenen Dritten. *Kein Satz* innerhalb des Netzes ist gegen eine Revision immun. Dieses Diktum ergreift nun also auch die Aussagen im Zentrum, die logischen Wahrheiten, die uns bisher als sichere Stütze erschienen waren. Die Ablösung ganzer Weltbilder durch andere – wie die Ersetzung des ptolemäischen durch das heliozentrische System – erscheint unter dieser Betrachtungsweise einfach als Umbewertung von Wahrheitswerten innerhalb des Netzes. Prinzipiell hindert uns also nichts, unser System so umzubewerten, daß die Aussagen der Azande über Magie wahr oder die Aussagen der darwinschen Evolutionstheorie falsch werden. Lediglich eine gewisse Neigung, das Gesamtsystem so wenig wie möglich zu stören, und das Streben nach Einfachheit halten uns von solchen Revisionen ab. Wegen der Ähnlichkeit dieser Auffassung mit den Ansichten, die Duhem über die Rolle von Hypothesen in der Physik geäußert hatte, ist Quines erkenntnistheoretischer und gleichzeitig semantischer Holismus als Duhem-Quine-These bekannt geworden.

Die Immunität des Zande-Glaubens gegenüber Argumenten aus einer anderen Welt erklärt sich nun also damit, daß das ganze Netz von Überzeugungen den Fakten gegenübertritt und nicht nur eine einzelne Erfahrung. Evans-Pritchard beschreibt, wie eine solche komplexe und unwiderlegbare Überzeugung mit den Tatsachen konfrontiert wird – eine Situation, die uns in unauffälligerer, weil vertrauterer Form im Alltag öfter begegnet. „Mein Freund, der Holzschnitzer, hatte reihenweise Schalen und Hocker gemacht, ohne daß etwas passierte, und wußte alles, was man über die Wahl des Holzes, den Gebrauch der Werkzeuge und die Bedingungen des Schnitzens nur wissen kann. Seine Schalen und Hocker barsten nicht wie die Erzeugnisse unerfahrener Handwerker. Warum also sollten ab und zu seine Schalen und Hocker dennoch bersten, wenn sie es doch gewöhnlich nicht taten und er all sein gewohntes Wissen und seine gewohnte Vorsicht angewandt hatte? Er wußte die Antwort [nämlich Hexerei, V. M.] nur zu gut und seine neidischen und verleumderischen Nachbarn wußten sie seiner Meinung nach auch. [...] Wenn ich ihm erwiderte, daß er meiner Meinung nach im Irrtum sei und daß man ihm freundlich gesonnen sei, hielt er mir die geborstene Schale oder den Hocker als sichtbaren Beweis für seine Behauptung entgegen.“[11]

Neurath hatte davon gesprochen, daß wir in einem Boot sitzen, das wir auf offener See umbauen müssen, ohne daß es ein Dock gäbe, das einen festen Stützpunkt dafür liefert. Quine dagegen spricht von einem Netz, das an den Rändern mit der „Wirklichkeit“ in Berührung steht. Schon in dieser Metaphorik zeigt sich, daß Quines Holismus von demjenigen Neuraths unterschieden werden muß. Für Quine treten Aussagen der Erfahrung *gegenüber* oder werden durch Erfahrung *bestätigt*, so daß es einen Bereich zu geben scheint, der vom ganzen Netz oder Kraftfeld der Theorie unabhängig ist. Diese Spannung zwischen Empirismus und Holismus, auf die wir noch zurückkommen, zieht sich durch die gesamte Philosophie Quines und hat zu vielen Interpretationsproblemen geführt. Um die Beziehungen in diesem Dilemma übersichtlicher zu machen, fassen wir den Grundgedanken der Argumentation noch einmal zusammen. Ausgangspunkt ist die Annahme, daß es keine Bedeutungen „an sich“ gibt, denn analytische Aussagen, die die Bedeutung von Ausdrücken wiedergeben sollen, lassen sich mit keiner Methode in Tautologien überführen, noch von synthetischen Aussagen scharf unterscheiden. Die einzige sinnvolle Erklärung solcher Aussagen macht Gebrauch vom Begriff der Bestätigung und widerlegt damit die Annahme einer prinzipiellen Kluft zu den Erfahrungssätzen. Nun behauptet Quine in Einklang mit Duhem, daß die Bestätigung von Aussagen holistisch vor sich geht, da Aussagen „als Kollektiv“ und nicht einzeln durch Erfahrung geprüft werden. Daraus folgt also, daß auch die Bedeutung eines

Satzes holistisch festgelegt ist, und zwar durch die Verifikationsbedingungen aller Sätze, die mit ihm der Erfahrung gegenübertreten, und dies sind alle wissenschaftlichen Sätze überhaupt: „Die Einheit empirischer Signifikanz ist die Wissenschaft als gesamte."[12] Die Behauptung, daß zur Bestätigung einer einzelnen Hypothese also die gesamte Wissenschaft auf den Plan gerufen werden muß, scheint einigermaßen gewagt und auf einen sehr „starken" Holismus zu deuten. Die Formulierung, daß unsere Sätze der Erfahrung „als Kollektiv" gegenübertreten, klang demgegenüber bescheiden. Das Problem ist jedoch, daß es keine Möglichkeit zu geben scheint, zwischen Kollektiven und dem Ganzen zu unterscheiden, wenn es keine Unterscheidung zwischen analytischen und synthetischen Aussagen gibt. Dies ist das Dilemma, auf das Fodor und Lepore in ihrer Kritik des semantischen Holismus hingewiesen haben, und das seither einen Großteil der aktuellen Diskussion bestimmt: Es gibt entweder einen radikalen Holismus, mit allen unerwünschten Konsequenzen, oder gar keinen. Wir werden nun ein Stück weit verfolgen, wie Quine selbst die hier formulierten Grundgedanken ausgearbeitet und präzisiert hat.

4 Radikale Übersetzung

Wenn wir die bisherigen Argumente beim Wort nehmen, zeigt sich ein Dilemma. Bedeutungen in irgendeinem metaphysischen Sinne sind unbeliebt geworden und die Bedeutung eines Satzes soll in den Bedingungen seiner empirischen Bestätigung zu suchen sein, die ihrerseits holistisch zu verstehen ist. Nicht also der einzelne Satz, sondern die ganze Sprache oder Theorie werden an der Wirklichkeit gemessen. Wie ist das zu verstehen, wenn die Theorie aus Sätzen besteht, die an sich bedeutungslos sind? Das Problem ist uns bekannt: es erhob sich in bescheidenerer Form auch, als Frege den Satz zur Einheit der Bedeutung erklärt hatte. Die Antwort auf die Frage, wie Sätze zu ihrer Bedeutung gelangen, hatte uns auf die ganze Sprache verwiesen, in der sie verwendet werden, und nun stellt sich dieselbe Frage auf höherer Ebene erneut: Wie gelangen Theorien zu ihrer Bedeutung?

Einige Jahre nach dem Erscheinen der „Zwei Dogmen des Empirismus" stellte Quine in seinem ersten Hauptwerk *Word and Object* eine Erklärung vor. Die Existenz einer physikalischen Außenwelt wird vorausgesetzt. Sie wirkt auf unsere Sinne ein und bewirkt durch Sinnesreizungen Anpassungsprozesse im Netz der Überzeugungen. Anders als viele sensualistische Empiristen und ähnlich wie der Wiener Kreis in seiner physikalistischen Phase geht Quine davon aus, daß die Welt der raum-zeitlichen physikalischen Gegenstände die Grundlage unserer Begriffsbildung darstellt und nicht etwa die Welt der Sinnesdaten oder ein Strom sinnlicher Erlebnisse. Sprache überhaupt wird dadurch erlernt, daß wir Wörter unter gewissen intersubjektiven Umständen hören und äußern, daß andere darauf in spezifischer Weise reagieren, daß wir mit bestimmten Folgen unserer Äußerungen rechnen können. Daher beziehen sich Wörter von Anfang an auf intersubjektiv zugängliche Objekte, d. h. auf mittelgroße Gegenstände in mittlerer Entfernung, die wir *cum grano salis* als „physikalische Gegenstände" ansprechen können. „Unsere übliche Sprache der physikalischen Dinge", schließt Quine, „ist schon in etwa so grundlegend, wie es die Sprache überhaupt nur sein kann".[13] Unsere Alltagssprache baut sich auf solchem intersubjektivem Gebrauch auf, und die wissenschaftliche Sprache wiederum auf diesem Alltagsjargon. Die Wissenschaft systematisiert Alltagssprache und wirkt dadurch auf sie zurück. Dies bewirkt den allmählichen Umbau des Schiffes auf offener See, von dem Neurath gesprochen hatte. Während also unser Gebrauch des Wortes Wasser im Laufe der Zeit und von Wissenschaft zu Wissenschaft Bedeutungsverschiebungen unterliegt, ist der Ausgangspunkt dieses Gebrauchs doch der allen zugängliche Gegenstand, der mittels Sinnesreizungen auf unsere Nerven wirkt und dabei bestimmte Reaktionen hervorruft. Wissenschaftler könnten zu dem Schluß kommen, daß es weder Wasser noch sonstige physikalische Substanzen gibt, aber um diesen Schluß ziehen zu können, müssen sie – laut Quine – mit einer Sprache begonnen haben, die über die physikalischen Dinge spricht.

Auch dieser Ausgangspunkt zeigt die beobachtete Doppeldeutigkeit zwischen der realistischen Position, daß eine von uns unabhängige Außenwelt existiert, die für die Reizungen unserer Sinnesorgane verantwortlich ist, und der Überzeugung, daß diese Position selbst durch die Intersubjektivität unseres Sprachgebrauchs bedingt ist. Quine hat in späteren Veröffentlichungen die Dichotomie von empirischer Wirklichkeit und Begriffsnetz in seinem frühen Aufsatz und der ersten Auflage von *Word and Object* gemäßigt und betont, daß nicht nur die peripheren Sätze mit Reizen verknüpft sind, während im Inneren des Netzes „die Sprache feiert". Vielmehr sind die peripheren Sätze über physikalische Dinge auch mit anderen Sätzen verknüpft, und zwischen Reiz und verbale Reaktion schiebt sich das Ganze der jeweiligen Theorie. Entscheidend ist jedoch, daß die Dichotomie selbst aufrechterhalten bleibt, so daß Sprache und Denken einer im Prinzip außersprachlichen, physikalischen Wirklichkeit gegenüberstehen. Dies ist die Grundlage, auf der die Folgerungen des Quineschen Holismus formuliert werden.

Nach Quine gibt es ein Teilstück der Sprache, das durch „Reizbedeutungen" bestimmt ist, d. h. durch Bedeutungen, die auf Grund unmittelbarer *nichtverbaler* Reize aus der physikalischen Umwelt zustandekommen. Diese Reizbedeutungen, deren Charakter wir im folgenden genauer betrachten werden, bilden den Anknüpfungspunkt des Begriffsnetzes an die Erfahrung. Wie stark ist dieses Teilstück der Sprache allein durch die nichtverbalen Reize bestimmt und wie stark durch andere Faktoren? Um diese Frage zu untersuchen, konstruiert Quine die Situation der *radikalen Übersetzung* oder *Urübersetzung*. Betrachten wir etwa die Situation Malinowskis, der einer der ersten Ethnologen war, die echte Feldforschung betrieben. Das Trobriandische oder die Neuguinea-Sprache Motu mußte er aus dem Kontext ihres Gebrauchs lernen, wobei dieser Gebrauch in einer ihm fremden Kultur stattfand, von der er nicht wissen konnte, in welchen Hinsichten sie mit der seinen übereinstimmte und in welchen nicht. Wie stellt es ein solcher Feldforscher an, die Sprache der Eingeborenen ohne Dolmetscher zu erlernen? Als Quineianer wird er die intersubjektive Wirklichkeit mittelgroßer Gegenstände voraussetzen und annehmen, daß von diesen „Reize" auf die Sinnesorgane der Eingeborenen ebenso wirken, wie auf ihn selbst. Dies sind also Sätze an der Peripherie des Begriffsnetzes, die am engsten mit Erfahrung verknüpft sind.

Ian Hacking berichtet in diesem Zusammenhang eine treffende Anekdote von den Entdeckungsreisen des Kapitän Cook. Als dessen Matrosen in Australien an Land gingen, entdeckten sie ein höchst merkwürdiges Tier, das auf den Hinterbeinen hüpfte und sein Junges in einem Beutel auf dem Bauch trug. Die Matrosen fragten die Eingeborenen, deren Sprache sie natürlich nicht kannten, nach dem Namen dieses Tiers. Es ist nicht überliefert, *wie* sie danach fragten, aber wir wollen vermuten, daß sie englische Rumpfsätze mit überdeutlichen hinweisenden Gesten und einer fragenden Mimik verbanden. Die Eingeborenen antworteten „Känguruh".[14] Betrachten wir die Matrosen als Feldforscher, die die Sprache der Aborigines zu verstehen versuchten. Der Feldforscher notiert in diesem Fall „Känguruh" und fügt vielleicht eine Beschreibung des unbekannten Tiers oder eine Zeichnung dazu. Er wertet dies als eine erste Annäherung an die fremde Sprache, von der aus weitere Versuche unternommen werden können. Er kann auf dieselbe Weise, die er nun schon einmal als erfolgreich gewertet hat, weitere Namen erfragen, vorzugsweise von deutlich abgegrenzten, mittelgroßen, gut sichtbaren alltäglichen Gegenständen. Auf diese Weise gelangt er zu einem *Übersetzungsmanual*, einer Art Handbuch, das die Wörter der Eingeborenen-Sprache in seine Muttersprache übersetzt. Der Forscher wird dann seine Übersetzungshypothesen aktiv überprüfen, z. B. indem er bei verschiedenen Gelegenheiten „Känguruh?" äußert und die Reaktionen der Eingeborenen – Zustimmung oder Ablehnung – notiert. Es ist klar, daß er auf diese Weise nur zu immer besser bestätigten Hypothesen gelangen kann, da auch die Zeichen für Zustimmung und Ablehnung aus dem Kontext erschlossen sind. Ist er in dieser Hinsicht einmal zu einem Schluß gekommen, glaubt also zu wissen, was „Ja" und „Nein" in der Eingeborenensprache bedeuten, dann kann er systematisch die Bedeutung von Wörtern erfragen und wird vielleicht zu der Auffassung gelangen, daß „Känguruh" von einer Person P in genau den Situationen geäußert wird, in denen das entsprechende Tier vorkommt und also als ein *Satz* von der Form „Hier ist ein Känguruh" oder „Dies ist ein Känguruh" verstanden werden kann. „Känguruh" ist dann ein *Beobachtungssatz* für P, d. h. ein Satz, der unter bestimmten charakteristischen Bedingungen bejaht und bei deren Fehlen verneint wird. „Känguruh" ist ein Beobachtungssatz der betreffenden *Sprache*, wenn er ein Beobachtungssatz für jedes Mitglied der Sprachgemeinschaft ist. Die *Reizbedeutung* von „Känguruh" läßt sich dann als die Disposition der Sprecher definieren, unter diesen Bedingungen dem Ausdruck „Känguruh" zuzustimmen und ihn unter anderen Bedingungen abzulehnen. Dieser sehr abstrakte Begriff einer Reizbedeutung kennzeichnet also jene Stellen, an denen das Netz der Begriffe an der Wirklichkeit befestigt ist. Er isoliert, wie Quine schreibt, „gewissermaßen den Nettogehalt mehrerer Einzelsätze, unabhängig von der Theorie, in der sie enthalten sind, allerdings auch ohne Verlust dessen, was der betreffende Satz dieser ihn umfassenden Theorie verdankt." (Ebd., S. 73) Der Forscher hat, wenn er die Reizbedeutung von „Känguruh" herausgefunden hat, in diesem Punkt eine *Urübersetzung* der Eingeborenensprache erreicht, die in dem Sinne radikal ist, als sie von möglichst wenig Vorurteilen aus der eigenen Sprache Gebrauch macht. Denn untersucht wurden ja nur die Sätze, die bei intersubjektiv zugänglichen „Gelegenheiten" geäußert werden und in allen Sprachen daher ungefähr gleichbedeutend sein sollten, wenn die Voraussetzung zutrifft.

Unser Beispiel hinkt allerdings in mancher Hinsicht. Zum einen geht es um eine Situation, in der ein neues Wort in die eigene Sprache eingeführt werden mußte, da das entsprechende Lebewesen bis dahin unbekannt war. Das Manual enthält also in diesem Punkt nicht eine unmittelbare *Übersetzung* eines Wortes in ein anderes, sondern eines Wortes in eine Beschreibung in der anderen Sprache. Allerdings werden Übersetzungsmanuale viele solcher Beschreibungen enthalten müssen, denn eine unmittelbare Entsprechung der Wörter kommt wohl nur in sehr ähnlichen Sprachen vor. Das Beispiel hat jedoch noch einen gravierenderen Schönheitsfehler. Als Jahre später andere Reisende mit mehr Muße als die Matrosen Cooks die Sprache der Aborigines wirklich erlernten, stellten sie fest, daß „Känguruh" gar nicht der Name jenes seltsamen Tieres war, sondern bedeutete: „Was hast du gesagt?" Es bleibt dahingestellt, wie hart sich die Seeleute um ein Verständnis der Eingeborenen bemüht hatten und wie lange sie mit den Methoden des hypothetischen Quine'schen Feldforschers in ihrem Irrtum befangen geblieben wären. Den Test „Känguruh?" hätte ihre Interpretation wohl kaum überstanden und auf irgendeine Weise haben spätere Besucher die wirkliche Bedeutung des Ausdrucks entdeckt. Welche Mittel dafür eingesetzt werden müssen, werden wir im fünften Kapitel noch genauer untersuchen. Verfolgen wir jedoch Quines Methode noch etwas weiter.

Bisher kam der Feldforscher zu einer Übersetzung solcher Sätze, die mit unmittelbaren Sinnesreizen in Kontakt stehen. Jedoch kann der Forscher, sobald er die Kennzeichen für Zustimmung und Ablehnung kennt, auch zu einer Übersetzung logischer Junktoren gelangen. Die Negation etwa wandelt jeden Satz, dem zugestimmt wurde, in einen Satz um, der abgelehnt wird. Die Konjunktion ist ein zusammengesetzter Satz, dem zugestimmt wird, genau dann, wenn jedem Teilsatz zugestimmt wird. Auch analytische Sätze lassen sich mit demselben Hilfsmittel definieren: es sind Sätze, denen unter allen Reizsituationen zugestimmt wird. Synonyme Sätze sind solche, denen unter gleichen Bedingungen zugestimmt, und die unter gleichen Bedingungen abgelehnt werden. Reizbedeutung scheint also ein Wundermittel, das gerade jenes Defizit auffüllt, das in den *Zwei Dogmen* unumgänglich schien. Und wie es scheint, hat Quine nun gegen den Begriff der Reizanalytizität keine wesentlichen Einwände mehr. Das ist bemerkenswert, da in den *zwei Dogmen* kein Satz der Erfahrung isoliert gegenübertreten sollte. Beobachtungssätze aber werden in diesem Sinne unmittelbar bestätigt, sogar ohne daß irgendeine Kenntnis der übrigen Sprache vorausgesetzt werden müßte. Die Beobachtungssätze stellen also eine klare Einschränkung des holistischen Ausgangspunktes dar.

Wie sind nun diese Beobachtungssätze mit unseren Theorien verknüpft? In einer Revision seiner früheren Theorie hat Quine die folgenden Verbindungsschritte konstruiert[15]: Wenn wir mit unserer Umwelt in Kontakt treten, machen wir nicht nur einzelne Beobachtungen, sondern wir beobachten auch das regelmäßige Zusammentreffen von mehreren Ereignissen. Wir bilden damit Sätze, die nicht theoretisch, aber, wie Quine sagt, *beobachtungskategorisch* sind, Sätze von der Art „Wo Rauch ist, da ist Feuer“, „Wer einmal lügt, dem glaubt man nicht“ – Sätze, die nicht mehr vom Äußerungskontext abhängen, wie die Beobachtungssätze, sondern Allgemeinheit beanspruchen. Dies ist nun gerade die Art von empirischen Sätzen, die auch aus Theorien gefolgert werden können, und die beobachtungskategorischen Gemeinplätze bilden also eine Art Brückenfunktion zwischen Theorie und Erfahrung. Diese Brücke ist von beiden Seiten aus begehbar: Aus den Theorien können beobachtungskategorische Sätze erschlossen und diese an der Erfahrung überprüft werden, und umgekehrt kann die Brücke benutzt werden, um „zukünftige Reizungen unserer Sinnesrezeptoren unter Berücksichtigung vergangener Reizungen vorauszusehen und zu beeinflussen“.[16] Was ist nun aus dem Holismus geworden? Zum einen gibt es keine strenge logische Beziehung zwischen unseren vorwissenschaftlichen Allgemeinplätzen und wissenschaftlichen Theorien. Viele Faktoren, vor allem Analogien, spielen dabei eine Rolle, die logisch gesehen unberechenbar sind – der Grund, weshalb es bezüglich einer Sache die verschiedensten Theorien geben kann. Zum anderen können wir zwar aus Theorien beobachtungskategorische Sätze – im allgemeinen viel komplizierterer Art als unsere Gemeinplätze – erschließen und damit Theorien durch Beobachtung überprüfen. Aber für diesen Weg gilt nun dasselbe, was Quine schon in den *Zwei Dogmen* festgestellt hatte: Nicht *einzelne* Sätze, sondern nur die Theorie als Ganze kann auf diese Weise bestätigt werden. Dies ist das Gesamtbild, mittels dessen Quine seine Metapher vom Netz, das am Rand an der Wirklichkeit befestigt ist, erläutert. Diese Auffassung versucht also das Kunststück, sowohl empiristisch, als auch holistisch zu sein und Beobachtung mit Begriffsnetzen zu vereinen.

Doch diese Versöhnung stößt auf harte Probleme. Reizbedeutungen kennzeichnen Beobachtungssätze, also Sätze, die in uns vertrauter Weise mit der Erfahrung in unmittelbarem Kontakt stehen sollen. Jedoch wird die Urübersetzung durch interne Unbestimmtheiten erschwert, von denen einige vermeidbar, andere aber prinzipieller Natur sind. Wenn der Eingeborene, um das ursprüngliche Beispiel Quines zu verwenden, in einer Situation, in der ein Kaninchen vorbeihuscht, „gavagai" sagt – was berechtigt den Feldforscher zu der Annahme, er meine damit gerade das Kaninchen und nicht etwa andere Gegenstände der Umgebung? Nun können diese anderen Möglichkeiten nach und nach ausgeschlossen werden, indem der Forscher die Hypothese „gavagai = Kaninchen" bei verschiedenen Gelegenheiten, in denen ein Kaninchen zu sehen ist, überprüft. Aber trotzdem bleiben eine ganze Reihe von weiteren möglichen Bedeutungen offen. Quine erwähnt etwa die Existenz einer Kaninchenfliege, die dem Eingeborenen, aber nicht dem Feldforscher, anzeigt, daß ein Kaninchen in der Nähe ist, und ihn daher auf die Frage „gavagai?" zur Zustimmung veranlassen könnte. Auch könnte der Eingeborene an der fraglichen Stelle immer Kaninchen beobachtet haben und wüßte deshalb von ihrer Anwesenheit, ohne sie zu sehen. Der Eingeborene könnte den Sinn der Frage „gavagai?" mißverstehen und sie verneinen, obwohl ein Kaninchen vorbeihuscht, weil es kein gutes Ziel abgibt. Auch ist offensichtlich, daß die Äußerung „gavagai" nur deshalb als Wort für „Kaninchen" interpretiert wird, weil der Forscher voraussetzt, daß auch Eingeborene ein einfaches Wort für „Kaninchen" besitzen – eine Annahme, die zwar natürlich, aber keineswegs selbstverständlich ist. Und schließlich zeigte das Beispiel des Känguruhs, daß der Eingeborene gar nicht auf irgendetwas in der Umgebung bezug zu nehmen braucht, sondern auch die Übersetzungssituation selbst ansprechen kann.

Selbst wenn sich jedoch „gavagai" auf Kaninchen bezieht, bleiben immer noch viele Arten von Möglichkeiten offen. Reizbedeutungen werden in der Regel bei Gegenständen festgestellt auf die sich *zeigen* läßt, aber es ist durchaus unklar, auf welche Art von Entitäten in einer Sprache durch demonstrative Gesten oder Ausdrücke verwiesen wird. „Gavagai" könnte sich auf den entsprechenden raumzeitlichen Gegenstand beziehen, auf seine unabtrennbaren Teile, auf bestimmte zeitliche Stadien seines Vorkommens, auf die Exemplifikation eines Universale oder die Manifestation einer Idee oder eines Gottes. Solche Möglichkeiten sind keineswegs bloß theoretisch denkbar, sondern praktisch in zahlreichen kulturellen Zusammenhängen verwirklicht. Diese fundamentalen kulturellen Unterschiede wiederum können nicht durch einfache Experimente der vorher beschriebenen Art aufgedeckt werden. Sie gehören gerade zu den Aspekten, die durch bloßes Zeigen auf ein Objekt verlorengehen und nur durch intensive Kenntnis der Sprache und Kultur ans Licht kommen. Aus solchen Einwänden zeigt sich zum einen, daß Reizbedeutung und Zusatzinformation nicht endgültig voneinander getrennt werden können. Selbst die experimentelle Überprüfung einer Übersetzung mit allen Mitgliedern des Stammes kann nur das zutage fördern, was als Bedeutung des Ausdrucks *in diesem Kontext* gilt. Zum anderen sehen wir, daß aus Reizbedeutungen von *Sätzen* nicht ohne weiteres (oder überhaupt nicht) auf die Bedeutung von Termini *in* diesen Sätzen geschlossen werden kann. Denn in welche Termini ein Satz aufgespalten werden soll, hängt eben von den Zusatzinformationen ab, die nur dem gründlichen Kenner der Sprache zugänglich sind. Diesen Aspekt betont Quine immer wieder: Reizbedeutungen sind nur *holophrastisch* zu verstehen, nur die ganzen Sätze stehen im Kontakt mit der Realität. Ob ein Sprecher einem ganzen Satz zustimmt oder nicht, läßt sich nach seiner Auffassung durch genügende Sorgfalt recht eindeutig entscheiden; welche Bedeutung die Wörter in diesem Satz für ihn haben, dagegen nicht.

Wenn ein Sprecher einer Äußerung zustimmt, bedeutet das jedoch immer noch nicht, daß er diese als Aussagesatz versteht. So spielen in vielen traditionalen Kulturen gerade Wörter für alltägliche Gegenstände gleichzeitig eine wichtige magische Rolle, da sie das dem Gegenstand innewohnende Wesen aktivieren sollen, und die Äußerung solcher Wörter kann also eine ganz andere Funktion übernehmen, als die Behauptung von Tatsachen.[17] Malinowski charakterisiert das prinzipielle Problem, magischen Sprachgebrauch mit den zur Verfügung stehenden Mitteln zu begreifen so: „Für uns liegt die Bedeutung eines signifikanten Wortes, Satzes oder einer Wendung in der *tatsächlichen Veränderung*, die sie im Kontext der jeweiligen Situation bewirken. [...] Bei magischen Formeln entsteht hingegen der Eindruck, sie dienten einem nur eingebildeten Zweck, gesellschaftliche Kooperation sei nicht vorhanden, und die Worte hätten keine andere Funktion, als ins Leere gesprochen zu werden."[18] Die Funktion eines solchen Sprachgebrauchs läßt sich also mit Hilfe der Verifikationstheorie der Bedeutung nicht erfassen; dieser Bereich der fremden Kultur taucht in den Übersetzungen des Feldforschers entweder gar nicht auf, oder er wird im verifikationistischen Sinne *gedeutet*. Zur Illustration dieser Schwierigkeit werden wir hier einen kleinen Abstecher in die Geschichte der Ethnologie einschalten.

5 Ein mißglückter Versuch

Im Jahre 1890 veröffentlichte der englische Anthropologe Sir James Frazer eine Studie über Magie und Religion unter dem Titel „The Golden Bough", die rasch zum Nachschlagewerk wurde. Das Buch war ein wichtiger Auslöser für die Entwicklung der Ethnologie und trug viel dazu bei, die traditionelle Geringschätzung der sogenannten Wilden durch die „Lehnstuhlanthropologen" zu überwinden, obwohl Frazer selbst seine Informationen ausschließlich aus Bibliotheken bezog.

Der „Goldene Zweig" ist eine Sammlung von Mythologien und Volksbräuchen unter einem bestimmten Gesichtspunkt, den man als eine Reinform des naiven wissenschaftlichen Weltbildes bezeichnen könnte, wie es Frege formuliert hatte. Seiner grundlegenden Theorie zufolge gibt es drei wesentliche Entwicklungsstufen in der Geschichte der Menschheit, die durch die Systeme der Magie, der Religion und der Wissenschaft gekennzeichnet sind, wobei die Magie die niedrigste und die Wissenschaft die höchste Stufe darstellen.[19] Die Magie, deren Spuren sich noch in heutigen Volksbräuchen finden, ist nun für Frazer im Gegensatz zu seinen Vorläufern nicht ein Zeichen von geistiger Minderwertigkeit, sondern eine primitive Form von Wissenschaft. Der Anhänger der Magie lebt „in dem blinden Wahn, daß (abstrakte Gesetze) den Lauf der Natur völlig unabhängig vom menschlichen Willen regeln. Er denkt, wenn er in einer bestimmten Weise handelt, werden sich unweigerlich bestimmte Folgen einstellen auf Grund des einen oder anderen dieser Gesetze."[20] Der „Wilde" handelt also nach denselben Prinzipien wie ein moderner Wissenschaftler, – er geht von der Annahme aus, daß die Natur nach gewissen Kausalgesetzen funktioniert – nur daß er auf Grund von Unwissenheit die falschen Gesetze zugrundelegt. Das eine dieser Gesetze ist das der Ähnlichkeit; es behauptet, daß Gleiches Gleiches oder Ähnliches Ähnliches hervorbringt – weshalb Frazer die daraus entstehende Magie auch „homöopathische Magie" nennt. Das zweite Gesetz, das der „sympathetischen Magie", behauptet, daß Dinge, die in irgendeiner Berührung gestanden haben, auch aus der Ferne aufeinander wirken können.

Durch Beobachtung gewisser Regelmäßigkeiten in der Natur gelangt der Mensch nach Frazer auf dem Umweg über die Religion auf die dritte Stufe, indem er postuliert, „was in der Magie nur implicite vorausgesetzt war, nämlich eine unbeugsame Regelmäßigkeit in der Ordnung der Naturereignisse, die es uns bei sorgfältiger Beobachtung ermöglicht, ihren Verlauf mit Sicherheit vorauszusehen und danach zu handeln."[21] Der Unterschied zwischen Wissenschaft und Magie besteht einfach darin, daß die Wissenschaft die richtigen Voraussagen trifft, während die des Magiers nur zufällig richtig sein konnten.

Für Frazer stand fest, daß das magische Weltbild *falsch* ist, eine Auffassung, die zwingend daraus folgte, daß magischer Glauben als Tatsachenbehauptung interpretiert wurde. Frazer erklärt z. B. die Bedeutung der Mistel in zahlreichen keltischen Mysterien mit der Beobachtung, daß Misteln an Eichen wachsen und Eichen wegen ihrer rauhen Rinde häufig vom Blitz getroffen werden. „Einen Baum, der vom Blitz getroffen worden ist", fährt Frazer fort, „sieht der Wilde natürlich als doppelt und dreifach mit Feuer geladen an, hat er doch mit eigenen Augen gesehen, wie der zuckende Strahl in den Stamm hineinfuhr."[22] Frazers Beschreibung der Wilden als Pseudowissenschaftler war dabei im Kontext seiner Zeit äußerst fortschrittlich, denn nach der herrschenden Meinung glaubten primitive Menschen an phantastische historische Mythen, die ohne Bezug zu Tatsachen sind, während rationale Menschen an wissenschaftliche Theorien glauben, die Ereignisse durch universale Naturgesetze erklären.[23] Frazer trug dazu bei, die Achtung vor dem fremden Denken zu heben und das wissenschaftliche Interesse an ihm zu wecken: Der Fremde ließ sich nun in das eigene Weltbild integrieren. Dies geschah durch eine Art „radikaler Übersetzung" nach Quineschem Muster: Man bezog die Äußerungen der Eingeborenen auf die mittelgroßen physikalischen Dinge und ihre überprüfbaren Kausalbeziehungen, die durch naturwissenschaftliche oder alltägliche Aussagen eines normalen Bewohners der modernen Welt beschrieben werden. Frazer übertrug seine eigenen wissenschaftlichen Kategorien also erfolgreich auf den „Wilden", und dieser schien durch die Übersetzung verständlich zu werden. Erst die folgende ethnologische Diskussion zeigte, daß „Übersetzen" und „Verstehen" nicht gleichbedeutend sind und folgte dabei einer ähnlichen Entwicklung in der Philosophie. Wir kommen später noch auf andere Interpretationen des „wilden Denkens" zurück.

6 Das Netz der Überzeugung

Betrachten wir die Vorgänge bei einer Urübersetzung etwas genauer. Wie kommt ein radikaler Übersetzer zu einer Übertragung der gesamten Eingeborenensprache ins Deutsche? Ihm stehen nur wenige feste Größen zur Verfügung: Die Reizbedeutungen von Beobachtungssätzen, die in gewissem Ausmaß von kulturellen Unschärfen geprägt sind; die grundlegenden logischen Junktoren, mit der Einschränkung, daß diese nicht genau den jeweiligen Ausdrücken in der Alltagssprache entsprechen[24]; die Tatsache, daß gewisse Äußerungen unter allen Umständen bestätigt werden, was sie als reizanalytisch kennzeichnet, jedoch nicht erlaubt, Vermutungen über ihre Bedeutung anzustellen; die weitere Tatsache, daß gewisse Äußerungen als reizsynonym bekannt sind, wiederum ohne Hinweis auf ihre Bedeutung. Darüberhinaus stehen dem Übersetzer nur ganze *Sätze* zur Verfügung oder zumindest Äußerungen, die er als solche deuten muß. Ob der Ausdruck „gavagai" sich also in „Wörter" zerlegen läßt und was diese bedeuten, oder ob es sich um einen Einwortsatz in dem Sinne handelt, wie wir ihn bei Gelegenheit mit der Äußerung von „Kaninchen!" verwenden – solche Fragen können weder auf dieser Stufe, noch auf einer höheren geklärt werden. Trotzdem wird der Forscher ein *Übersetzungsmanual* anlegen, das den Wörtern des Deutschen Wörter der Eingeborenensprache zuordnet. Er bildet sich dazu „analytische Hypothesen", indem er die Äußerungen der Eingeborenen in „Wörter" zerlegt, und diese mit Wörtern oder Wortfolgen des Deutschen gleichsetzt. Schon diese Zerlegung wird von den sprachlichen Eigenheiten des *Deutschen* ausgehen müssen, da der

Forscher über die Grammatik der fremden Sprache nur spekulieren kann. Er muß dabei allerdings nicht die Annahme voraussetzen, daß es eine unmittelbare Entsprechung zwischen beiden Sprachen gibt, denn manche Wörter lassen sich vielleicht nur durch längere Beschreibungen oder Analogien übersetzen. Immerhin werden die erwähnten festen Größen, die aus der Beobachtung gewonnen wurden, in dieses Wörterbuch Eingang finden. Die Reizbedeutungen der Sätze werden durch das Wörterbuch wiedergegeben, desgleichen die logischen Verknüpfungen. Reizanalytische Sätze werden in ebensolche des Deutschen überführt und reizsynonyme Sätze in ebensolche deutsche Sätze.

Schon auf der Ebene der Reizbedeutungen muß ein solches Handbuch eine willkürliche Auswahl aus mehreren Möglichkeiten treffen, wie am Beispiel der Kaninchen, Kaninchenteile, -stadien etc. deutlich geworden war. Wenn der Übersetzer jedoch zu solchen Sätzen gelangt, deren Bedeutung durch keine Reizsituationen entschieden werden kann, wird die Übersetzung notwendig unbestimmt. Vor allem die Bedeutungen allgemeiner Sätze, die über alle Gegenstände eines Bereichs sprechen, sind nicht durch unmittelbare Reize zu isolieren, obwohl sie durchaus auf solche hin abgelehnt oder bestätigt werden können. Gibt es also schon einen Spielraum bezüglich der Frage, ob „gavagai" als ein Wort, ein Satz mit mehreren Teilen, als „Kaninchen", „Kaninchenteil" oder „Kaninchenheit" zu übersetzen ist, wissen wir schon nicht, ob die betreffende Sprache überhaupt Wörter in unserem Sinne kennt, und besteht die Möglichkeit, daß all unsere Fragen mißverstanden wurden, so treffen diese Ungenauigkeiten den weiteren Teil des Wörterbuchs in viel größerem Ausmaß. Es wäre denkbar, daß ein Übersetzer die Ausdrücke der Eingeborenensprache auf die eine Weise – nennen wir sie U1 – ins Deutsche übersetzt, während ein anderer bei denselben Belegen zu einer völlig anderen Übersetzung U2 gelangt. U1 und U2 könnten sich dabei sogar offen widersprechen, ohne daß ein Verfahren in Sicht wäre, das es ermöglicht, zwischen beiden Übersetzungen zu entscheiden. Denn schon auf der Ebene der Reizbedeutungen war eine solche Entscheidung unmöglich. Der Sprecher einer Eingeborenensprache kann also auf eine Weise interpretiert werden, die er nicht im mindesten intendiert hat, und theoretisch kann der Fehler unentdeckt bleiben: *Die Übersetzung ist durch die Fakten nicht bestimmt.* Dies ist eine Variante unserer holistischen These (U). Unter diesen Umständen erscheint es geradezu als ein Wunder, daß die wahre Bedeutung von „Känguruh“ (wenn sie es ist) schließlich doch ans Licht kam.

In der Praxis kann das Problem der Übersetzung fremder Sprachen offenbar gelöst werden, vor allem deshalb, weil es meist eine Kette von Übersetzern gibt, die eine sehr fremde und abweichende Sprache nach und nach ins Deutsche umwandeln. Die Geschichte vom radikalen Übersetzer einer Eingeborenensprache hätte daher nur exotischen Wert, wenn sie nicht auf grundsätzlichere Situationen übertragbar wäre. Die Situation der radikalen Übersetzung sollte nur einen Modellfall darstellen, der bestimmte Aspekte des Spracherwerbs überhaupt deutlich voneinander trennt und deshalb prinzipielle Schwierigkeiten sichtbar macht. Die Situation des Ethnologen entspricht nun in gewissem Sinne der eines Kindes, das eine Muttersprache lernt: auch hier steht die Wahrnehmung uninterpretierter Äußerungen im Rahmen von sozialen Handlungen am Ausgangspunkt und auch hier müssen Hypothesen über die Bedeutung im Kontext geprüft werden. Allerdings gibt es hier keine Muttersprache, in die übersetzt werden könnte, weshalb sich die Erklärung des Spracherwerbs auf der Basis rein behaviouristischer Annahmen weitaus schwieriger gestaltet als die Situation der Urübersetzung. Quine versucht eine solche Spracherwerbstheorie zu entwickeln, wir lassen sie jedoch hier außer acht. Entscheidend ist die Tatsache, daß verschiedene Kinder das Deutsche schließlich auf gleiche Weise *beherrschen* können, obwohl sie es auf völlig verschiedene Weise gelernt haben, analog zu Ethnologen, die die Sätze eines fremden Stammes auf unterschiedliche Weise ins Deutsche übertragen können. Die Sprecher einer Sprache sind nun untereinander prinzipiell denselben Problemen ausgesetzt, wie Feldforscher in fremden Stämmen: natürlich *können* sie die Sätze eines anderen einfach homophon in ihr eigenes System übersetzen, also für die Ausdrücke des anderen jeweils die eigenen Bedeutungen einsetzen. Aber zwingend ist dieses Vorgehen nicht und in mancherlei Zusammenhängen auch gar nicht angemessen. Jemand der Metaphern verwendet, sich verspricht, Witze oder Andeutungen macht, in Rätseln spricht oder einfach ein wenig verwirrt ist, fordert uns dazu heraus, seine Äußerungen umzudeuten. Wenn die wörtliche Übersetzung in unser eigenes Schema zu seltsame Ergebnisse zeitigt, geben wir den Ausdrücken andere Bedeutungen, und im Prinzip kann uns nichts daran hindern. Eine

Hypothese darüber, was einer meint, hat denselben Status wie jede wissenschaftliche Hypothese: sie kann aufrechterhalten werden, komme was will, wenn wir nur andere Überzeugungen entsprechend anpassen oder die Bedeutungen der Ausdrücke modifizieren. Wir werden uns mit den Folgerungen aus dieser Tatsache im nächsten Kapitel genauer befassen.

Die These von der Unbestimmtheit der Übersetzung ist also radikal und hat für unsere Auffassungen von Sprache und Erkenntnis grundsätzliche Bedeutung. Sie läuft darauf hinaus, daß *im Prinzip* jede Verständigung in dem Sinne mißlingen könnte, als sie den anderen nicht in seinem eigenen intendierten Sinne übersetzt, und dies gilt ebenso prinzipiell selbst für die intrapsychische „Verständigung" mit uns selbst. Denn setzen wir voraus, daß Sprache nur auf der Basis sozialer Kommunikation gelernt werden kann und diese die Bedeutung der Ausdrücke festlegt, dann wiederholt sich die Situation der radikalen Übersetzung auch innerhalb einer Person: ihre vergangenen Äußerungen müssen interpretiert werden und unterliegen derselben Unbestimmtheit, wie die Äußerungen eines Fremden. Neuraths Argument gegen die Möglichkeit einer privaten Sprache hat nun seltsame Konsequenzen: Unsere eigenen Überzeugungen sind durch die Erfahrung ebenso unterbestimmt, wie die Überzeugungen eines anderen. Aber wissen wir denn nicht, worüber wir sprechen und was wir meinen? Ist uns nicht klar, daß wir mit dem Ausdruck „Kaninchen" wirkliche Kaninchen und nicht etwa unabtrennbare Kaninchenteile oder -stadien bezeichnen? Unsere Sprache ähnelt in dieser Hinsicht einer Theorie über die Gegenstände der Außenwelt, sie impliziert die Annahme bestimmter Arten solcher Gegenstände und blendet andere Möglichkeiten aus. Diese ausgeblendeten Möglichkeiten kennen wir aber nicht. Es besteht hier nicht die Möglichkeit einer Wahl, denn die Hintergrundtheorie ist wirklich im *Hintergrund* unseres Denkens. Unsere Möglichkeiten, sehr fremdes Denken zu verstehen, sind dadurch beträchtlich eingeschränkt.

Dies weist auf einen wesentlichen Unterschied zwischen echten wissenschaftlichen Theorien und natürlichen Sprachen. Zwar hatte bereits Duhem darauf hingewiesen, daß Theorien durch die Daten *unterbestimmt* sind, insofern als jede Theorie so korrigiert werden kann, daß sie mit den beobachteten Fakten in Einklang gebracht werden kann. Aber diese Unterbestimmtheit kann nach Quine doch durch die Prinzipien der Einfachheit und des Konservatismus ausgeglichen werden. Der Wissenschaftler steht verschiedenen möglichen Theorien nicht hilflos gegenüber, er kennt Methoden, nach denen er die brauchbarste auswählen kann, die nun für ihn Wahrheit repräsentiert. Bei verschiedenen Übersetzungen einer Sprache ist dies nicht der Fall. Nichts garantiert uns, daß die Sprache des Fremden sich nach den Prinzipien richtet, die wir in unserer Sprache als Leitlinien der Wahl betrachten. Weder Einfachheit noch Konservatismus spielen hier eine Rolle. Tatsächlich läßt sich zwischen verschiedenen wissenschaftlichen Theorien vor dem Hintergrund unserer Alltagssprache entscheiden, auf der sie aufgebaut sind. Bei der Übersetzung von Alltagssprache selbst gibt es keinen solchen Hintergrund mehr, der als Angelpunkt dienen könnte. Übersetzung ist daher nicht nur durch die Fakten *unter-*, sondern prinzipiell *unbestimmt.*

7 Ausblick

Quine weitete die These Duhems von der Physik auf die gesamte Erkenntnis aus und ließ zunächst auch die Umdeutung von Beobachtungssätzen und die Verschiebung der Bedeutung der Sätze und Ausdrücke zur Rettung von Hypothesen zu. Später schränkte er diesen radikalen Holismus durch das Postulat von Beobachtungssätzen ein, die mit der Wirklichkeit in direktem holophrastischem Kontakt stehen und vom theoretischen Gesamtsystem weitgehend unbeeinflußt bleiben. Quine versucht also, *gleichzeitig* Empirist und Holist zu sein, eine Spannung die manche Kritik provoziert hat.[25] Bei Quine lassen sich die verschiedensten holistischen Thesen unterscheiden. Der *semantische Holismus* behauptet, daß die Bedeutung von Ausdrücken durch die ganze Theorie, nicht durch den unmittelbaren Input aus der Außenwelt gegeben ist. Für die Bedeutung von *Beobachtungssätzen* gilt dies allerdings nicht. Der *Bestätigungsholismus* besagt, daß nicht einzelne Sätze, sondern nur „Kollektive" durch Erfahrung bestätigt werden. Nach dem *Übersetzungsholismus* ist die Bedeutung eines Ausdrucks nur im Rahmen eines ganzen Übersetzungsmanuals gegeben und durch dieses nicht eindeutig bestimmt. Wir werden im folgenden einige der wichtigsten Einwände gegen Quines Holismus anführen, ohne auf die sehr kontroverse Diskussion näher einzugehen. Bis heute ist sogar umstritten, ob Quine überhaupt als Holist gelten kann.[26]

1. *Radikaler Holismus*: Einige Kritiker haben Quine seinen *zu radikalen* Holismus vorgeworfen. So hat Grünbaum (1960) eingewendet, daß der semantische Holismus nach der These (U) auf Konventionalismus hinausläuft: wenn es möglich ist, die Bedeutung von Ausdrücken zu verändern, um Theorien zu retten, dann beruhen wissenschaftliche Theorien auf bloßer Konvention, während sie ihrer Intention nach *Wirklichkeit* beschreiben sollen.[27]

2. *Ungerecht gegen die Tatsachen*: Die Behauptung, daß eine wissenschaftliche Hypothese nur im Kontext der *gesamten* Wissenschaft bestätigt werden kann, die aus der Aufgabe der Sonderstellung analytischer Urteile folgt, ist nicht sehr plausibel. Vuillemin (1986) hat darauf hingewiesen, daß die Wissenschaften in relativ unabhängige Teilbereiche zerfallen, die auch unabhängig voneinander betrieben werden können, der Holismus also durch die Fakten nicht gerechtfertigt ist. Derselbe Einwand gilt auch auf der Ebene der normalsprachlichen Ausdrücke: Man kann den Ausdruck „rot" lernen und verstehen, ohne zu wissen, was „Elektron" bedeutet.

3. *Bedeutung variiert mit Überzeugung*: Ein grundsätzlicher Einwand Putnams (1986) richtet sich gegen die Theorie der Reizbedeutungen: Wenn die Reizbedeutung von Ausdrücken (nicht die von Sätzen!) von der Hintergrundtheorie bestimmt ist, wie Quines Darstellung nahelegt, dann kann keine wissenschaftliche Frage beantwortet werden, weil die Antwort die Theorie und damit die Bedeutung der Ausdrücke verändert. Fragt etwa ein Astronom, ob es Weiße Zwerge gibt und entwirft eine Theorie, die durch die folgenden Beobachtungen widerlegt wird, dann muß sich die Bedeutung des Ausdrucks „Weißer Zwerg", den er bis dahin *gemäß* seiner Theorie verwendet hatte, verändern, und die Sätze, die seine Theorie widerlegen, sprechen dann bereits von etwas anderem als die Sätze der Theorie. Man muß daher annehmen, daß Bedeutung während normaler Prozesse der Festigung von Überzeugungen konstant bleibt. Mit einem ähnlichen Argument folgt, daß verschiedene Theorien über denselben Gegenstand gar nicht möglich sind. Sie würden höchstens denselben Namen mit verschiedener Bedeutung verwenden. Man könnte also eigentlich nicht behaupten, daß die ptolemäische Theorie des Sonnensystems mit der kopernikanischen vergleichbar wäre – beide würden nicht über dieselben Gegenstände sprechen. Aus Quines Holismus müßte also die *Inkommensurabilität* von Theorien folgen. Aus beiden Argumenten muß zumindest eine relative, z. B. zeitliche

Stabilität von Bedeutungen gegenüber Theorien abgeleitet werden. Theorie und Sprache können also kein ununterscheidbares Ganzes sein.

4. *Unentschiedenheit zwischen Holismus und Empirismus*: Gochet hat darauf hingewiesen, daß die beiden Metaphern Quines für holistische Zusammenhänge nicht kompatibel sind: Die Analogie des Netzes der Überzeugungen oder Begriffe suggeriert, daß es eine Anknüpfung an die Erfahrung oder *die Wirklichkeit*, also einen Dualismus von Begriffsnetz und Realität gibt. In diesem Bild macht es Sinn von einer „Anknüpfung des Begriffsnetzes an die Erfahrung" zu sprechen. Die Analogie des Kraftfeldes läßt eine solche Redeweise eigentlich nicht zu, eine Kraftfeld hat kein „Zentrum" und keine „Peripherie". Ein radikaler Holismus, wie ihn z. B. Köhler und Smuts vertraten (vgl. Kap. I und II), paßt zur Metapher vom Kraftfeld, während schon die Behauptung, daß Aussagen *vor das Tribunal der Erfahrung* treten, auf einen gemäßigten Holismus hindeutet. Dies hat Quine in seiner späteren Entwicklung bestätigt.

5. *Verwechslung von Genese und Rechtfertigung*: Quines Theorie der Reizbedeutungen wurde auch als Rückschritt gegenüber der philosophischen Entwicklung bezeichnet, die genetische Untersuchungen durch die Frage nach der Geltung von Aussagen ersetzt hatte (Kap. III). Was Quine beschreibt sind nicht die *Gründe* dafür, daß eine Aussage wahr ist, sondern die *Ursachen* dafür, daß ein Urteil gefällt wird. Wenn ein Forscher in einem physikalischen Labor den Beobachtungssatz „Dies ist ein Elektron" äußert, interessieren nicht die Ursachen für diese Behauptung - ein gewisser Reiz der Nervenzellen auf seiner Netzhaut - sondern seine Gründe, die auf andere Überzeugungen aus seinem Begriffsnetz Bezug nehmen müßten. Die Unterscheidung zwischen Ursachen und Gründen wird auch noch in den folgenden Kapiteln eine Rolle spielen.

6. *Vermischung von Sprache und Theorie*: Während wir eigentlich davon ausgehen, daß wir Theorien in einer davon unabhängigen Sprache beschreiben können, scheinen durch die Argumente gegen analytische Aussagen Theorie und Sprache untrennbar verwoben, so daß es seither zum philosophischen Usus geworden ist, Sprachen geradezu als Theorien zu bezeichnen. Streng genommen ist eine solche Gleichsetzung unsinnig, da wir an Theorien die Forderung stellen, konsistent zu sein (eine Theorie darf also nicht gleichzeitig eine Aussage und ihre Negation enthalten), während Sprachen diese

Forderung in keiner Weise erfüllen. Selbstverständlich können Sprecher derselben Sprache die verschiedensten Theorien vertreten. Auf der anderen Seite ist nicht zu leugnen, daß mit dem Lernen einer Sprache auch gleichzeitig die *Wahrheitsbedingungen* von Aussagen und damit Theorien über die Wirklichkeit gelernt werden. So ist es offensichtlich ein Unterschied, ob die Namen von belebten Dingen auch gleichzeitig – wie in animistischen Kulturen – in kultischen Zusammenhängen eine Rolle spielen, so daß ein „gavagai" eben nicht nur ein Kaninchen, sondern die Manifestation einer Naturgottheit darstellt. Es dürfte schwierig sein, in einer solchen Sprache etwa den Behaviourismus zu formulieren. Theorie und Sprache können also zwar nicht identisch, aber doch untrennbar miteinander verwoben sein, so daß sich nicht jede Theorie in jeder Sprache wird ausdrücken lassen.[28] Wie der Zusammenhang zwischen Theorie und Sprache genau zu verstehen ist, bleibt ungeklärt.

7. *Ein apriori-Argument gegen das Apriori*: Quines's Argument richtet sich gegen die Möglichkeit, analytische Aussagen „von vornherein" auszuzeichnen; sein Argument ist also ein Argument gegen die Möglichkeit von Erkenntnissen *a priori*. Man hat gegen dieses Argument eingewendet, daß es sich selbst nicht auf empirische Fakten beruft, sondern selbst rein *a priori* vorgeht: es zeigt die *logische* Unmöglichkeit, Analytizität ohne Voraussetzung des Begriffs selbst zu definieren.[29] Das Argument ist also faktisch eine Instanz dessen, was es widerlegen soll, falls es schlüssig ist.

Quines Gedankengang führte von der These, daß die Grundlage unserer Sprache und unserer Erkenntnis „mittelgroße Objekte in mittlerer Entfernung" sind, auf die sich unsere Ausdrücke beziehen, zu der überraschenden Folgerung, daß der Bezug unserer Ausdrücke prinzipiell unerforschlich ist, da jede Übersetzung zulässig scheint und es keine Tatsachen gibt, auf die sich die Entscheidung für eine bestimmte Übersetzung stützen könnte. Es scheint also, daß die Seile, mit denen das Netz der Überzeugung an die Wirklichkeit anknüpft, recht brüchig sind, daß das Netz in der Luft hängt und gar keine echten Anknüpfungspunkte an die Erfahrung existieren. Jedoch verteidigt Quine einen *naturalistischen* Standpunkt, der die Naturwissenschaft, insbesondere die Physik, zur Basis der Erkenntnis erklärt. Die Annahme, daß Sinnesreizungen die Ursache unserer Begriffsbildung darstellen, ist grundlegend. Der scheinbare Widerspruch zwischen Ausgangspunkt und Ergebnis erklärt sich dadurch, daß die Reizbedeutungen von *Sätzen* tatsächlich einen zuverlässigen Angelpunkt darstellen - sie sind, wie Quine einmal schreibt, eine „universell gültige Währung" - während die Bedeutung von Ausdrücken unterhalb der Satzebene unbestimmt bleiben muß und schon physikalische Objekte bloße theoretische Entitäten darstellen.[30] Wir können durchaus „holophrastisch" erkennen, daß ein Eingeborener „gavagai" genau bei den Gelegenheiten äußert, bei den wir „Sieh da, ein Kaninchen!" rufen würden, ohne daß wir „analytisch" mit Bestimmtheit sagen könnten, daß in diesem Ausdruck ein *Wort* erscheint, das auch nur annähernd unserem „Kaninchen" entspricht.[31] Da aber die Reizbedeutungen der Sätze mit den gebotenen Einschränkungen relativ fest sind und die „beobachtungskategorischen Sätze" eine Brückenfunktion übernehmen, will Quine nicht mehr als radikaler, sondern nur noch als gemäßigter Holist gelten. Reizbedeutungen erfüllen in einem sehr eingeschränkten Sinne, wie er einmal in einer Antwort auf Putnam formuliert, die Funktion der klassischen dubiosen Bedeutungen: mit ihrer Hilfe lassen sich reizanalytische Sätze aussondern und selbst Synonymierelationen aufstellen.[32]

Quine konzentriert sich also nicht auf die Verteidigung des Holismus, sondern betrachtet Unbestimmtheit eher als Argument dafür, sich auf die zuverlässigeren Reizbedeutungen und insgesamt auf die Naturwissenschaft zu stützen. Die Annahme einer unabhängig existierenden Außenwelt, von der Reizungen unserer Sinnesorgane ausgehen, bildet die eigentliche *Grundlage* der Argumentation und ist nicht etwas, das durch das Projekt der radikalen Übersetzung erwiesen werden würde. Quine sagte in diesem Sinne einmal, daß er lediglich eine gewisse Vorliebe für den Physikalismus habe ausdrükken wollen.[33] Im Einklang mit seinem konsequent empiristischen Ausgangspunkt verneint Quine die Möglichkeit einer ersten apriorischen Philosophie; deren Rolle soll eben die Naturwissenschaft übernehmen. Diese spricht von physikalischen Gegenständen, raumzeitlichen Objekten, den mittelgroßen Dingen in mittlerer Entfernung, und die Annahme solcher Entitäten ist vernünftig und durch die besten existierenden Theorien gestützt, so daß es im Sinne der Einfachheit und des Konservatismus keinen Grund gibt, sie in ernsthaften Zweifel zu ziehen. *Empirische*, nicht apriorische Gründe sprechen also für die Vernünftigkeit der Annahme einer physikalischen Welt. (Dies ist Quines Einwand gegen Kritik Nr. 7.) Wie Quine 1981 schreibt, löst die theoretische Möglichkeit nichtintendierter

Interpretationen diesen naturwissenschaftlichen Standpunkt nicht auf, da sie *innerhalb seines Rahmens* formuliert wurde – diesen Standpunkt zu verlassen, ist unmöglich, da es keine Erste Philosophie gibt. Zwar kann die Ontologie der Wissenschaft so umgedeutet werden, daß Sinnesreize verschwinden, aber dann verschwinden auch die Tatsachen, die über die Richtigkeit der Umdeutung entscheiden könnten. In diesem Sinne ist es die Naturwissenschaft als Ganze, die die Bedeutung unserer Sätze festlegt, indem sie bestimmt, daß Bedeutung von Sinnesreizungen ihren Ausgang nehmen muß, und dies ist der umfassende Holismus in der Philosophie Quines.

8 Resümee

In diesem Kapitel ging es um zwei Spielarten des semantischen Holismus. Beide Varianten sind in der Philosophie Quines mit dem verifikationistischen Ausgangspunkt verknüpft, wonach die Bedeutung von Sätzen durch die Umstände ihrer Bestätigung oder Ablehnung bestimmt ist. In der früheren Auffassung Quines verband sich der Verifikationismus mit einem Bestätigungsholismus, dem zufolge die ganze Wissenschaft, nicht aber einzelne Sätze durch die Erfahrung verifiziert werden. Diese Verbindung ergab den semantischen Holismus im engeren Sinne, die – allerdings in den *Zwei Dogmen* nur beiläufig vertretene – Behauptung, daß die Bedeutung einzelner Ausdrücke (Sätze) durch das Ganze der Wissenschaft gegeben ist. In späteren Schriften hat Quine den Bestätigungsholismus nicht mehr mit derselben Schärfe vertreten. Nun werden Reizbedeutungen zugelassen – die Bedeutungen unmittelbar auf sinnliche Reize „konditionierter" Sätze –, die weitgehend unabhängig von theoretischen Hintergrundannahmen bestätigt sind. Damit fällt auch der semantische Holismus für einen Teilbereich der Sprache. Erst wenn sich die Sprache von den Beobachtungssätzen entfernt, wenn theoretische Behauptungen aufgestellt und einzelne Ausdrücke isoliert werden, erhalten die Verknüpfungen zu anderen Sätzen und Überlegungen der Einfachheit und des Konservatismus wesentliche Funktion. Die Bedeutungen theoretischer Sätze sind also von holistischen Zusammenhängen abhängig. Dabei führen weder die Reizbedeutungen, noch die Zusammenhänge des Netzes der Überzeugungen zu *bestimmten* Bedeutungen oder legen Referenz von Ausdrücken eindeutig fest. Sprache und Theorie, Bedeutung und Information können aus diesen Gründen nicht scharf voneinander getrennt werden. Das Aufrechterhalten des Empirismus trotz dieser widerspenstigen Argumente rechtfertigt Quine u.a. mit der relativen Stabilität der Reizbedeutung von Sätzen, solange sie als unstrukturierte Ganzheiten betrachtet werden. Letztlich ist aber Empirismus kein notwendiger Bestandteil des semantischen und erkenntnistheoretischen Holismus, sondern wohl ein Dogma, das Quine mit pragmatischen Überlegungen stützt.

V Interpretationen

„Man sagte früher – vielleicht auch heute noch –, daß der Ethnologe mit vorgefaßten Meinungen über das Wesen der primitiven Gesellschaften ins Feld geht, und daß seine Beobachtungen – als ob dies ein Laster und nicht vielmehr eine Tugend wäre – durch Theorien vorbestimmt sind. [...] Würde er nicht mit bereits vorgefaßten Vorstellungen dorthin gehen, wüßte er nicht, was und wie er beobachten sollte. [...] Sollten es seine im Feld gewonnenen Daten erlauben, dann wird er diese Hypothesen überprüfen. Wie könnte es anders sein? Nichts kann ohne eine Theorie untersucht werden."
(Evans-Pritchard 1937)

1 Das Verstehen von Bedeutung

Nachdem wir verschiedene Frühstadien und Vorläufer holistischen Denkens kennengelernt haben und in der Philosophie Quines einer expliziten Formulierung einer holistischen Auffassung von Sprache, Wissenschaft und Erkenntnis begegnet sind, gelangen wir nun zu dem eigentlichen Kern dessen, was heute als *semantischer Holismus* gilt. Rekapitulieren wir kurz den Gang der Überlegungen: Eine atomistische Semantik geht – wie der klassische Empirismus und Rationalismus – davon aus, daß die grundlegenden semantischen Einheiten der Sprache Wörter sind, und daß diese als *Namen* von Ideen, Begriffen oder Vorstellungen aufgefaßt werden müssen. Die Ideen sind die voneinander unabhängigen Atome der Erkenntnis. Der erste Schritt in Richtung einer Auflösung dieser Theorie war die Entdeckung der Gestalten, die Entdeckung, daß es Gegenstände gibt, die nicht aus solchen Atomen zusammengesetzt, sondern in vielfältigen und wechselseitigen Fundierungsbeziehungen stehen. Diese Entdeckung war noch nicht im eigentlichen Sinne eine semantische, denn die klassische Vorstellung der Wörter als Namen blieb dabei unangetastet. Der nächste Schritt bestand jedoch in der Zurückweisung der Behauptung, daß Wörter als die grundlegenden semantischen Einheiten der Sprache zu gelten haben. Nun wurde den Sätzen diese Funktion zugewiesen. Daraus entstand die Frage, ob es – analog zu den Ideen – Basissätze gibt, deren Bedeutungen die Grundlage der Erkenntnis bilden, und auch diese Frage wurde verneint. Es gibt zwar solche Sätze, aber sie können nur sehr bedingt die Rolle eines unabhängigen Fundaments der Erkenntnis und der Sprache spielen. Insofern sie dies allerdings können, muß ein Input durch eine sprachunabhängige Wirklichkeit vorausgesetzt werden. Ihre Funktion als Fundament ist stark eingeschränkt durch die Phänomene der Unbestimmtheit der Übersetzung und der Unerforschlichkeit der Referenz. Die Bedeutung der Sätze und damit auch ihre Wahrheit und Falschheit hängen letztlich vom ganzen Netz der Überzeugung ab.

Die Theorie Quines hatte uns mit vielen Unbestimmtheiten bezüglich der Bedeutung von Ausdrücken und Sätzen zurückgelassen. Quine bemüht sich in seinen Schriften ausführlich, das Lernen und Verstehen von Sprache so weit wie möglich über Reizbedeutung und ihre allmähliche behaviouristische Erweiterung zu erklären. Aber der Versuch zeigt eher, wie ein Interpret einmal bemerkt hat, wie fraglich es ist, „ob auf die Dauer Sprachphilosophie mit einer derart mageren Kost ihr Auskommen finden kann".[1] Möglicherweise ist es gerade die empiristische Beschränkung, die die Unbestimmheiten und Unerforschlichkeiten der Quineschen Übersetzungen provoziert, so daß andere Weisen, das Verstehen von Sprache zu erklären, ins Auge gefaßt werden müßten. Eine Variante, die dem Vorgehen Quines sehr nahe kommt, aber von empiristischen Voraussetzungen keinen Gebrauch macht, ist die Interpretationstheorie, die Donald Davidson entwickelt hat.

Davidson hat sich sehr nachdrücklich zu einem holistischen Standpunkt bekannt, während er gleichzeitig die Unbestimmtheiten Quines zu minimieren versucht. Holistische Thesen vertritt er z. B. in der folgenden Form: Die Bedeutung von Sätzen hängt von ihrer Struktur ab; die Bedeutung jedes Elements in der Struktur können wir nur als Abstraktion von der Gesamtheit der Sätze, in denen es vorkommt, begreifen; also „können wir die Bedeutung eines Satzes (oder Wortes) nur angeben, indem wir die Bedeutung jedes Satzes (und Wortes) der betreffenden Sprache angeben".[2] Dies ist eine klare

Variante unserer holistischen These (B), in der von Unbestimmtheit keine Rede ist. (Tatsächlich ist Davidsons Holismus gegenüber demjenigen Quines ziemlich „bestimmt".) Die Konklusion scheint jeder Erfahrung zu widersprechen, und manche Philosophen haben sie als schlichten Unsinn bezeichnet. Viele offenbar unhaltbare Folgerungen lassen sich aus ihr ziehen, die wir schon im ersten Kapitel erwähnt haben. Wie wäre es möglich unter dieser Voraussetzung eine Muttersprache oder eine Fremdsprache zu lernen? Wie können wir die Bedeutung „jedes Satzes" einer Sprache angeben, da die Zahl der Sätze einer Sprache prinzipiell unendlich ist? Woher nehmen wir die Bedeutung jedes Satzes, wenn nicht aus der Bedeutung jedes einzelnen Satzes? Ändert die Bedeutungsverschiebung jedes einzelnen Satzes die Bedeutung aller anderen Sätze? Und wie ist unter diesen Umständen eine Verständigung auch nur mit sich selbst über eine Zeit hinweg möglich?

Betrachten wir zunächst die zweite Prämisse des Arguments, die behauptet, daß die Bedeutung eines Teils der Satzstruktur nur als Abstraktion aus den Sätzen begriffen werden kann, in denen dieser Teil vorkommt. Diese Behauptung entspricht jener Maxime der Fregeschen Logik, die unter dem Namen *Kontextprinzip* bekannt geworden ist, allerdings hat Frege selbst sie nicht in dieser Weise formuliert. Eine „unsprachliche" Variante hatten wir im zweiten Kapitel unter dem Namen der *eidetischen Variation* kennengelernt: Eidetische Variation ist diejenige Methode, mittels derer Husserl und Carnap das Wesen oder die Konstitutionsstruktur eines Gegenstandes zu erfassen versuchen: in einer komplexen Vorstellung werden einzelne Stellen systematisch variiert. Erst Wittgenstein hatte das Verfahren auf die Identifikation von semantisch wichtigen Satzteilen angewendet. Er kennzeichnet in seinem *Tractatus* einen *Ausdruck* oder ein *Symbol* als das „für den Sinn des Satzes Wesentliche, was Sätze miteinander gemein haben können". Ausdrücke sind also solche Satzteile, deren Bedeutung einen entscheidenden Beitrag zum Sinn des Satzes liefert. (Vgl. Kap. III.7)

In seiner ersten Prämisse behauptet Davidson, daß die Bedeutung eines Satzes von seiner Struktur abhängt. Gemeint ist damit, daß die Bedeutung eines Satzes durch die Art und Weise bestimmt ist, in der der Satz aus einzelnen Wörtern aufgebaut ist. Dies scheint zunächst der zweiten Prämisse zu widersprechen. Aber auch Frege, auf den die These von der Priorität der Urteile vor den Begriffen zurückgeht, hatte erkannt, daß die Zusammensetzung von Sätzen aus Wörtern neben dem Kontextprinzip ein zweites wesentliches Prinzip darstellt. Denn wir verstehen Sätze, die wir nie zuvor gehört haben, *weil* wir bekannte Wörter nach feststehenden Regeln zu beliebig vielen neuen Sätzen zusammensetzen können. Dies ist gerade eines der wesentlichen Kunststücke, die die natürliche Sprache vollbringt, indem sie aus einem begrenzten Wortschatz eine prinzipiell unendliche Menge von Sätzen generieren kann. Wissen wir einmal, nach welchen Methoden wir dabei vorgehen müssen, dann können wir jede Methode *rekursiv* auf eine Menge von Ausdrücken anwenden. So können wir aus zwei Sätzen p und q einen dritten bilden, indem wir „und" zwischen beide Sätze einfügen, und dieser Vorgang kann unendlich oft wiederholt werden. Dies ist zwar nur ein theoretisches „unendlich", denn tatsächlich lassen sich unendlich lange oder verschachtelte Sätze weder bilden noch verstehen, und die Grenze ist schnell erreicht. Aber das Prinzip bleibt dennoch bedeutsam. Auch auf der Ebene der einfachen Sätze ist die Struktur für die Bedeutung wesentlich. Denn der Satz „Legrand fand den Schatz Kapitän Kidds" behauptet, daß der logische Gegenstand *Legrand* unter den Begriff *fand den Schatz Kapitän Kidds* fällt; das Verständnis des Satzes hängt also von der Erkenntnis dieser Struktur ab.[3] Nicht nur die logische Analyse, auch die logische *Komposition* spielt deshalb bei der Bedeutung von Sätzen eine Rolle. Das Prinzip, daß die Bedeutung eines Satzes eine Funktion der Bedeutung seiner Teilausdrücke ist, wird heute auch als Fregesches *Kompositionalitätsprinzip* bezeichnet.

Da die zweite Prämisse der Ausgangspunkt ist, vom dem aus wir überhaupt Satzteile identifizieren, scheint die Folgerung Davidsons unausweichlich: Die Bedeutung eines Satzes können wir nur angeben, indem wir die Bedeutung der Wörter angeben, und diese sind aus den Bedeutungen der Sätze abstrahiert. Davidson legt besonderen Wert auf diese Feststellung: Bedeutungen im Sinne abstrakter Entitäten, wie sie die klassischen Begriffe und Ideen darstellten, gibt es nicht. Die Bedeutung eines Wortes besteht in dem Beitrag, den das Wort zur Bedeutung der Sätze leistet. Wie erklärt sich also, daß wir Sätze überhaupt verstehen? Womit beginnen wir?

Davidsons Interpretationstheorie unterscheidet sich von den Auffassungen Freges und des frühen Wittgenstein in zwei Hinsichten. Da es ihm um das *Verstehen* natürlicher Sprache geht (und nicht, wie Frege und Wittgenstein, um deren logische Rekonstruktion) legt er nicht Sätze, sondern *Äußerungen* zugrunde. Der Satz „Es ist schon Mitternacht" hat eine wörtliche Bedeutung, die relativ exakt analysiert und beschrieben werden kann; aber er kann als Äußerung die verschiedensten Bedeutungen erhalten, z. B. „Du solltest aufhören, zu arbeiten", oder „Gleich beginnt das Neue Jahr". Besonders deutlich wird dies an Sätzen, deren wörtliche Bedeutung tautologisch oder kontradiktorisch ist und die trotzdem sinnvoll verwendet werden können – etwa Pilatus' Antwort auf die Aufforderung, die Inschrift am Kreuz zu entfernen: „Was ich geschrieben habe, das habe ich geschrieben". Äußerungen anstelle von Sätzen als Basis lassen die Abstraktion von Bedeutungen noch komplizierter erscheinen, als es das relativ einfache *Tractatus*-Rezept vorgesehen hatte, vor allem weil keine syntaktische Entsprechung zwischen Ausdruck und Bedeutung vorzuliegen braucht (dies allerdings auch schon nicht im *Tractatus*). Wir wollen diese Komplikation aber zunächst vernachlässigen und halten nur fest, daß zur richtigen Interpretation einer Äußerung der *Äußerungskontext* berücksichtigt werden muß. Interpretation von Sätzen ist also immer das Verstehen von Äußerungen eines Sprechers in bestimmten Situationen. *Input* der Interpretationstheorie Davidsons ist das sprachliche Verhalten von Sprechern einer bestimmten Sprache im Kontext und ihr *Output* ist die Angabe der Bedeutungen von Äußerungen dieser Sprecher.[4] Diese Beschreibung ist durchaus angemessen, denn Davidson betrachtet die Interpretationstheorie prinzipiell als eine Art Maschine, die das simuliert, was jeder normale Sprecher einer Sprache kann und ständig vollzieht: das Verständnis einer unendlichen Menge von Sätzen, die er nie zuvor gehört hat auf der Basis eines beschränkten Wortschatzes, der zuerst noch aus den uninterpretierten Äußerungen gewonnen werden muß. Die Interpretationstheorie geht also wie Quines *radikale Übersetzung* von dem Modell aus, daß die Sprache des anderen dem Interpreten vollkommen unbekannt ist. Dieser kennt auch nicht die Überzeugungen des Sprechers, sondern muß Bedeutung und Überzeugung zugleich erschließen. Analog zu Quine nennt Davidson sein Vorgehen daher *radikale Interpretation*.[5]

Die eigentliche Grundidee, die Davidsons Interpretationstheorie von den bescheideneren Ansätzen Freges und Wittgensteins unterscheidet, besteht jedoch in der Verwendung der Wahrheitstheorie Tarskis.[6] Schon in der Philosophie des Wiener Kreises war uns eine

Verbindung zwischen Wahrheit und Bedeutung begegnet: die Theorie der *Verifikation* hatte die Bedeutung eines Satzes mit der Methode identifiziert, mittels derer die Wahrheit des Satzes überprüft oder bestätigt wird. Die Bedeutung der Aussage „Der Stein in der Suppe ist ein Diamant" wird also durch die Verfahren festgelegt, durch die die Aussage bestätigt wird und durch entsprechende Sätze, etwa „Der Stein in der Suppe zerkratzt Glas", wiedergegeben. Das chronische Problem dieser Auffassung ist die Tatsache, daß wir unter normalen Umständen nur wenige und gerade nicht die interessantesten Sätze auf diese Weise „übersetzen" können. Der Satz „Auf Alpha Centauri gibt es menschenähnliche Wesen" kann vielleicht eines Tages verifiziert oder falsifiziert werden, aber eine Interpretationstheorie von Äußerungen läßt sich damit nicht begründen. Wir verstehen den Satz sehr gut und doch verfügen wir im Alltag unseres Sprachverstehens über kein Verfahren, das seine Wahrheit feststellen könnte. Davidson stützt die Interpretation daher nur auf die Kenntnis der *Bedingungen*, unter denen ein Satz wahr ist. Nun ist der Satz „Der Stein in der Suppe ist ein Diamant" gerade dann wahr, wenn der Stein in der Suppe ein Diamant ist, und der Satz „Auf Alpha Centauri leben menschenähnliche Wesen" dann, wenn auf Alpha Centauri menschenähnliche Wesen leben. Der normale Interpret von Äußerungen kennt diese scheinbar trivialen, gewissermaßen „wörtlichen" Wahrheitsbedingungen, auch wenn er nicht weiß, wie er einen Satz verifizieren sollte.[7] Die Bedeutung eines Satzes läßt sich also durch die Wahrheitsbedingungen des Satzes angeben. Kombinieren wir diese Behauptung mit der oben zitierten Aussage Davidsons, daß die Bedeutung von Sätzen von ihrer Struktur, d. h. ihrer Komposition aus Wörtern bestimmt wird, so ergibt sich: Eine Interpretationstheorie muß die Wahrheitsbedingungen eines Satzes in Abhängigkeit von der Struktur des Satzes (ihrer Komposition aus Wörtern) festlegen. Und dies, so Davidson, leistet gerade die Wahrheitstheorie Tarskis. In einem weiteren Schritt läßt sich dann die Verwendung der wörtlichen Bedeutung des Ausdrucks im Kontext interpretieren.

2 Tarskis Theorie der Wahrheit

Alfred Tarski, ein polnischer Logiker, ist durch seinen 1933 erschienen Aufsatz „Der Wahrheitsbegriff in den formalisierten Sprachen" (deutsch 1935) berühmt geworden.[8] Wie der Titel ausdrückt, hat

Tarski seine Konzeption entwickelt, um den Begriff der Wahrheit für *formale*, nicht für natürliche Sprachen in den Griff zu bekommen. Sein Hauptmotiv war die Vermeidung von Paradoxien, und die Restriktionen, die formalen Sprachen zu diesem Zweck auferlegt werden müssen, werden von der natürlichen Sprache nicht erfüllt. Tarski besteht an vielen Stellen darauf, daß seine Definition nur für den Fall anwendbar ist, daß die Metasprache von höherem Typ als die Objektsprache ist, und der Fehler der bisherigen semantischen Theorien lag nach Auffassung Tarskis gerade darin, daß sie taten, „als ob in der Welt nur eine Sprache existierte".[9] Trotzdem hält Davidson die Anwendung dieser Wahrheitstheorie auf die natürliche Sprache für sinnvoll. Wir lassen die Diskussion des Für und Wider beiseite[10] und betrachten die wesentlichen Bestandteile dieser Wahrheitsdefinition, soweit sie ohne großen technischen Aufwand dargestellt werden können. Tarskis Ziel ist es, bezüglich einer bestimmten (formalen) Sprache L, der *Objektsprache*, „eine sachlich zutreffende und formal korrekte Definition des Terminus ‚wahre Aussage' zu konstruieren".[11] Eine solche Definition sollte für konkrete Sätze Wahrheitsbedingungen wie die oben genannten liefern, also zeigen, daß der Satz „Der Stein in der Suppe ist ein Diamant" gerade dann wahr ist, wenn der Stein in der Suppe ein Diamant ist. Eine solche Entsprechung können wir allgemein als Kriterium formulieren, mit dessen Hilfe sich eine Wahrheitsdefinition auf ihre Brauchbarkeit testen läßt. Tarski nennt das Kriterium *Konvention W*. Davidson stellt es u. a. in der folgenden Form dar (die wir hier leicht abgewandelt wiedergeben):

Eine Theorie der Wahrheit wird inhaltlich adäquat sein – d. h. die Extension des Wahrheitsprädikats korrekt bestimmen –, sofern aus ihr für jeden Satz s der Objektsprache ein Theorem der folgenden Form folgt:

(W) s ist wahr-in-L genau dann, wenn p,

wobei „s" durch eine Beschreibung von s ersetzt wird und „p" durch einen Satz, der dann und nur dann wahr ist, wenn s wahr ist.[12] Wenn die Objektsprache in der Metasprache enthalten ist (wie in unserem Fall, wo die Objektsprache die natürliche Sprache ist), wird „s" durch eine „kanonische Beschreibung" (eine Erwähnung) eines Satzes und „p" durch den Satz selbst ersetzt. Sei die Objektsprache das Englische und die Metasprache das Deutsche, dann folgt aus (W) z. B.

(1) Der Satz „Snow is white“ des Englischen ist wahr genau dann, wenn Schnee weiß ist.

Und da Interpretation etwas ist, das jeder Sprecher einer Sprache innerhalb dieser Sprache vornehmen muß, gelten auch triviale Fälle wie oben:

(2) Der Satz „Schnee ist weiß“ des Deutschen ist wahr genau dann, wenn Schnee weiß ist.

W-Sätze sind also nicht informativ, sie erzählen uns nichts Neues über einen Satz der Objektsprache. Die Wahrheitsdefinition sollte nun „für eine Sprache L“, das heißt aber für jeden Satz der Sprache L eine Äquivalenz wie (2) liefern. Bei einer Sprache, die aus endlich vielen Sätzen besteht, bräuchten wir nur alle möglichen Einsetzungen für s in (W) vornehmen und hätten damit eine extensionale Definition von Wahrheit-in-L gewonnen. Aber weder die meisten formalen, noch die natürliche Sprache bestehen aus einer endlichen Menge von Sätzen. Die Definition von wahr-in-L muß also angeben, wie aus dem begrenzten Wortschatz von L und einer endlichen Menge von Axiomen oder Regeln die unendliche Menge wahrer Sätze konstruiert werden kann. Einen einfachen Fall, wie eine solche Definition vorgehen könnte, hatten wir bereits erwähnt. Ist die Objektsprache die Sprache der Aussagenlogik, die das Zeichen „$\wedge$“ für die aussagenlogische Konjunktion enthält, dann könnten wir eine ganze Klasse von Sätzen so definieren:

(3) Wenn Satz „s“ wahr ist genau dann, wenn p, und Satz „r“ wahr ist genau dann, wenn q, dann ist Satz „$s \wedge r$“ wahr genau dann, wenn p und q.

Auf diese Weise ist die Konjunktion durch das natursprachliche *und* definierbar. Diese Definition ergibt bei geeigneter Einsetzung von Sätzen für „s“, „p“ etc. W-Sätze, die der Konvention W entsprechen. Atomare und quantifizierte Sätze definiert Tarski durch den Begriff der *Erfüllung*, dem wir in einer anderen Version schon bei Frege begegnet sind. Nach Frege ist ein Satz „f(a)“ wahr, wenn der Gegenstand a unter den („ungesättigten“) Begriff f( ) fällt. Es gibt nun möglicherweise mehrere Gegenstände, b, c, d die unter f( ) fallen, so daß f(b), f(c) und f(d) ebenfalls wahr sind. Tarski drückt diese Tatsache durch die Formulierung aus, daß die Folge <a, b, c, d,> den offenen Satz f(x) erfüllt. Die technische Ausarbeitung dieser Idee ist für Davidsons Grundidee nicht von Bedeutung. Für jeden möglichen Satz ist auf dieser Basis Wahrheit rekursiv definierbar und die Wahrheit eines Satzes s wird durch die Wahrheitsdefinition, wie gefordert, in Abhängigkeit von seiner logisch-syntaktischen Struktur bestimmt.

Es gibt nun einen holistischen Aspekt dieser Theorie, auf den vor allem Ramberg aufmerksam gemacht hat. Wenn die Wahrheit eines Satzes syntaktisch, d. h. in Abhängigkeit von seiner Struktur, bestimmt wird, dann wird diese Struktur von der Theorie vorausgesetzt und durch die Axiome dargestellt. Im Grunde aber ist sie aus den Wahrheitsbedingungen aller Sätze abstrahiert. Die logisch-syntaktische Rolle eines Ausdrucks ist der Beitrag, den dieser Ausdruck zur Wahrheit der Sätze leistet, in denen er vorkommt.[13] In diesem Sinne ist Wahrheit auch nicht ausführlicher, als es die Tarskische Theorie angibt, definierbar – ein intuitiver, vortheoretischer Wahrheitsbegriff muß vorausgesetzt werden. Kehren wir also zu der Frage zurück, inwiefern die Tarskische Wahrheitstheorie für eine Interpretation von Äußerungen relevant sein kann. Wie gelangen wir von der Wahrheit eines Satzes zu seiner Bedeutung?

3 Radikale Interpretation

Zu wissen, ob der Satz s eines Sprechers wahr ist, bedeutet nach Tarski dasselbe wie s in die eigene Metasprache zu übersetzen. Davidsons entscheidender Gedanke ist, daß wir gerade dies tun, wenn wir einen Satz *interpretieren* oder *verstehen*. Wer im Besitz einer Wahrheitstheorie für eine Sprache ist, hat diese Sprache bereits in seiner eigenen Sprache interpretiert. Aus diesem Grund konnte Tarski seine Wahrheitstheorie die „semantische Konzeption der Wahrheit" nennen. Wer also den arabischen Satz „yaqra'u ridschalun kitaban" versteht, weiß, daß der folgende (W)-Satz wahr ist:

(4) Der Satz „yaqra'u ridschalun kitaban" ist wahr genau dann, wenn ein Mann ein Buch liest.

Und aus (4) läßt sich – wenn Davidson recht hat – auf natürliche Weise entnehmen, daß

(5) Der Satz „yaqra'u ridschalun kitaban" bedeutet, daß ein Mann ein Buch liest.

Aber was garantiert, daß dies die richtige Wahrheitsbedingung ist und nicht etwa die folgende:

(6) Der Satz „yaqra'u ridschalun kitaban" ist wahr genau dann, wenn Gras grün ist?

Wohlgemerkt ist (6) durchaus ein wahrer Satz, aber diese Wahrheit gibt nicht die Bedeutung von „yaqra'u ridschalun kitaban" wieder. Woher nimmt also ein radikaler Interpret die Belege, die ihm zeigen, daß (4) und nicht etwa (6) die *Bedeutung* (und nicht etwa nur die Wahrheit) des arabischen Satzes korrekt wiedergibt? Allgemeiner fragt Davidson: „Wäre es möglich, anhand der Belege, die einem Interpreten ohne vorherige Kenntnis der zu interpretierenden Sprache plausiblerweise zur Verfügung stehen, anzugeben, ob eine solche Theorie zutrifft?"[14]

Die Antwort wird durch die Variante gezeigt, die Davidson vom Gedankenexperiment des Feldforschers anfertigt – eine Variante, die in einem ganz bestimmten Sinne nicht mit Quines radikalem Übersetzer identifiziert werden darf. Nach Davidson ist die Pointe der Situation des Feldforschers nicht die, daß eine Übersetzung von einer Sprache in eine andere durchgeführt wird, denn eine solche „Übersetzung" ist im Prinzip möglich, ohne daß der Übersetzer auch nur ein Wort der übersetzten und der übersetzenden Sprache versteht. „Übersetzungsmanuale", von denen Quine spricht, enthalten bloße Zuordnungen von Zeichen, und der Eindruck einer wirklichen Übersetzung entsteht nur dadurch, daß der Übersetzer diese Zeichen in seiner eigenen Sprache *interpretiert.* Diese bildet einen nicht hintergehbaren Hintergrund, in dem die Interpretation stattfindet. Wenn also hier von „Übersetzung" die Rede ist, muß darunter immer die „letzte" Übersetzung, die Interpretation in der eigenen Sprache, verstanden werden.

Um die Wahrheitsbedingungen nun wirklich für eine Theorie der Interpretation verwenden zu können, greift Davidson zu einem Trick. Tarski hatte den Wahrheitsbegriff durch eine Definition dargestellt, die davon ausgeht, daß wir „p" als die korrekte Übersetzung von „s" in unserer Metasprache erkennen. Davidson dreht nun den Spieß um und setzt den Wahrheitsbegriff voraus, um den Begriff der Übersetzung in die Metasprache (also der Interpretation oder Bedeutung) zu definieren. Das bedeutet nun: Aus einer Interpretationstheorie muß folgen, daß „s" genau dann wahr ist, wenn p, wobei „p" durch einen Satz ersetzt werden muß, der genau dann wahr ist, wenn „s" wahr ist (und nicht etwa durch einen Satz, der „s" in die Metasprache übersetzt). Dies gibt uns eine Richtlinie an die Hand, nach der der radikale Interpret vorgehen muß: Da er die Übersetzung nicht voraussetzen kann, ohne eine *petitio principii* zu begehen, muß er davon ausgehen, daß der zu interpretierende Satz *wahr* ist und auf diese Annahme seine Interpretation stützen. Diese Annahme läßt sich in mehrere Aspekte zerlegen, die an einer erfolgreichen Interpretation beteiligt sein müssen. Um eine Äußerung in einer uns unbekannten Sprache interpretieren zu können, müssen wir erstens voraussetzen, daß es sich bei der Äußerung um einen Satz handelt, zweitens, daß der Sprecher den Satz für wahr hält, drittens, daß der Sprecher im allgemeinen in seinen Äußerungen und Überzeugungen konsistent ist, und viertens, daß der Satz gute Chancen hat, *in unserem Sinne* wahr zu sein. Alle diese Aspekte summieren sich zu einem allgemeinen Prinzip, das Davidson als „Prinzip der Nachsicht" (*principle of charity*) bezeichnet hat. Wir fassen diesem Prinzip zufolge „das Faktum, daß die Sprecher einen Satz (unter beobachteten Umständen) für wahr halten, als prima-facie-Beleg dafür auf, daß der Satz unter diesen Umständen wahr ist".[15]

Betrachten wir die Gesichtspunkte im einzelnen. Die erste Voraussetzung, die Annahme, daß es sich bei der Äußerung um einen Satz (genauer: einen Aussagesatz) handelt, ist unabdingbar dafür, daß die Tarskische Wahrheitstheorie überhaupt anwendbar ist, da sich diese nur auf Sätze bezieht. Mit ihr kommt sogleich die Prädikatenlogik erster Stufe ins Spiel. Die zweite Voraussetzung – die Sprecher beabsichtigen Wahrheit – besagt, daß die Sprecher der fremden Sprache nicht nur gedanken- und ziellos vor sich hinplappern. Auf Kinder in einer bestimmten Phase des Spracherwerbs würde sie z. B. nicht zutreffen. Aber die zweite Voraussetzung allein reicht nicht aus, wenn wir in Betracht ziehen, daß ein Sprecher angesichts irgendwelcher Umstände alles mögliche für wahr halten kann. Wir müssen ihm also drittens unterstellen, daß er in seinen Wahrheitsannahmen konsistent ist, was auch für die Anwendbarkeit der Logik Voraussetzung ist. Dabei fällt es aber nicht leicht zu bestimmen, was „Konsistenz“ hier bedeutet. Die meisten normalen Sprecher des Deutschen dürften im Hintergrund ihrer Überzeugungen Sätze mit sich herumtragen, die sie nie auf ihre Konsistenz mit den übrigen Sätzen ihres Glaubenssystems geprüft haben. Einige von ihnen werden vermutlich logisch nicht konsistent sein, d. h. Widersprüche ergeben. Aber das hindert uns in der Regel nicht, die Äußerungen dieser Sprecher zu verstehen. Der Begriff der Konsistenz muß also vermutlich sehr weit gefaßt werden, etwa in dem Sinne, daß sich keine *praktischen* Widersprüche herleiten lassen.

Der vierte Aspekt der „Nachsicht“ ergibt sich daraus, daß die anderen drei immer noch nicht zur Interpretation eines Satzes ausreichen. Wissen wir, daß die Äußerung (K) „yaqra'u ridschalun kitaban“ ein Satz ist, daß der Sprecher ihn unter bestimmten Umständen für wahr hält, daß die Umstände die Ursache dieses Satzes sind (vgl. dazu unten) und daß der Sprecher selbst konsistent ist, dann gibt es immer noch unendlich viele Möglichkeiten, den Satz zu deuten. Wir müssen also mit solchen W-Hypothesen beginnen, *die wir selbst für wahr halten* und auf deren Basis die wahre Bedeutung des Satzes nach und nach einkreisen. So werden wir im Laufe der Interpretation feststellen, daß „yaqra'u“ immer in solchen Situationen in Sätzen auftaucht, in denen Lesen eine Rolle spielt, „kitab“ oft im Zusammenhang mit Büchern. Eine Ausgangshypothese wie „(K) ist wahr genau dann, wenn zwei und zwei fünf ist“ bringt uns dagegen nicht weiter. Wenn wir annehmen, daß die Wahrheitsauffassung des anderen so weit von der unsrigen entfernt ist, gibt es keine Zusammenhänge zwischen seinen Sätzen, die wir vorhersagen könnten, keine Tests, mit denen wir Hypothesen prüfen könnten, keine Möglichkeit eine zuverlässige Entsprechung zwischen seinen und unseren Sätzen herbeizuführen. Also muß gefordert werden, daß die Überzeugungen des Sprechers in einem genügend großen Bereich mit unseren übereinstimmen. Dabei sind Abweichungen in den Wahrheitsüberzeugungen eines Sprechers über eine Zeit hinweg ebenso möglich und wahrscheinlich, wie Unterschiede von Sprecher zu Sprecher in einer Sprachgemeinschaft. „Das allgemeine Verfahren ist jedoch dies“, schreibt Davidson, „Wahrheitsbedingungen zu wählen, die möglichst weitgehend dafür sorgen, daß die Sprecher Sätze dann für wahr halten, wenn diese (*laut Theorie und gemäß der Tatsachenauffassung des Theoretikers* [Hervorh. V. M.]) tatsächlich wahr sind.“ (ebd.) Diesen letzten Grundsatz bezeichnet Davidson auch als die Notwendigkeit, in der Interpretation „Übereinstimmung (zwischen Sprecher und Interpret) zu maximieren“ oder „Nichtübereinstimmung zu minimieren“. Erst auf der Basis einer weitgehenden Übereinstimmung können auch Abweichungen festgestellt, Irrtümer berichtigt oder Zweifel behoben werden. Die Gültigkeit dieses Prinzips wird durch die Erfahrung bestätigt, daß wir mit einem Sprecher, dessen Wahrheitsannahmen sich zu weit von den unsrigen entfernen, nicht mehr „vernünftig reden“ können – die Bedeutungen seiner Ausdrücke scheinen im gleichen Maß wie seine Überzeugungen von den unsrigen abzuweichen, so daß eine Unterscheidung des einen vom anderen unmöglich wird und der gemeinsame Bezugspunkt fehlt.[16]

Das „Prinzip der Nachsicht“ darf nicht als eine Maxime verstanden werden, die wir freiwillig beim Verstehen fremder Sprache einsetzen. Es ist eine Bedingung für die Möglichkeit, zwischen verschiedenen Interpretationen einer Äußerung zu entscheiden. Ohne die Voraussetzungen, die sich hinter dem Prinzip verbergen, würden wir niemals zu einem definitiven Verständnis der Äußerungen eines anderen gelangen. Es ist daher besonders wesentlich, das Prinzip richtig zu verstehen, und dies ist kein einfaches Unterfangen. Der schwierige Punkt dabei ist vor allem der vierte Aspekt des Prinzips, die Voraussetzung, daß Sprecher und Interpret in ihren Wahrheitsannahmen größtenteils übereinstimmen. Die Übereinstimmung darf einerseits nicht ausschließen, daß sich der Sprecher irrt, die Unwahrheit sagt oder von seinen Sätzen metaphorischen Gebrauch macht. Sie muß andererseits groß genug sein, um Abweichungen überhaupt als solche lokalisieren zu können. Sie darf aber drittens auch nicht so groß sein, daß dem anderen gar keine anderen Überzeugungen als unsere eigenen zugeschrieben werden können. Viele Interpreten haben Davidson so gedeutet, als könne jemand, der nicht mit unseren Überzeugungen ausgestattet ist, nicht rational sein. Wir werden im folgenden versuchen, eine Darstellung zu geben, die diesen Schluß vermeidet, auch wenn die Evidenzen dafür nicht überwältigend sind[17].

Werfen wir nocheinmal einen Blick auf die Art und Weise, wie sich Davidson eine radikale Interpretation vorstellt. Seine Ausführungen dazu sind nicht sehr konkret, aber sie genügen, um einen Eindruck von dem Apparat zu erhalten, der durch die Anwendung der Konvention W in Bewegung gesetzt wird. Die Anwendung von Tarskis Wahrheitstheorie setzt voraus, daß die zu interpretierende

Sprache nach der Prädikatenlogik erster Stufe funktioniert. Der Interpret muß also diese Logik in einem ersten Schritt in die Sprache hineinlesen oder sie, wie Davidson schreibt, „der Sprache mit einem Schlag anpassen". Das bedeutet, daß Prädikate, singuläre Termini, Quantoren, Junktoren und Identität sowie bestimmte Folgerungsbeziehungen „identifiziert" werden müssen, – eine gewiß nicht leichte Aufgabe, da z. B. die logischen Junktoren schon im Deutschen keine eindeutige Entsprechung besitzen. In einem zweiten Schritt werden Sätze interpretiert, die Indikatoren enthalten: Solche Sätze erkennt der Interpret daran, daß sie die Sprecher in Übereinstimmung mit gewissen Veränderungen in der Welt manchmal für wahr und dann wieder für falsch halten. Die Interpretationsmöglichkeiten solcher Sätze werden nach und nach eingegrenzt, indem sich mit Hilfe der logischen Strukturen aus dem ersten Prozeß Kombinationen bilden lassen, die bestimmte W-Hypothesen testen können. Im dritten Schritt werden nun alle übrigen Sätze interpretiert, wobei der Interpret nun auf Erkenntnissen aus den Gelegenheitssätzen aufbauen kann. Aber diese reichen, wie schon Quine festgestellt hatte, nicht aus, um z. B. sehr theoretischen Sätzen eine Bedeutung zuzuordnen. Dies ist der Punkt, in dem Quine die *Unbestimmtheit der Übersetzung* ins Spiel gebracht hatte: Bei genau denselben Belegen sind doch ganz verschiedene und sogar widersprechende Übersetzungen möglich.

Auch Davidson kennt eine *Unbestimmtheit der Interpretation*, bei der drei Aspekte unterschieden werden müssen: 1. Eine Interpretation kann insofern unbestimmt sein, als verschiedene Theorien, die mit den Wahrheitsüberzeugungen der Sprecher gleich gut übereinstimmen, deren Äußerungen auf verschiedene Weise *logisch analysieren* können. Die Zuschreibung logischer Struktur scheint tatsächlich ein höchst willkürlicher Vorgang zu sein – betrachten wir nur die Frage, welche Belege einen Interpreten dazu bringen könnten, in dem Satz „yaqra'u ridschalun kitaban" das Prädikat und den singulären Terminus zu identifizieren. Erst bei einem größeren Korpus an Äußerungen gemeinsam mit dazugehörigen Situationen wird eine solche logische Analyse bestimmter. 2. Eine Interpretation kann insofern unbestimmt sein, als verschiedene Theorien demselben Ausdruck verschiedenen Bezug zuordnen. Dieses Problem ist für Davidson irrelevant – Referenz spielt wegen ihrer „Unerforschlichkeit" in der Interpretation keine Rolle. 3. Interpretation kann unbestimmt sein, da ein und derselbe Satz in verschiedenen Theorien verschiedene

Wahrheitswerte erhalten kann. Angenommen, jemand sagt: „Im Kühlschrank ist ein Nilpferd". In der wörtlichen Interpretation ist der Satz sicher falsch. Gehorchen wir aber dem Prinzip der Nachsicht und setzen voraus, daß der Sprecher nicht in sehr vielen Überzeugungen, etwa die Größe von Kühlschränken und Nilpferden betreffend, von unseren abweicht, dann werden wir vielleicht nach einigen Tests dazu neigen „Nilpferd" als „Orange" zu interpretieren.[18] In dieser Interpretation ist der Satz also wahr. Der Bereich, in dem wir zwischen Zuschreibung von Überzeugung und Zuschreibung von Bedeutung wechseln können, ist durch Unbestimmtheit der Interpretation gekennzeichnet.

Es gibt nun prinzipiell drei Bestandteile der Interpretationssituation, die die Möglichkeit von Unbestimmtheit *beschränken*: Gelegenheitssätze, strukturelle Definitheit und das Prinzip der Nachsicht. Gelegenheitssätze sind Sätze, die in gewissem Sinne einen Kern der Interpretation bilden können, da sie von den Umständen der Äußerung handeln; es sind also im wesentlichen Sätze, in denen indexikalische Ausdrücke oder Namen vorkommen. Es gehört zu unserer Wahrheitstheorie, daß wir die Gelegenheiten, bei denen solche Sätze geäußert werden, für die *Ursache* dieser Sätze halten. W-Sätze, die mit Gelegenheitssätzen gebildet werden, müssen Angaben über Sprecher und Zeitpunkt der Äußerung enthalten, denn ihre Wahrheit wird von Sprecher zu Sprecher und je nach Zeitpunkt variieren. Ein solcher W-Satz hat z. B. die folgende Form:

(7) „Ich bin müde" ist als Äußerung der Person p zum Zeitpunkt t wahr genau dann, wenn p bei t müde ist.

Wir betrachten einen W-Satz wie (7) als eine *Kausalhypothese*, die einen Zusammenhang zwischen Welt, Sprache und Sprechern herstellt. Sätze, die indexikalische Ausdrücke enthalten, „bilden die unmittelbarste Verbindung zwischen der Sprache und den immerwiederkehrenden makroskopischen Gegenständen, denen das Interesse und die Aufmerksamkeit des Menschen gelten".[19] Davidson streicht hier einen Aspekt heraus, den schon Neurath im Rahmen der Protokollsatzdebatte und Quine auf den ersten Seiten von *Word und Object* betont hatte: die These, daß Sprache prinzipiell öffentlich ist. Die Sätze, in denen wir mit anderen am meisten Übereinstimmung voraussetzen müssen, sind Sätze über unmittelbar mit der Äußerung verknüpfte Situationen, auf die sich alle gleichermaßen beziehen können. Und auch dies entspricht unserer Erfahrung, daß wir zwar mit jemandem diskutieren können, der unsere Auffassung über die Homoöpathie oder die Quantentheorie nicht teilt, daß die Diskussion aber unmöglich scheint, wenn wir schon über die alltäglichsten Situationen verschiedener Meinung sind. Die objektive Realität muß also im Falle der Gelegenheitssätze für Sprecher und Interpret die gleiche sein: „Um die Sprache eines anderen zu verstehen, muß ich in der Lage sein, meine Gedanken auf dieselben Gegenstände zu richten, wie er; ich muß seine Welt mit ihm teilen."[20] Solche Gelegenheitssätze kennzeichnen also den Bereich, in dem Übereinstimmung zwischen Sprecher und Interpret vorausgesetzt werden muß, und insofern ist das Prinzip der Nachsicht schon in einem sehr frühen Stadium der Interpretation wirksam.

Der zweite Aspekt radikaler Interpretation betrifft die Bestimmtheit von Sätzen durch ihre strukturelle Rolle im System der Sprache. Äußert ein Sprecher „Im Kühlschrank ist ein Nilpferd", dann hat der Interpret die Wahl zwischen der Annahme, daß der Sprecher wörtlich zu verstehen ist und eine Vielzahl von Sätzen für falsch hält, die nach Auffassung des Interpreten wahr sind und umgekehrt, und der Annahme, daß die wörtliche Interpretation falsch ist. Wie Hacking gezeigt hat, kann eine solche Wahlmöglichkeit aber nicht ernsthaft angenommen werden. „Unbestimmtheit" bedeutet ja, daß zwei W-Theorien wahr sind, ohne daß eine Entscheidung zwischen ihnen möglich wäre. Aber da aus beiden widersprüchliche W-Sätze folgen, können nicht beide wahr sein. Und tatsächlich ist diese Annahme auch gar nicht notwendig. Das Beispiel zeigt, daß die „Bedeutung" des Satzes durch seine Beziehung zu den anderen Sätzen im System der Sprache hinreichend bestimmt ist, die Bedeutung *ist* nichts anderes, als die Rolle des Satzes in der gesamten Struktur, und diese ist festgelegt. Nicht nur dies: die Rolle selbst ist für den Interpreten auch durchaus erkennbar, da er Folgerungsbeziehungen zwischen den Sätzen nach Voraussetzung erkennen kann (die Logik wurde ja in die Sprache hineingelesen). Unbestimmtheiten der *Interpretation* sind also in diesem Sinne schon sprachintern dezimiert.

Die Gesamtheit der W-Sätze muß, wie Davidson sagt, „die optimale Paßform haben [...] für die Belege über Sätze, die von den Sprechern der betreffenden Sprache für wahr gehalten werden". (ebd. S. 202) Der logische Ort, den ein Satz im Ganzen der Sprache einnimmt, wird also in allen korrekten Interpretationen derselbe sein müssen; gleichzeitig ist er das, was an verschiedenen Interpretationen *invariant* bleibt. Daß diesem Ort darüberhinaus verschiedene „Bedeutungen" zugeschrieben werden können, ist im Grunde also ein Mißverständnis. Es gibt keine Bedeutungen außer diesem Ort, den der Satz im Ganzen der Sprache einnimmt. Bedeutungen als Entitäten sind, wie Davidson von Anfang an betont hat, ein Mythos der Philosophie. Die These, daß ein Satz seine Bedeutung durch seinen Platz im strukturellen Gefüge der Sprache erhält, nennt Davidson eine *holistische Zusatzbedingung*, die garantiert, daß jeder Satz tatsächlich *eine* akzeptable Interpretation bekommt.

Der Eindruck einer Unbestimmtheit ergab sich aus der stillschweigenden (und falschen) Annahme, daß eine Äußerung zu einer Sprache gehört, für die verschiedene Wahrheitstheorien möglich sind. Aber dies bestreitet Davidson nun ausdrücklich. Eine Wahrheitstheorie für eine Sprache *ist* diese Sprache in einem ganz bestimmten Sinne. Sprachen sind nicht dadurch identifiziert, daß sie aus Äußerungen bestehen, die verschieden interpretiert werden können, sondern Sprachen *sind* Interpretationen. Die Äußerung „Im Kühlschrank ist ein Nilpferd" gehört zur Sprache L1, wenn sie wörtlich verstanden werden soll und zur Sprache L2, wenn sie im Sinne von „Im Kühlschrank ist eine Orange" zu verstehen ist. Ebenso spricht ein Eingeborener, der sich mit dem Satz „Gavagai" auf Kaninchen bezieht, eine andere Sprache, als derjenige, der von Kaninchenstadien redet. Innerhalb von L1 und L2 mag es noch immer kleinere Unbestimmtheiten geben, aber im großen und ganzen ist die Interpretation durch den Ort des Satzes in der Sprache festgelegt. Allerdings verschiebt sich nun die Unbestimmtheit von der Frage, welche Interpretation einer Sprache angemessen ist, auf die Frage, welche Sprache wir einem Sprecher zuordnen sollen. Die Antwort wird von den Wünschen, Intentionen und Überzeugungen abhängen, die wir dem Sprecher zuschreiben können, und die Entscheidung darüber ist nicht unabhängig von allen anderen Schritten zu fällen. „Die Theorien, die wir aufstellen müssen, sind Gesamttheorien, und viele Theorien werden das gleiche leisten."[21] Um hier zu einer Entscheidung zu gelangen, werden wir uns wieder nur auf das Prinzip der Nachsicht stützen können. Insofern ist also Bedeutung durch das Ganze der Sprache bestimmt und Davidsons Bedeutungstheorie, obwohl sie Unbestimmheit weitgehend minimiert, im eigentlichen Sinne holistisch.

4 Die Auflösung der Sprache

Fassen wir Davidsons Bild einer radikalen Interpretation zusammen. Der Feldlinguist als radikaler Interpret beobachtet den Eingeborenen, wie er bei bestimmten Gelegenheiten Laute äußert, er nimmt an, daß es sich um Sätze handelt, daß diese logisch ebenso wie die Sätze seiner Muttersprache strukturiert sind und daß die Sätze durch die Ereignisse in der Umgebung, die dem Forscher in gleicher Weise zugänglich sind, verursacht wurden. Er nimmt außerdem an, daß die Äußerungen des Eingeborenen in erster Linie jene Ereignisse „bedeuten" und daß die Überzeugungen des Eingeborenen von den seinen nicht allzuweit abweichen. Auf dieser Basis erschließt der Linguist die Wahrheitsbedingungen und damit die Bedeutungen anderer Sätze ebenso wie die Überzeugungen des Sprechers.

Da Davidson konsequent auf grundlegende Atome der Bedeutung und Referenz verzichtet und auch den Sinnesreizen oder empirischen Bedingungen keine besondere Stellung einräumt, wird die relative Bestimmtheit der Interpretation durch Zusatzbedingungen ermöglicht, die dem Interpreten große Befugnisse einräumen. Davidson setzt voraus, daß jeder Sprecher einer beliebig fremden Sprache nach den Regeln der Prädikatenlogik erster Stufe und im wesentlichen als übereinstimmend mit unseren eigenen Überzeugungen zu interpretieren ist, daß also zumindest am Beginn der Interpretation das Sprachsystem oder „Weltbild" des Interpreten dem anderen übergestülpt wird. Jan Hacking hat daraus den polemischen Schluß gezogen, „daß ein Eingeborener, teilt er nicht die meisten unserer Überzeugungen und Wünsche, einfach nicht am menschlichen Diskurs teilhat".[22] Hacking hat die radikale Interpretation in diesem Sinne als „linguistischen Imperialismus" bezeichnet. Man könnte aber auch umgekehrt schließen: Da Referenz und Bedeutung keine Rolle für die Interpretation spielen und logische Struktur ebenso wie Wahrheitsbedingungen in die Sprache des anderen hineingelesen werden, hat der Eingeborene gar keine Chance, andere Überzeugungen und Wünsche als die unsrigen zu besitzen. Selbst wenn Davidsons Theorie mit größerer Nachsicht interpretiert wird, bleibt ein grundsätzlicher Konflikt bestehen: Um einen anderen verstehen zu können, müssen wir voraussetzen, daß seinen Äußerungen im allgemeinen dieselben Wahrheitsbedingungen zukommen wie unseren eigenen. Einzelne Abweichungen stören diese Annahme nicht. Kommen wir im Laufe der Interpretation aber zu zahlreichen Sätzen, bei denen keine Übereinstimmung besteht, die also in unserem System von Überzeugungen falsch sind – z. B. „Die Erde ist flach" – dann verlangt das Prinzip der Nachsicht, daß die Interpretation modifiziert wird. Wir müssen also den Sätzen des anderen Wahrheitsbedingungen so zuordnen, daß der Konflikt mit unseren Überzeugungen möglichst vermieden wird. Anders als im Fall des Nilpferds im Kühlschrank hilft uns bei der Behauptung, daß die Erde flach ist, nicht eine bloße Umdeutung des Wortes „Erde", so daß der Satz doch noch in unser Weltbild paßt. Wir müssen vielmehr annehmen, daß der Satz „Die Erde ist flach", mit genügendem Ernst von ansonsten rationalen Menschen ausgesprochen, von einen Gegenstand in einem anderen, z. B. religiösen Weltbild handelt. Diese Verschiebung der Bedeutung wird – wenn es keinen Kern analytischer Sätze gibt – alle anderen Sätze der Sprache in Mitleidenschaft ziehen. *Alle* Äußerungen des Sprechers müssen also anders interpretiert werden – das „slippery slope"-Problem des Holismus. Diese Art von Uminterpretation kann nicht in dem Sinne trivial sein, als sie den semantischen Ort eines Satzes im Netz erhält. Das Prinzip der Nachsicht forderte nun, daß Sprecher und Interpret „die gleiche Welt teilen". In dieser Umdeutung der Äußerungen des anderen besteht zwar kein Konflikt mehr zu den Überzeugungen des Interpreten, da Interpret und Sprecher über verschiedene Welten sprechen, aber die Grundvoraussetzung, daß wir die gleiche Welt teilen, ist hinfällig geworden.

Der Konflikt läßt sich aufheben, wenn die Vorstellung aufgegeben wird, daß Interpretation eine statische Angelegenheit ist. Viele Deutungen des Prinzips gehen implizit davon aus, daß bereits eine Gesamtheit von Äußerungen als eine Art prinzipiell endlicher („konstruierbarer") Korpus von Sätzen zur Verfügung steht. Interpretation muß aber wohl als offener Prozeß verstanden werden, der mit einer Vorgabe, der Unterstellung der Wahrheit und Übereinstimmung der Äußerungen des anderen, beginnt und verschiedene Stadien auf dem Weg zu einem immer besseren Verstehen durchlaufen wird.[23] Das Prinzip der Nachsicht ist eine notwendige Bedingung dafür, daß der Interpretationsprozeß überhaupt in Gang kommt. Im Laufe des Prozesses dient es eher als ein regulatives Prinzip, das Interpretationen so korrigiert, daß sie weder in sich inkonsistent werden, noch zu sehr von unseren eigenen Überzeugungen abweichen. Das Mittel dieser Korrektur ist die Manipulation der Wahrheitsbedingungen der Sätze.

Dieser Manipulation sind aber Grenzen gesetzt dadurch, daß die Bedeutungen durch die Folgerungsbeziehungen innerhalb der Sprache des Sprechers festgelegt sind. Es ist also weder so, daß ein Sprecher *nur* im Sinne der Sprache des Interpreten verstanden werden könnte, noch, daß ihm beliebig davon abweichende Interpretationen zugeschoben werden könnten. Faktisch steht wohl fest, daß die Interpretation einer anderen Person früher oder später einen Punkt erreicht, an dem die Bedeutungen ihrer Ausdrücke so festgelegt sind, daß Abweichungen von den eigenen Überzeugungen akzeptiert werden, daß also die Frage, ob der andere vielleicht falsch verstanden wurde, gar nicht mehr auftaucht. Tatsächlich wird diese Grenze in den meisten Kommunikationssituationen recht früh erreicht sein. Die Interpretation hat aber prinzipiell einen *holistischen* Charakter, sie beginnt beim Ganzen und leitet aus ihm die Bedeutung der Teile ab.

Diese Darstellung von Verstehensprozessen ist nun ganz unabhängig davon, welche Sprache jemand spricht. Interpretation steht vor denselben Problemen, gleichgültig ob wir ein Mitglied eines Pygmäenstammes, einen Sprecher des Deutschen oder unsere eigenen vergangenen Äußerungen interpretieren. In dieser Hinsicht widerspricht Davidson unserer Alltagsvorstellung, daß Sprache ein konventionell festgelegtes System von Bedeutungen ist. Ein Sprecher kann so absurde und abweichende sprachliche Gewohnheiten zeigen, wie nur immer denkbar ist: Unter den beschriebenen Voraussetzungen sollten sich Zugänge zu diesem System eröffnen. Wir gehen also davon aus, daß er Sätze äußert, deren Wahrheitsbedingungen im großen und ganzen den unseren entsprechen und durch dieselben Ereignisse verursacht sind. Wir können dann eine Theorie dieser Sprache entwerfen, die einer Tarskischen Wahrheitstheorie entspricht und deren W-Sätze wir als Kausalhypothesen auffassen. Folgen wir nun der gängigen Sprachtheorie, dann gelangen wir auf diesem Weg zunächst zur „wörtlichen Bedeutung" der Sätze; erst ein zweiter Schritt pragmatischer Interpretation könnte diesen Bedeutungen Verwendungsweisen zuordnen und dadurch übertragenen Sprachgebrauch, z. B. in Metaphern, aber auch in einem großen Teil alltäglicher Kommunikation darstellen. Dieser Sprachgebrauch gehört zum Verständnis der Äußerungen einer Person ganz wesentlich dazu. So könnte man im eigentlichen Sinne nicht behaupten, daß jemand Äußerungen versteht, wenn er sie immer nur wörtlich nimmt, also etwa den Satz „Was ich geschrieben habe, habe ich geschrieben" ausschließlich als Tautologie interpretiert.

Die Tatsache, daß solche Verwendungsweisen von Ausdrücken einen viel größeren Raum im Verstehen beanspruchen, als die üblichen Theorien wörtlicher Bedeutung voraussetzen, hat Davidson in einem Aufsatz aus dem Jahr 1986 zu einer entscheidenden Weiterentwicklung seiner Auffassung veranlaßt. In „A Nice Derangement of Epitaphs" macht Davidson auf die umfassende Bedeutung von Sprachspielen, sprachlichen Schnitzern, Witzen, oder sog. Malapropismen (Fehlverwendungen von Ausdrücken) aufmerksam. Das Interessante an ihnen ist, daß wir sie in der Regel fast automatisch richtig verstehen, ihnen also die richtigen Wahrheitsbedingungen zuordnen. Solche Fälle sind dabei wiederum nur Spezialfälle des viel allgemeineren Phänomens, daß Sprache uns nicht in einer exakt standardisierten Form begegnet. Unvollständige und ungrammatische Sätze, nur ungefähr zutreffende Wortwahl, undeutliche Aussprache, Versprecher, Sprachfehler etc. hindern uns in der Regel nicht daran, den Wörtern und Sätzen die richtige, d. h. die *vom Sprecher intendierte* Bedeutung zuzuordnen. Wer behauptet, er beabsichtige demnächst mit dem Zug nach Berlin zu fliegen, stürzt uns nicht in umfassende Zweifel an der Richtigkeit unserer Interpretationstheorie. Wir interpretieren ihn statt dessen einfach so, wie wir in unserer Ausgangstheorie den Satz (Z) „Ich beabsichtige, mit dem Zug nach Berlin zu reisen" interpretiert hätten. Auch poetische Sprachschöpfungen können wir mittels Interpretation irgendwie in das Ganze unserer Sprache einfügen. Der entscheidende Punkt an diesem alltäglichen und ständigen Vorgang ergibt sich aus der oben bemerkten Tatsache, daß andere Interpretationen, also andere W-Theorien, bereits *andere Sprachen* darstellen. Betrachten wir den harmlosen Fall des Sprechers, der mit dem Zug zu fliegen beabsichtigt. Wenn wir ihn richtig interpretieren, fügen wir unserer Theorie einen neuen W-Satz der folgenden Art hinzu:

(7) Der Satz von p zum Zeitpunkt t „Ich fliege mit dem Zug nach Berlin" ist wahr genau dann, wenn p zu t mit dem Zug nach Berlin reist.

Da nun jede Abwandlung nach der holistischen Voraussetzung die ganze Theorie affiziert, können wir keine lokale Identität zwischen der früheren („prior“) und der neuen vorläufigen („passing“) Theorie voraussetzen. Die frühere Theorie ist diejenige, die wir unmittelbar *vor* dem Einsetzen der Interpretation zur Verfügung haben, eine Theorie die also die Äußerungsumstände und unsere Informationen über den Sprecher bereits berücksichtigt. Die frühere Theorie gibt uns wenig Anhaltspunkte dafür, wie wir in der faktischen Interpretation verfahren sollten. Sie könnte uns z. B. sagen, daß (Z) wörtlich zu verstehen sei, da wir auf eine Äußerung wie (Z) nicht vorbereitet sind und die einzige verfügbare Interpretation die wörtliche ist. Die vorläufige Theorie, in der wir auf die faktischen Äußerungen des Sprechers reagieren, läßt uns dagegen (7) anwenden. Im nächsten Satz des Sprechers könnte ein Versprecher an anderer Stelle auftreten und müßte auf dieselbe Weise durch eine neue vorläufige Theorie interpretiert werden. Noch während der Äußerung kann uns der Sprecher mit Informationen versorgen, die eine abweichende Interpretation notwendig machen. Unter der Voraussetzung, daß sprachliche Abweichungen von einem hypothetischen Standard unser tägliches Brot sind und an allen Stellen der Sprache auftreten können, lassen sich keine prinzipiellen Gemeinsamkeiten der früheren und der vorläufigen Theorie im voraus bestimmen. Es ist daher völlig offen, *wie* uns die Abwandlung der Hintergrundtheorie gelingt. Wir besitzen offenbar einfach die Fähigkeit, von einer Theorie zur anderen in schnellem Wechsel überzugehen und diese Fähigkeit ist notwendig, damit intersubjektive Verständigung überhaupt gelingen kann. Nur dort, wo die vorläufige Theorie des Interpreten mit dem übereinstimmt, was der Sprecher meint, findet Kommunikation statt.

Wenn wir diese Tatsachen faktischer Interpretation berücksichtigen, dann haben W-Theorien nicht mehr viel mit unserem gewöhnlichen Begriff der Sprache zu tun. Dieser Begriff geht davon aus, daß Sprache eine *wörtliche Bedeutung* besitzt, die die Grundlage metaphorischen und anderen *Gebrauchs* darstellt, ein Bild, dem zunächst auch Davidson – wenn auch nicht ganz eindeutig – in seiner Interpretationstheorie zu folgen schien. Dieser Annahme gemäß verstehen sich Sprecher, weil ihnen die konventionelle Bedeutung der Sätze gemeinsam ist. Alle wissen, was die Ausdrücke der Sprache bedeuten, alle stimmen darin mehr oder weniger überein, und alle kennen implizit gewisse Regeln, die die Verwendung der Ausdrücke regulieren. Identifizieren wir die wörtliche Bedeutung mit dem, was durch die „prior theory“ gegeben ist – eine „prior theory“, die wir etwa einem völlig Unbekannten gegenüber hätten –, dann ist dieses traditionelle Bild vom Sprachverstehen offenbar falsch. Was Sprecher und Interpret gemeinsam sein muß, ist die *vorläufige*, vorübergehende Theorie, die Versprecher und andere Abweichungen von der früheren Theorie korrigiert. Die vorläufige Theorie gibt nicht nur das wieder, was beim Verstehen der Äußerungen des anderen tatsächlich geschieht, sondern sie entspricht auch dem, wie der Sprecher verstanden werden will. Auf der anderen Seite läßt sich kaum behaupten, daß die vorläufige Theorie die sprachliche *Kompetenz* des Sprechers wiedergibt: Eine Wahrheitsbedingung wie (7) ist unserem normalen Sprachverständnis zufolge einfach falsch. Da wir Wahrheitstheorien mit Sprachen identifiziert haben, wäre eine vorläufige Theorie, die (7) enthält, von sehr geringem Wert. Sie würde einer Sprache entsprechen, die nur bei einer bestimmten Gelegenheit gesprochen werden kann, und eine solche Theorie würden wir kaum im eigentlichen Sinne als Sprache bezeichnen können.

Was nun? Die vorläufige Theorie entspricht nicht unseren normalen Vorstellungen von Sprache, aber sie beschreibt die Fähigkeit, die Sprecher und Interpret gemeinsam sein muß, damit Interpretation überhaupt möglich ist. Können wir die frühere Theorie als Sprache betrachten? Auch hier sind Zweifel angebracht. Die frühere Theorie wurde dargestellt als das, was vor Beginn einer Kommunikationssituation dem Interpreten zur Verfügung steht. Sie beschreibt also schon sehr spezifische Kontextmerkmale, die je nach Sprecher ganz unterschiedlich ausfallen können. Ein Interpret besitzt also für jeden Sprecher im Grunde eine eigene „prior theory" und damit wiederum nicht das, was einem normalen Sprachbegriff entsprechen würde. Gibt es eine noch grundlegendere Theorie, die wir mit Sprache identifizieren können? Jede solche Theorie – etwa ein grammatisches Regelwerk – wird an der Aufgabe scheitern, konkrete Äußerungen, d. h. mehr oder weniger abweichende sprachliche Konstruktionen, korrekt zu interpretieren. Dieser Einwand ist grundsätzlich: Was wir mittels einer Sprachtheorie beschreiben können, sind allemal nur die Regeln und nicht die unsystematischen Abweichungen, denen offenbar in konkreten Redesituationen keine Grenzen gesetzt sind. Ein solches Regelwerk muß zwar ein *notwendiger* Bestandteil der Interpretation sein, es kann jedoch für die Interpretation nicht *hinreichen*. „Aber wenn wir dies sagen", schließt Davidson, „dann haben wir nicht nur den gewöhnlichen Begriff einer Sprache aufgegeben, sondern die Grenze zwischen der Kenntnis einer Sprache und der Kenntnis des allgemeinen Umgangs in der Welt ausgelöscht. Denn es gibt keine Regeln, wie man zu vorläufigen Theorien gelangt, zumindest keine Regeln in irgendeinem strengen Sinne, die ungefähren Maximen und methodologischen Allgemeinheiten entgegengesetzt wären."[24] Folgerichtig behauptet Davidson nun, daß es überhaupt keine Sprache gibt, jedenfalls nicht in dem Sinne, den Philosophen und Linguisten bisher vorausgesetzt haben.

Dieser Schluß, so radikal und befremdend er wirkt, ist die eigentliche Konsequenz des holistischen Ausgangspunktes, den Davidson von Anfang an verfolgt hatte. Schon der Startpunkt der Interpretation war kein rein sprachlicher: Er setzte zwar voraus, daß Sprecher Sätze äußern, die dem Muster der Logik erster Stufe folgen. Aber er setzte außerdem voraus, daß nicht Sätze, sondern Äußerungen interpretiert werden, daß diese im Kontext stattfinden und auf Sprecher zu relativieren sind und daß allgemeine Annahmen über Intention und Konsistenz des Sprechers zutreffen. Sprache war also von Anfang an eine Wahrheitstheorie für einen Sprecher in einer Äußerungssituation, also das, was Davidson nun eine „passing theory" nennt. Allerdings glaubte Davidson früher wohl, daß die verschiedenen Wahrheitstheorien sich durch strukturelle Ähnlichkeiten zu einer einzigen großen Wahrheitstheorie *der* Sprache L vereinen ließen. Die Überlegungen zeigten nun, daß das zwar möglich ist, daß das Ergebnis aber keine Sprache in dem Sinne beschreiben würde, der für die Interpretation von Äußerungen entscheidend ist. Der vorausgesetzte Holismus führt damit in eine inflationäre Entwicklung von Wahrheitstheorien und „Bedeutungen", die zur Aufgabe des letzten hypothetischen Fundaments führt. Frege hatte gezeigt, daß die Einheit der Bedeutung nicht Begriffe, Ideen oder Wörter sind, sondern der Satz. Neurath und Quine wiesen darauf hin, daß die Einheit der Bedeutung die Wissenschaft als Ganze oder – da Theorie und Sprache identifiziert wurden – die Sprache ist. Davidson weist auch noch dieses hypothetische Fundament zurück: Die Einheit der Bedeutung ist der konkrete Prozeß der Interpretation.

5 Ausblick

Davidson hatte 1967 in seinem Aufsatz „Truth and meaning" eine radikale holistische These vertreten: um die Bedeutung eines Ausdrucks anzugeben, hieß es dort, muß man bereits die ganze Sprache kennen. Bevor wir uns im nächsten Kapitel der Weiterentwicklung von Davidsons jüngeren Auffassungen zuwenden, werden wir noch einmal die Debatte um den „radikalen Holismus" rekapitulieren, die sich an dieser und ähnlichen Formulierungen entzündet hat. Solche radikalen Thesen sind selten uneingeschränkt formuliert worden und auch Davidson will sich heute nur noch darauf festlegen, daß die Bedeutung eines Satzes von der Bedeutung anderer Sätze abhängt.[25] Radikaler Holismus unterliegt den Einwänden, die z. B. Dummett (vgl. Kap. I.4), Weir (1985) oder Fodor und Lepore (1992) formuliert haben: Zum einen fehlen Beweise für die Richtigkeit holistischer Thesen, denn es ist offenbar möglich, die Bedeutung eines Wortes zu verstehen und das Wort richtig zu verwenden, ohne daß dies für alle anderen Ausdrücke „der Sprache" gilt. Zum zweiten ist die Anwendbarkeit von „slippery slope"-Argumenten nicht von der Hand zu weisen, d. h. von Argumenten, die von einer scheinbar relativ harmlosen Behauptung auf katastrophale Konsequenzen schließen lassen. So würden viele Philosophen heute behaupten, daß die Bedeutung eines Ausdrucks von seiner „inferentiellen" Rolle in der Sprache bestimmt wird. Wenn jedoch für diese Rolle die ganze Sprache (die ganze Theorie, das ganze Überzeugungssystem) in Betracht gezogen werden muß, dann scheint zu folgen: Es gibt keine Übersetzung zwischen verschiedenen Sprachen, jede Änderung in der Sprache ändert die Bedeutung jedes Wortes, eine wissenschaftliche Hypothese kann nicht eigentlich widerlegt werden, weil sie dann eine andere Bedeutung erhält etc. Zu diesem „schlüpfrigen Abhang" zählt auch die Unmöglichkeit von Kommunikation oder von Spracherwerb, die Dummett als Folgerung des kompromißlosen Holismus betrachtet hatte. (Vgl. Kap. I.4) Wenn also radikale holistische Thesen solche katastrophalen Konsequenzen nach sich ziehen, scheint es sinnvoll, einen *gemäßigten* Holismus zu vertreten. Dazu zählen die erwähnten Positionen, die die Bedeutung eines Ausdrucks als seine „inferentielle" (manchmal auch allgemeiner als „funktionale" oder „konzeptuelle") Rolle im System der Sprache betrachten – z. B. als die Gesamtheit der Folgerungen, zu denen ein Satz, in denen der Ausdruck vorkommt, einen Beitrag leistet.[26] Soll ein radikaler Holismus vermieden werden, dann erhebt sich die Notwendigkeit, eine Bedeutungsgrenze, einen bestimmten Bedeutungsbereich *unterhalb* der ganzen Sprache oder Theorie auszuzeichnen. Offenbar hat die Bedeutung des Ausdrucks „rot" nichts mit der Bedeutung von „Elektron" zu tun, und doch wird, wenn wir die „inferentielle Rolle" eines Ausdrucks untersuchen, irgendwann auch das Elektron in den Schlüssen auftauchen, die aus Sätzen, in denen die Farbe Rot erwähnt wird, gezogen werden können. Nun kann jedoch ein Sprecher des Deutschen das Wort „rot" verstehen und seine Anwendung beherrschen, ohne von der Existenz von Elektronen auch nur zu wissen. Die Behauptung, daß er das Wort „rot" in einer Sprache, die auch von Elektronen spricht, dann eben nicht „vollständig" beherrscht, scheint nicht sonderlich plausibel. Wer also eine Semantik der inferentiellen oder funktionalen Rolle *intern* rechtfertigen möchte, ohne den Konsequenzen des radikalen Holismus zu verfallen, so argumentieren Fodor und Lepore, muß ein Kriterium angeben, das die Bedeutung von „rot" von der anderer Ausdrücke unterscheiden hilft. Denn einige Schlüsse müssen dann offenbar *konstitutiv* für die Bedeutung des Ausdrucks sein und andere nicht. Wie lassen sich solche Schlüsse systematisch und nicht-arbiträr auszeichnen?

Das Problem einer solchen Auszeichnung besteht darin, daß sie, zumindest nach Fodor und Lepore, eine apriorische Unterscheidung zwischen analytischen und synthetischen Urteilen voraussetzen muß, wenn sie nicht rein willkürlich vorgehen will.[27] Die meisten Philosophen, die *Bedeutung* mit der funktionalen oder inferentiellen Rolle von Ausdrücken identifizieren, lehnen mit Quine eine solche Unterscheidung als unbegründet ab. Wer aber keine systematische Grenze ziehen kann, die Ausdrücke wie „rot" und „Elektron" unterscheidet und der Tatsache Rechnung trägt, daß der eine ohne Kenntnis des anderen verstanden werden kann, der muß behaupten, daß die Bedeutung eines Ausdrucks durch seine Rolle *im Ganzen* der Sprache bestimmt ist. Er verfällt demnach den absurden Konsequenzen eines radikalen Holismus. Die Alternative, wiederum nach Fodor und Lepore, besteht also entweder darin, eine Unterscheidung zwischen analytischen und synthetischen Aussagen als gegeben anzunehmen. In diesem Falle aber kann man nicht mehr im eigentlichen Sinne von semantischem Holismus sprechen, denn dann werden zumindest gewisse „Bedeutungsmoleküle" (Fragmente einer Sprache) von vornherein ausgegrenzt, die nicht „durch das Ganze gegeben“ sind. Solche Positionen bezeichnen sich als „Molekularismus“ oder „Lokalismus“, bei Fodor und Lepore „Anatomismus“ und treten manchmal als gemäßigter Holismus auf. Aber da eine solche Auszeichnung höchstens pragmatisch und nicht prinzipiell festgelegt werden kann, scheint nur die andere Alternative sinnvoll, Ausdrücke mit einem „direkten“ oder „punktuellen“ Bezug zur Welt auszustatten, der nicht von ihrer Beziehung zu anderen Ausdrücken abhängt. Also gibt es nur die beiden Alternativen Atomismus oder radikaler Holismus.

Die Einwände gegen diese Argumentation sind vielschichtig und setzen an den verschiedensten Aspekten an.[28] Kriterien für eine Ausgrenzung von inferentiellen oder funktionalen Rollen sind bis heute nach allgemeiner Auffassung nicht gefunden worden, in diesem Punkt scheint keine Lösung in Sicht. Die wenigsten Philosophen möchten sich Fodor anschließen, der in dem Dilemma einen Hinweis auf die Existenz einer Art angeborener Ideen nach dem Muster des klassischen Rationalismus entdeckt. Auf der anderen Seite scheint auch die Befürwortung eines radikalen Holismus angesichts der weitreichenden Folgerungen nicht attraktiv. Die meisten analytischen Philosophen würden also einen in der einen oder anderen Form *gemäßigten* Holismus vertreten – die Optionen dafür sind, wie wir schon im Kap. I gesehen haben, vielfältig. Gegen das von Fodor und Lepore bezeichnete Dilemma sind dabei viele Strategien möglich: Man kann u.a. die Schlüssigkeit ihres Arguments bezweifeln, indem ihre slippery-slope Argumente als nicht zwingend erwiesen werden, indem die Unterscheidung zwischen analytischen und synthetischen Urteilen modifiziert oder erneut als hinfällig erwiesen wird, indem andere Mechanismen als Analytizität eingeführt werden, um den Schluß auf radikalen Holismus zu verhindern, indem ihre Auffassung von inferentiellen Rollen als unzureichend erklärt wird, man kann, anders als Fodor und Lepore und wir in diesem Buch, verschiedene Arten von Holismus vom semantischen abspalten (Inhaltsholismus, Übersetzungsholismus) und verteidigen oder opfern, oder man kann den ganzen Ansatz der Diskussion für verfehlt erklären. Eine wirkungsvolle Strategie ist es, den radikalen Atomismus für ebenso unplausibel zu erklären, wie den radikalen Holismus: gegen „punktuelle“ Bedeutung sprechen gerade die zahlreichen *fundierten* Gegenstände, deren Hauptmerkmal eben ihre *Abhängigkeit* von anderen und ihre Nichtreduzierbarkeit auf andere Gegenstände ist. Das Argument der Gestalttheoretiker gegen die klassische Assoziationspsychologie ist nach wie vor gültig. Da wir uns hier mit der Entwicklung verschiedener Formen von semantischem Holismus und nicht mit den Varianten abstrakter Argumentationsstrukturen für oder gegen radikalen und gemäßigten Holismus befaßt haben, werden wir diese Debatte nicht im Einzelnen weiterverfolgen. Es gibt jedoch einige Merkmale, die erwähnenswert sind und in der Diskussion immer wieder auftauchen.

1. Es wird häufig von Gegnern des Holismus unterstellt, daß eine radikale holistische Position keinerlei *Strukturen* voraussetzen dürfe. Viele der absurden Konsequenzen, die als faktische Widerlegung des Holismus gelten, gehen auf dieses Vorurteil zurück. Die Definition, die Fodor und Lepore an den Anfang ihrer Monographie stellen – holistische Eigenschaften sind solche, die notwendig nur durch viele Gegenstände instantiiert werden können – spiegelt diese Einstellung. Demgegenüber gehen die verschiedenen Positionen, die wir untersucht haben, von der Auffassung aus, daß ein Gegenstand durch seinen „Ort" in einer Struktur gegeben oder identifizierbar ist und für diesen Zweck keine atomistischen Eigenschaften benötigt werden. Die Existenz von Strukturen, die zumindest durch erkennbare Ähnlichkeiten in einem Komplex gegeben sind, wird also vorausgesetzt. Carnap hatte in diesem Sinne vorgeschlagen, daß die Rolle eines Ausdrucks intern durch „Strukturbeschreibung" gegeben werden kann. Husserl und Wittgenstein hatten versucht, sie durch systematische Variation darzustellen. Auch Peruzzi (1993) hat darauf hingewiesen, daß „Gestaltschemata" postuliert werden müssen, die eine stabile Referenz von Ausdrücken ermöglichen. Ob man diesen Holismus nun als radikal oder gemäßigt bezeichnen möchte, er ist jedenfalls derjenige, der sich als fruchtbar erwiesen hat und in den holistischen Theorien faktisch diskutiert wird. Der völlig „strukturlose" Holismus stellt demgegenüber eher einen Nebenschauplatz dar.

2. Die implizite und uneingestandene atomistische Denkweise vieler Antiholisten zeigt sich auch darin, daß sie Bedeutungen nach wie vor als Quasi-Entitäten betrachten, die nun nur eben holistisch „gegeben" sein sollen, während holistische Theorien gerade deshalb vertreten werden, um die Annahme solcher Entitäten überflüssig zu machen. Dieses Motiv fand sich in gewissem Sinn selbst bei Frege, der mit seiner holistischen Auffassung der Begriffe die traditionellen Probleme nichtexistierender Gegenstände beseitigen wollte. (Vgl.

Kap. III.1) Auch in diesem Zusammenhang ist die Idee der Fundierung von Gegenständen in einem Komplex anderer Gegenstände (vgl. Kap. II) hilfreich. So läßt sich die „Bedeutung" eines Satzes auch als fundiert in den inferentiellen Beziehungen des Satzes zu anderen Sätzen betrachten, ähnlich wie im *Logischen Aufbau* die Bedeutung eines Ausdrucks in den Strukturen zwischen den Gegenständen niedrigerer Konstitutionsstufen fundiert war. Die Bedeutung eines Satzes ist dann existentiell abhängig von den anderen Sätzen, aber nicht auf diese reduzierbar, und sie existiert jedenfalls nicht im selben Sinne. Es ist wichtig, sich in diesem Zusammenhang auf die ursprüngliche Motivation des Fundierungsbegriffs zu besinnen: Wesentlich war, daß bestimmte „Gegenstände" durch Komplexe gegeben sind, deren Teile in gewissem Ausmaß ersetzbar sind, ohne daß sich der fundierte „Gegenstand" ändert („Transponierbarkeit"). Fodor und Lepore erwähnen eine vergleichbare Position beiläufig als „semantischen Nihilismus", aber schon Gauker hat darauf hingewiesen, daß sie mit solcher Nachlässigkeit gerade den wesentlichen Aspekt des holistischen Denkens von Quine und Davidson verfehlen.[29]

Betrachten wir die in diesem Zusammenhang vieldiskutierte Frage, ob Kopernikus und Ptolemäus sich widersprechen, wenn der eine auf die Frage „Dreht sich die Sonne um die Erde?" mit „Nein" und der andere mit „Ja" antwortet.[30] Unter der Annahme, daß Bedeutungen eine Art metaphysischer Entitäten sind, die durch die jeweilige Theorie gegeben sind, ist dies nicht der Fall, da ja das kopernikanische und das ptolemäische System den Gegenständen *Sonne* und *Erde* verschiedene Eigenschaften zuordnen und sich insbesondere die „funktionalen Rollen" der entsprechenden Ausdrücke unterscheiden. Kopernikus würde den Satz also ganz anders interpretieren als Ptolemäus, der Satz hätte für ihn eine andere *Bedeutung* und seine Antwort stünde ebensowenig im Widerspruch zu der des Ptolemäus, wie wenn er die Frage „Haben Giraffen längere Hälse als Zebras?" bejaht hätte. Dieses Ergebnis zählt zu den typischen absurden Folgerungen, die die Annahmen eines radikalen Holisten widerlegen sollen. Verzichten wir jedoch auf die Annahme, daß das Ganze der Theorie eine *Entität* bestimmt und suchen wir nach den Mechanismen, die tatsächlich bedingen, daß Kopernikus eine andere Theorie „von denselben Gegenständen" aufstellen konnte, wie Ptolemäus. Trotz der Unterschiede weisen beide der Sonne zahlreiche gleiche Eigenschaften zu: der funktionale „Ort" des Ausdrucks ist in beiden Systemen hinreichend ähnlich, so daß Widerspruch möglich ist. Diese Erklärung geht natürlich davon aus, daß solche funktionalen oder im engeren Sinne inferentiellen Orte nicht scharf umgrenzt sein und nicht in allen Punkten übereinstimmen müssen, um identifiziert werden zu können. Sprachgebrauch und selbst der Gebrauch von Ausdrücken in wissenschaftlichen Theorien ist vage, und es ist durchaus vorstellbar, daß Ptolemäus' und Kopernikus' Theorien *nicht* vergleichbar sind, etwa dann, wenn das ptolemäische System als eine religiöse Kosmologie gedeutet wird. Diesen Aspekt der Vagheit werden wir im nächsten Kapitel noch genauer betrachten.

Diese Erklärung deutet Verstehen als Prozeß der Übersetzung in die eigene (verstandene) Sprache, und es gibt keine Bedeutung unabhängig von solchen Zuordnungen. In diesem Sinne wird manchmal argumentiert, daß der „Bedeutungsholismus" (als Holismus bezüglich Bedeutungen als abstrakten Entitäten) falsch, aber der „Übersetzungsholismus" (als Zuordnung von Ausdrücken zu den Ausdrücken der eigenen verstandenen Sprache) richtig sei. Allerdings ist die Zuordnung nur möglich, *weil* das, was Wittgenstein einmal den „logischen Ort" eines Satzes nannte, identifiziert werden kann. Das Problem liegt also eher in der Neigung, Bedeutungen nach dem Muster der klassischen Ideen als abstrakte Entitäten zu betrachten: Entitäten sind nur identisch, wenn sie in allen Eigenschaften übereinstimmen und es gibt keine vagen oder in manchen Punkten unbestimmten Gegenstände. Dagegen sind die Bedeutungen, die im wechselnden und sich wandelnden, vagen Gebrauch der Sätze fundiert sind, ebenso wandelbar und vage und daher auch mehr oder weniger scharf bestimmbar.

3. Ein drittes Merkmal der Debatte ist, daß diese ursprüngliche Initialidee des Holismus, die *Abstraktion* von Einzelnem aus einer Gesamtheit, meist völlig übersehen wird. Das analytische „Paradigma" scheint sich auch in der Interpretation holistischer Positionen immer wieder durchzusetzen. So bemerkt Churchland, daß Fodor und Lepore selbst konnektionistische neuronale Netze als Versuch beschreiben, semantische Einheiten zu Komplexen zusammenzufassen, während neuronale Netze aus dem enormen Wirrwarr von Daten auf der sinnlichen Ebene nützliche „Einheiten" abstrahieren.[31] Dieser Punkt wird im folgenden noch in ganz anderem Zusammenhang eine Rolle spielen.

4. Tatsächlich machen die von uns betrachteten Varianten des Holismus alle von Mitteln Gebrauch, die einen „kompromißlosen" Holismus *verhindern*, ohne daß sie deshalb schon atomistisch zu verstehen wären. Solche Verfahren stützen sich aber nicht auf eine vorher gegebene Bedeutung, die durch analytische Aussagen beschrieben werden könnte. Wie wir noch sehen werden, scheinen sogar grundsätzliche Schwierigkeiten einen adäquaten sprachlichen Ausdruck solcher Mittel zu verhindern. Das Problem der sprachlichen Formulierbarkeit holistischer Zusammenhänge ist in der Diskussion bisher fast gänzlich übersehen worden.

Die Entwicklung holistischen Denkens zeigt, daß das Verfahren der „Fundierung" von Einheiten in der Variation von Komplexen zunehmend ausgeweitet wurde: beginnend bei der Substitution von Namen in Sätzen bei Frege und der Bestimmung von Teil-Ganzes-Beziehungen durch eidetische Variation bei Husserl, über die Festlegung der Bedeutung von Ausdrücken im Satz beim frühen Wittgenstein, bis zur Abhängigkeit von Hypothesen vom Ganzen der Theorie und von Sätzen vom Äußerungskontext und der ganzen Sprache bei Davidson. Eine fast natürliche Tendenz dieser Entwicklung ist die Anwendung der Methode auf immer umfassendere Zusammenhänge. Schon im *Tractatus* ist im Grunde genommen klar, daß es der faktische *Gebrauch* von Sätzen ist, der die Bedeutung der Sprache bestimmt, daß also pragmatische Aspekte und der gesamte Kontext eine wesentliche Rolle spielen müssen. Davidsons Ausarbeitung der Interpretationstheorie berücksichtigt diese Faktoren ausdrücklich. Holismus besteht nun nicht mehr nur in der Abhängigkeit eines Satzes von allen anderen, sondern im Zusammenwirken von Nachsichtigkeitsprinzipien mit der Tarskischen Wahrheitstheorie in einem Äußerungskontext. Bedeutung und Verstehen der Bedeutung sind untrennbar verbunden. Während Dummett argumentierte, daß semantischer Holismus sprachliche Kommunikation unter keinen Umständen erklären kann, wird hier also geradezu umgekehrt Holismus aus dem Prozeß der Verständigung heraus beschrieben. Verstehen wird nun als eine Art „hermeneutischer Zirkel" aufgefaßt, der nur durch die holistische Übertragung des eigenen Systems auf den anderen in Gang gesetzt werden kann. An dieser Stelle stellt sich jedoch der kritische Einwand Dummetts von neuem. Gesetzt, Kommunikation funktioniert nach den von Davidson beschriebenen Prinzipien, können wir dann wirklich von „Verständigung" oder „Kommunikation" sprechen? Ist nicht das, was Davidson als den Prozeß der Interpretation beschreibt, tatsächlich bloß die Übertragung der eigenen Gedanken und Meinungen auf den anderen? Das wird besonders deutlich, wenn wir uns fragen, auf welche Weise eigentlich ein tatsächlich irrationaler, in hohem Maß inkonsistenter Sprecher von uns als solcher erkannt werden sollte, wenn wir Davidsons Anweisungen für eine Interpretation folgen. Setzen wir nämlich gemäß dem Prinzip der Nachsicht Konsistenz und Rationalität beim anderen voraus, dann zwingen uns auftretende Widersprüche zu Manipulationen an anderen Stellen unseres Systems und wie schon Quine feststellte, kann jede Hypothese durch Manipulation von Randbedingungen gerettet werden, also auch die der Konsistenz eines inkonsistenten Gegenüber. Nach Davidson muß diese Voraussetzung ja sogar gemacht werden, damit die Interpretation überhaupt in Gang kommt. Der Verdacht liegt nahe, daß weder Übersetzung noch Interpretation ausreichen, um das „fremde Denken" tatsächlich zu verstehen – vorausgesetzt, solche „echte" Verständigung ist nicht überhaupt eine bloße Fiktion. Im folgenden Kapitel befassen wir uns mit einer letzten Bedingung für das Funktionieren von sprachlicher Verständigung, die mit dem zu tun hat, was der frühe Wittgenstein „das Unaussprechliche" nannte. Es ist dieser Punkt, an dem die Analyse das Ende ihrer Möglichkeiten erreicht und analytisches Denken mit holistischem Denken endgültig in Widerstreit gerät. Vielleicht liegt hier einer der Hauptgründe dafür, daß sich holistisches Denken in der analytischen Philosophie, verbreiteten Verlautbarungen von semantischem Holismus zum Trotz, nicht eigentlich durchsetzen kann.

6 Resümee

Davidson führt Quines Theorie der Unbestimmtheit von Übersetzung und der Unerforschlichkeit der Referenz in eine Richtung weiter, die Quines Unentschlossenheit bezüglich der Rolle von Empirie und Physik zu vermeiden sucht. Davidson entwickelt auf der Basis der Wahrheitstheorie Tarskis eine Theorie, die Bedeutung ganz auf die Interaktion zwischen Sprecher, Umwelt und Interpret reduziert. Interpretation ist keine synchrone Übersetzung eines hypothetisch geschlossenen Korpus von Sätzen, sondern ein offener Prozeß, in dem den Äußerungen eines Sprechers im Kontext vorübergehende

Wahrheitsbedingungen zugeordnet werden. Während Davidson in *Wahrheit und Interpretation* noch Bedeutung strukturell als Rolle eines Satzes im Ganzen der Sprache für abstrahierbar hält, rückt er später von einem solchen strukturellen Bedeutungsbegriff ab. Strukturelle Beziehungen sind zwar notwendig, aber nicht konstitutiv für Interpretation. Interpretation ist kein ausschließlich sprachlicher Begriff, sondern umfaßt jeden Entwurf einer Theorie zum Zweck des unmittelbaren Umgangs mit der Wirklichkeit. Holistisch ist dieser Bedeutungsbegriff insofern, als er gänzlich auf Bedeutungen als Entitäten und als Bezug verzichtet, nur Äußerungen von Sätzen, anstatt einzelner Wörter, betrachtet, und diesen Sätzen Interpretation nicht mehr nur „im Ganzen der Sprache", sondern im Ganzen der Kommunikationssituation zuordnet. Genau besehen löst sich die Möglichkeit einer Semantik selbst durch diese Spielart des Holismus auf.

VI Lebensformen

Ich bin auf dem Boden meiner Überzeugungen angelangt. Und von dieser Grundmauer könnte man beinahe sagen, sie werde vom ganzen Haus getragen.
(Wittgenstein Über Gewißheit, *§ 248)*

1 Das Ende der Analyse

In diesem Kapitel wenden wir uns einer letzten Ausweitung holistischen Denkens in bezug auf Sprache zu. Davidson hatte eine Theorie der Interpretation entworfen, die zeigte, daß der Übergang von einer Interpretation zu einer anderen nicht auf erkennbaren Regeln beruht, daß er nicht vorhersagbar ist und nicht begründet werden kann. Richard Rorty hat diese letzte These zu einer Variante des Holismus ausgebaut, die den Rahmen der analytischen Philosophie verläßt und in eine Kritik der Philosophie überhaupt mündet. Man hat diese Variante als „pragmatischen" oder auch „praktischen Holismus" bezeichnet. Der praktische Holismus geht nicht nur (und auch nicht zwingend) aus den Überlegungen Davidsons hervor; vergleichbare Formen hat man auch bei Heidegger und Wittgenstein gefunden.[1] Wir werden zuerst Rortys Abwandlung der Interpretationstheorie betrachten, um uns dann der älteren Variante des praktischen Holismus bei Wittgenstein zuzuwenden.

Rorty hat einen prinzipiellen Unterschied zwischen Davidsons Interpretationstheorie und einer typischen Grundhaltung analytischer Philosophen gekennzeichnet.[2] Analytische Philosophen leben ausdrücklich oder implizit in der klassischen Vorstellung, es gebe eine klare Unterscheidung zwischen der Welt und dem Geist des Menschen, der die Strukturen dieser Welt in einer prinzipiell rekonstruierbaren Weise widerspiegelt. So setzt z. B. Quine, indem er die Gegenstände einer Theorie auf eine übergeordnete Theorie relativiert, eine „letztlich unerforschliche Ontologie" voraus, wenn er davon spricht, daß wir nicht entscheiden können, worauf wir uns mit unseren Ausdrücken beziehen. Im Hintergrund solcher Thesen von Unbestimmtheit und Unerforschlichkeit liegt die Annahme, es gäbe etwas, das bestimmt sei, das wir jedoch mit unseren Mitteln prinzipiell nicht erreichen können. Schon in seinem Aufsatz über die Idee eines Begriffsschemas widerspricht Davidson dieser Annahme. Erkennen *ist* ein Prozeß sozialer Kommunikation und nicht eine korrekte Darstellung der Wirklichkeit. Wenn dieser Gedanke konsequent zu Ende geführt wird, erscheint die Rede von Unbestimmtheiten als sinnlos: Interpretation liefert uns Ergebnisse, die geradeso konkret sind, wie es unseren Zwecken entspricht, und darüber hinausgehende Bestimmtheiten zu fordern heißt nur, dem traditionellen Streben nach einer „der Wirklichkeit" angemessenen Darstellungsweise zu verfallen. Davidson betont, daß die Interpretationstheorie nicht etwa den realistischen Ausgangspunkt am Ende verläßt und den Begriff der objektiven Wahrheit aufgibt. Es hat keinen Sinn, von Objektivität *unabhängig* von Interpretation überhaupt zu sprechen. Die Wahrheit der Sätze ist sprachrelativ, „aber objektiver geht es nun einmal nicht".[3] Die Frage, ob wir „eigentlich" über Kaninchen oder Kaninchenstadien sprechen, ist deshalb an sich ebensowenig sinnvoll, wie die Frage, ob wir über Karotten und Tomaten oder über Bohnen und Kartoffeln sprechen, wenn wir den Ausdruck „Gemüse" verwenden. Sie hat nur in bestimmten Frage- und Äußerungskontexten Sinn, denn sie kann nur dort auch beantwortet werden.

Die Vorstellung einer objektiven Realität, die wir mit unseren Ausdrücken bezeichnen, liegt also den Argumenten für „Unbestimmtheit" zugrunde. Sie ist ebenso verantwortlich für die Annahme, es gebe ein Begriffsschema (die Sprache) und einen Inhalt (die Welt), der in das Schema gepresst wird. Diese Annahme hat Davidson geradezu als das „dritte Dogma des Empirismus" bezeichnet. In ihr gründen einerseits die verschiedenen Versuche, „die Wirklichkeit" korrekt abzubilden, andererseits die These, daß es ganz verschiedene, prinzipiell unvereinbare Begriffsschemata gibt, die manchmal als das „sprachliche Relativitätsprinzip" bezeichnet wird. Nach der Interpretationstheorie ist diese Behauptung unsinnig. „Verschiedene Standpunkte haben zwar Sinn", schreibt Davidson, „aber nur, wenn es ein gemeinsames Koordinatensystem gibt, in dem man ihre Stelle abtragen kann; doch das Vorhandensein eines gemeinsamen Systems straft die These der überwältigenden Unvergleichbarkeit Lügen."[4] Interpretation setzt bereits Gemeinsamkeit voraus; was überhaupt als Sprache erkennbar ist, ist auch interpretierbar. Der Dualismus von Sprache und Welt oder Geist und Welt löst sich im holistischen Interpretationsprozeß auf.

Dies führt zur radikalsten Reaktion auf die Theorie der Interpretation. Sie besteht darin, den Anspruch der Philosophie an Rationalität fallenzulassen und, wie Richard Rorty einmal formulierte, „gewillt zu sein, den Jargon des Gesprächspartners verstehen und verwenden zu lernen, statt ihn in den eigenen zu übersetzen"[5]. Der Weg zu dieser Konsequenz folgt vor allem Davidsons Überlegungen in seinem Aufsatz von 1986 über die Interpretation sprachlicher Fehlleistungen. Das Verstehen eines anderen setzt zwar die Anwendung eines Prinzips der Nachsicht voraus, zu dem die Annahme gehört, daß der andere nach den Regeln der Logik erster Stufe spricht, in einem losen Sinne mit sich konsistent ist und in bezug auf die umgebende Welt mit uns weitgehend übereinstimmt. Jedoch erklären uns diese allgemeinen Voraussetzungen, die eine Interpretation überhaupt erst ermöglichen, nicht, *wie* wir von einer Theorie zur nächsten gelangen. Dieser Übergang, der uns instandsetzt, die verschiedensten Abweichungen und Veränderungen in unserer Kommunikation zu bewältigen, ist selbst nicht rational zu begründen, er findet einfach statt. Er besteht darin, daß die eine Art von Sprache durch eine andere ersetzt wird, in den meisten Fällen ohne daß wir den Übergang auch nur bemerken. Einen ganz ähnlichen Vorgang hatte schon Thomas Kuhn in der Entwicklung und im Wandel wissenschaftlicher Theorien bemerkt: Es gibt keinen Algorithmus, der zwischen konkurrierenden wissenschaftlichen Theorien entscheiden könnte. Die Ablösung eines wissenschaftlichen Paradigmas geschieht nicht auf Grund rationaler Überlegungen und Abwägungen, sondern wird durch Anomalien ausgelöst, die durch die etablierte Forschung nicht befriedigend erklärt werden können.[6] Die Ablösung eines Paradigmas hat deshalb mehr mit einem Glaubenskampf, als mit einer rationalen Wahl gemein und besteht in einer *Neubewertung* von Aussagen.

In Davidsons Interpretationstheorie läßt sich eine solche Neubewertung als ein Wechsel in der Zuordnung von Wahrheitswerten beschreiben, der – da W-Sätze Bedeutung darstellen – gleichzeitig als Änderung der Bedeutung von Aussagen zu werten ist und wegen der strukturellen Vernetzung aller Aussagen eine Umwandlung des ganzen Systems von Sätzen nach sich zieht. Nun ist es klar, daß eine solche Umwandlung nicht gleichzeitig „von höherer Warte aus" beobachtet oder gelenkt werden kann. Was da verändert wird, ist bereits das gesamte Netz unserer Gedanken, Überzeugungen und Sätze, die „Hintergrundtheorie" aller unserer Theorien. Zwar läßt sich im Nachhinein die alte Auffassung mit der neuen vergleichen, aber dieser Vergleich kann nur wieder als Interpretation des Alten im Lichte des Neuen stattfinden, *tertium non datur.* Ein klassisches Beispiel für dieses Dilemma bietet etwa die Kritik, die Kardinal Bellarmin von Seiten der Religion gegen die kopernikanische Theorie in Feld geführt hat.[7] Bellarmins Einwände gehen von der für ihn selbstverständlichen Annahme aus, daß die Beschreibungen des Himmels, wie sie in der Heiligen Schrift zu finden sind, eine ausgezeichnete unabhängige Evidenz dafür liefern, daß die ptolemäische Darstellung korrekt ist. Bellarmin schlug vor, die kopernikanische Theorie als eine Hilfstheorie zu betrachten, die für navigatorische und andere praktische Zwecke nützlich ist – ein Vorschlag, der zeigt, daß er sie für den ihr zugemessenen Bereich als widerspruchsfrei und fruchtbar betrachtete. Unter dem heute gültigen Maßstab wirkt der Verweis auf die Bibel als Evidenz für die Betrachtung der Welt „unwissenschaftlich", jedoch setzt dieses Urteil einen Begriff der Wissenschaftlichkeit voraus, der zur Zeit der kopernikanischen Wende nicht existiert hat, sondern vielmehr durch Galilei erst geschaffen wurde. Unsere Vorstellung von Wissenschaftlichkeit beansprucht natürlich, für alle Zeiten auch im Nachhinein zu gelten, aber tatsächlich gibt es keine „objektiven" oder „rationalen" Maßstäbe, die die Präferenz dieser Vorstellung begründen. Wir sind, wie Rorty formuliert, „die Erben einer dreihundertjährigen Rhetorik, die uns sagt, wie wichtig es sei, eine scharfe Trennung zwischen Wissenschaft und Religion, Wissenschaft und Politik, Wissenschaft und Kunst, Wissenschaft und Philosophie, usf., vorzunehmen."[8] Der Perspektivenwechsel hatte zwar historische Ursachen und Motive, aber unter der Sicht des pragmatischen Holismus spricht nichts dafür, daß die alte Art der Weltbetrachtung *falsch* ist: Wahrheit und Falschheit sind keine objektiven Maßstäbe, an denen Erkenntnis gemessen werden könnte, sondern nur relativ zu einem Erkenntnissystem (einer Sprache, einer Theorie) gegeben.

Es scheint, daß Davidson selbst *keinen* derartigen Gebrauch von seiner Interpretationstheorie machen wollte. Nach seiner Argumentation bezüglich der Begriffsschemata gibt es starke Bedingungen, die alle Sprachen erfüllen müssen. Da der Begriff der Wahrheit sprachrelativ ist, gibt es demnach auch nur *einen* Wahrheitsbegriff und *eine* Realität. Zwar sind alle diese Aspekte ineinander verwoben, aber der Raum für Unbestimmtheit ist klein. Auch die Fehler, die Davidson in „A Nice Derangement ..." diskutiert, dürfen nicht den Charakter von Standards an- und nicht überhand nehmen. Radikale Interpretation hat man deshalb als einen Vorgang gedeutet, der nur bei Gelegenheiten stattfindet, die in der Wissenschaftsgeschichte denen „anomaler Forschung" entsprechen. Das ist der Fall, wenn die Unterschiede zwischen zwei Sprachen (Theorien, Begriffsschemata ...) so groß geworden sind, daß sie nicht mehr durch *passing theories* in das eigene Interpretationssystem angepaßt werden können. Hier muß also eine Neubewertung aller Aussagen stattfinden, die ein Gleichgewicht zwischen dem was *gemeint* ist, und dem, was die Ausdrücke *bedeuten*, herstellt. Wenn aber eine fremde Theorie oder Sprache im Licht der eigenen interpretiert wird, ist die „Inkommensurabilität" beider bereits behoben.

Rortys praktischer Holismus zieht jedoch den umgekehrten Schluß: die Möglichkeit alternativer Interpretationen ist sehr groß, weil jede Änderung der Bedeutung eines Teils die Änderung des Ganzen nach sich zieht. Da es nun – gemäß Voraussetzung – keine Realität „an sich", d. h. unabhängig von Interpretationen gibt und keine Möglichkeit, zwischen verschiedenen Sprachen zu entscheiden, gibt es eigentlich nur nebeneinander bestehende, kontingente „Vokabulare". Die Auffassung, daß Wahrheit *entdeckt* wird, ein Dogma, das auf den philosophischen Jargon der Aufklärung zurückgeht, wird durch einen neues („romantisches") Bild ersetzt, demzufolge Wahrheit im menschlichen Diskurs *geschaffen* wird. Die kurze Argumentationskette für diese Behauptung lautet, „daß es keine Wahrheit gibt, wo es keine Sätze gibt, daß Sätze Elemente menschlicher Sprachen sind und daß menschliche Sprachen von Menschen geschaffen sind".[9] Die letzte Behauptung dient Rorty nun als Motiv dafür, seine ursprüngliche Neutralität gegenüber den verschiedenen möglichen Sprachen aufzugeben. Während im *Spiegel der Natur* die religiöse Hintergrundtheorie prinzipiell, „immanent" betrachtet, nicht weniger plausibel als die wissenschaftliche war, identifiziert er nun den Glauben an ein höheres Wesen, das die objektive Wirklichkeit bestimmt, als die Ursache *beider* Arten von Theorien, die nun als irrtümlich zurückgewiesen werden müssen. Schon die „Idee, daß irgend etwas – Geist oder Materie, Selbst oder Welt – eine ausdrückbare oder darstellbare immanente Natur habe", wird abgelehnt, da es eben nichts in der Welt, unabhängig von der menschlichen Kreativität gibt, das die „Vokabulare" auf die ihnen eigene verschiedene und völlig kontingente Weise organisiert. Rorty bestreitet nicht, daß es „die Welt" gibt, die wie bei Davidson Ursache bestimmter Sätze ist. Aber die Sätze sind wahr nur innerhalb einer Sprache, und die Struktur der Sprache (des Vokabulars) ist ihrerseits nicht durch die Welt festgelegt. Deshalb kann die Welt auf viele Weisen beschrieben werden. Die Behauptung, daß die Beschreibungen kontingent sind, enthält nun den wesentlich holistischen Aspekt, denn die Annahme, es gebe eine zugrundeliegende Notwendigkeit, die die Vokabulare ordnet und strukturiert, wäre in diesem Sinne bereits wieder fundamentalistisch. „Holismus" bedeutet nun also nicht mehr das Zusammenwirken verschiedener Aspekte zu einer großen Theorie der Interpretation, sondern das Nebeneinander verschiedener, weitgehend beliebiger Vokabulare.

Rorty gerät damit in das folgende Dilemma: die Theorie selbst ist als bloß kontingent zu betrachten und kann keine Notwendigkeit für sich beanspruchen, da ja die Existenz objektiver Notwendigkeit ausdrücklich geleugnet wird. Hier endet daher alle Begründung. Schon die Argumentation gegen eine der üblichen Wahrheitstheorien verlangt die Anwendung des Vokabulars dieser Theorien. Gezeigt werden könnte also nur, daß eine Theorie in sich inkonsistent ist, aber schon ihr Verständnis setzt nach dem Prinzip der Nachsicht Konsistenz voraus. Rorty beschreibt daher philosophische Argumentation nach dem Muster, das Kuhn für die Ablösung wissenschaftlicher Theorien formuliert hatte: „Interessante Philosophie ist [...] explizit oder implizit Wettkampf zwischen einem erstarrten Vokabular, das hemmend und ärgerlich geworden ist, und einem neuen Vokabular, das erst halb Form angenommen hat und die vage Versprechung großer Dinge bietet".[10] Philosophie kann daher nur eine neue Redeweise vorschlagen und testen, ein Vorgehen, das Rorty als *holistisch und pragmatisch* beschreibt. Pragmatisch ist es in dem Sinne, als eine Sprache/Theorie (ein „Vokabular") wie ein Werkzeug behandelt und eingesetzt wird, mit dem bestimmte Fragen untersucht werden können. Holistisch ist es insofern, als der Übergang von einem Vokabular zum anderen nicht lokal vor sich gehen kann, sondern, wie die

„passing theory“ Davidsons, eine Umgestaltung des gesamten Begriffsnetzes zur Folge hat. Diese Idee einer vorübergehenden Theorie, die Davidson zur Erklärung konkreter Interpretationssituationen eingesetzt hat, weitet also Rorty auf den gesamten philosophischen Diskurs aus. Es gibt hier keine zugrundeliegende Sprache, sondern nur vorübergehende Vokabulare, die den Zwecken jeweils mehr oder weniger angemessen sind und die ihnen eigene Wahrheit schaffen.

Wie auch immer man zu dieser philosophischen Wende steht, die *Anwendung*, die Rorty von Davidsons Interpretationstheorie macht, muß jedenfalls von dieser selbst getrennt werden. Die Tatsache, daß es keine Möglichkeit gibt, ein objektives Entscheidungsverfahren zwischen verschiedenen Theorien anzugeben, daß also der Übergang von einer Theorie zur anderen nicht rational begründbar ist, bedeutet nicht, daß er „kontingent“ oder bloßen evolutionären Zufällen überlassen ist. Es bedeutet nicht einmal, daß es nicht ein höheres Wesen geben könnte, daß solche Übergänge leitet. Da die Behauptung der Kontingenz ihrerseits dogmatisch ist, kann also nur Nichtwissen geltend gemacht oder die dualistische Redeweise selbst aufgegeben werden. Für Theorien, die Diskurs und Interpretation als *kontingent* bezeichnen, gelten daher dieselben Einwände, die seit jeher dem Skeptiker entgegengebracht wurden: Die Position kann für sich selbst ebenfalls keine übergeordnete Wahrheit beanspruchen. Es mag sein, daß das alte Bild vom Menschen als Spiegel der Natur unmodern ist, aber es gibt keinen Grund zu der Annahme, daß es falsch ist. Die Theorie kann eine solche Behauptung, wie sie selbst zugibt, nicht einmal konsistent formulieren. Das Dilemma beschreibt Rorty (1997) so: „Wenn wir die Unterscheidung zwischen Machen und Entdecken für bare Münze nehmen, werden uns unsere Gegner eine unangenehme Frage stellen können, nämlich diese: Haben wir die überraschende Tatsache, daß das, was wir für objektiv hielten, eigentlich subjektiv ist, *entdeckt*, oder haben wir sie *erfunden*? Wenn wir behaupten, wir hätten sie entdeckt, wenn wir also sagen, es sei eine objektive Tatsache, daß Wahrheit subjektiv ist, sind wir in Gefahr, uns selbst zu widersprechen. Nennen wir sie hingegen eine Erfindung, handelt es sich offenbar um eine bloß persönliche Schrulle. Warum sollte irgendjemand unsere Erfindung ernst nehmen?“[11] Rortys letzte Reaktion auf das Dilemma besteht darin, die Unterscheidung zwischen Erfinden und Machen, objektiv und subjektiv, überhaupt preiszugeben, und das dualistische Vokabular der Gegner zurückzuweisen.

Quine würde gegen eine solche Reaktion einwenden, daß wir Kriterien wie Einfachheit besitzen, um Theorien zu bewerten und brauchbarere auszuzeichnen. Davidson glaubt, daß die Wirklichkeit durch die Voraussetzungen der Interpretation hinreichend bestimmt ist. Beide gehen davon aus, daß die unmittelbare Umwelt für alle Menschen ähnlich genug ist, um gemeinsame Grundlagen für Interpretation zu gewährleisten. Und trotzdem bedurfte es nur einer gewissen Verallgemeinerung von Davidsons eigenen Beobachtungen, um auf eine beliebige und unentscheidbare Vielfalt von Vokabularen zu schließen. Dummetts Problem mit holistischem Denken erhebt sich, wie es scheint, von Neuem: Bestand bei Davidson Verständigung weitgehend in der Übertragung eigenen Denkens auf das fremde, so stehen bei Rorty die verschiedenen Vokabulare unversöhnt nebeneinander. Die Interpretation mag von einem zum anderen springen, jedoch ohne daß wir etwas wie Dummetts Begriff der Kommunikation erfüllen könnten. Wir wenden uns daher einer älteren Variante des praktischen Holimus zu, die einen Kompromiß zwischen diesen Extremen verheißt. Davidson selbst hat einmal darauf hingewiesen, daß Wittgenstein in seinem späten Text „Über Gewißheit" auf eigenen Wegen zu Behauptungen gelangt sei, die der Interpretationstheorie in vielem nahestehen. Wir werden also auf Wittgensteins Wegen das Problem des praktischen Holismus noch ein Stück weiterverfolgen.

2 Gewißheit

Das Dilemma des praktischen Holisten spitzt sich nun auf die folgende Frage zu: Gibt es nur *ein* allgemeines Vokabular, das die Bedeutungen unserer Ausdrücke weitgehend bestimmt, oder gibt es *viele* solcher Vokabulare? Sollte der Pragmatiker einen Holismus der Form (B) oder einen Holismus der Form (U) vertreten? Davidson hatte die Frage im ersten Sinne beantwortet: Wer etwas als Sprache identifiziert, hat bereits so viele Voraussetzungen ins Spiel gebracht, daß die Möglichkeiten konzeptueller Unterschiede nur gering sind, so daß sich kaum im Sinne Rortys von kontingenten „Vokabularen" sprechen läßt. Unter diesen Umständen bestehen also auch keine unlösbaren Kommunikationsprobleme. Falls die zweite Alternative bejaht wird, stellt sich die weitere Frage, ob und auf welche Weise unter diesen Umständen Verständigung mit Sprechern fremder Vokabulare stattfinden kann. Springt ein Feldlinguist, der die Sprache eines fremden Stammes lernt, tatsächlich nur zwischen Vokabularen hin und her, ohne eine Übersetzung anzufertigen oder eine Interpretation in seinem Sinne vorzunehmen? Oder, falls wir Rorty *normativ* deuten: *sollte* er tatsächlich so vorgehen, daß er „den Jargon des Gesprächspartners verstehen und verwenden lernt, anstatt ihn in den eigenen zu übersetzen"? Was heißt unter diesen Umständen „verstehen"?

Philosophische Theorien mit dem *common sense* zu konfrontieren, ist ein umstrittenes, aber manchmal heilsames Mittel zur Lösung philosophischer Probleme. Wittgenstein betritt diesen Weg unter einem Vorwand. George Edward Moore hatte zur Widerlegung des Skeptikers und zum Beweis der Existenz einer Außenwelt an den „gesunden Menschenverstand" appelliert, dem manches einfach gewiß sei. Moore erhob zu diesem Zwecke seine Hand und sagte: „Dies ist eine Hand". Diesen „Beweis einer Außenwelt" von 1939 nimmt Wittgenstein zum Anlaß seiner Bemerkungen über das Phänomen unmittelbarer Gewißheit. In unserem Zusammenhang ist *Über Gewißheit* deshalb interessant, weil es Wittgenstein nicht um das Problem der Existenz einer Außenwelt, sondern um die Frage geht, worin die Gewißheiten, auf die sich Moore beruft, bestehen. Sind sie zuverlässig? Sind sie universell? Bilden sie ein Fundament, das uns erlaubt, der Kontingenz der Einstellungen und Argumente zu entkommen, die durch die Existenz verschiedener „Vokabulare" nahegelegt würde? Wohl gemerkt ist die Frage nun allgemeiner als diejenige nach der Möglichkeit von „Protokollsätzen", auf die sich alle anderen Sätze zurückführen lassen. Weder Reduktion noch Verifikation stehen zur Debatte. Sind wir einiger Sätze gewiß, die zu unserem übrigen Netz von Überzeugungen passen, dann wird durch sie das ganze Netz eine Verankerung erhalten. Gäbe es also solche Gewißheiten, dann könnten wir sie als gemeinsamen Ausgangspunkt aller Begriffsnetze betrachten, wir hätten etwas, das wir als „analytische Aussagen" zugrundelegen könnten, und die Beliebigkeit der Vokabulare wäre zumindest stark beschränkt.

Intuitive Gewißheiten bestehen nicht nur in körperlichen Erfahrungen wie derjenigen, daß dies da meine Hand ist, oder daß ich gerade Rot wahrnehme. Auf viele Fragen würden wir mit Äußerungen der Art „Ich weiß, daß p" reagieren: Ich *weiß*, daß zwei und zwei vier ist, daß New York in den USA liegt, daß Pluto ein Planet unseres Sonnensystems ist etc. Ist die Wahrheit solcher Sätze tatsächlich *abhängig* von der Theorie oder Sprache oder wird sie durch außersprachliche Fakten bestimmt? Könnte uns tatsächlich ein Wechsel des Vokabulars zur Ablehnung solcher Sätze veranlassen, wenn wir ihnen zuvor zugestimmt hatten? Natürlich kann die Frage nicht in der trivialen Weise beantwortet werden, daß wir den Satz „Ich weiß, daß ich Erdbeere schmecke" ablehnen werden, wenn wir in unserem neuen Vokabular Erdbeeren nun als Stachelbeeren bezeichnen: In diesem Fall wüßten wir eben nun gewiß, daß wir Stachelbeeren schmecken. Könnte uns ein Wechsel des Vokabulars vom *Geschmack* der Erdbeere abbringen, gleichgültig, wie wir sie nennen? Auch dies scheint unplausibel, obwohl einige Forscher in der Diskussion um den Einfluß der Sprache auf Denken und Wahrnehmung dafür plädiert hatten. Im Sinne von Davidsons Theorie gehört der Geschmack von Erdbeeren zu denjenigen Kontextbedingungen einer Äußerung, die die *Ursache* dieser Äußerung sind. Vermutlich können also gewisse Schwankungen vorkommen (wer keine Beeren unterscheiden gelernt hat, wird vielleicht keinen Unterschied zwischen ihnen wahrnehmen), aber im großen und ganzen bleiben die Wahrheitsbedingungen von Sätzen der Art „Ich schmecke Erdbeere" stabil.

Bedeutet nun diese Stabilität, daß uns Sätze wie „Ich schmecke Erdbeere" gewiß sind in dem Sinne, daß wir zu einem Satz der Art (E) „Ich weiß, daß ich Erdbeere schmecke" übergehen könnten? Wittgenstein *verneint* dies und zwar in einer ganz bestimmten Hinsicht. Zweifellos gibt es Gelegenheiten, bei denen Sätze wie (E) einen guten Sinn haben, etwa wenn eine Person einem Test ihrer Geschmacksnerven unterzogen wird, oder wenn es um die Frage geht, ob ein bestimmtes Gericht Erdbeeren enthält oder nicht. Es sind Situationen, in denen *Zweifel* besteht und in denen es möglich ist, sich von der Richtigkeit der zugrundeliegenden Behauptung zu überzeugen. Der Test dafür, daß ein Satz der Form „Ich weiß, daß p" richtig verwendet wird, ist seine Verneinung: ist der Satz sinnvoll, dann muß auf den Satz „Ich weiß nicht, ob p" eine Anweisung folgen können, die sagt, wie man zum Wissen-daß-p gelangt. Sagt A also „Ich weiß nicht, ob ich Erdbeere schmecke", dann könnte man antworten: „Probiere eine echte Erdbeere und vergleiche!" und auf den Satz „Ich weiß nicht, ob dies meine Hand ist" könnte man den Vorschlag machen „Kneife dich in den Daumen und warte, ob du einen Schmerz spürst!" Philosophische Gebrauchsweisen dieses Ausdrucks halten sich nicht an diese Regel, im Gegenteil: Der Satz „Ich weiß, daß dies meine Hand ist" soll gerade einen Tatbestand zum Ausdruck bringen, der prinzipiell *nicht* bezweifelt, also auch nicht getestet werden kann. Dies ist die Ursache für das Gefühl der Verwirrung, in das philosophische Aussagen über die Gewißheit bestimmter Sätze den Hörer stürzen können. „Nur im Gebrauch hat der Satz Sinn", sagt Wittgenstein, und der Gebrauch ist in der philosophischen Verwendung außer Kraft gesetzt. *Wissen-daß* wird hier „gemißbraucht", wie Wittgenstein sagt, es wird außerhalb seines eigentlichen Sprachspiels verwendet.(6)[12]

Wittgenstein schließt daraus, daß der Ausdruck „ich weiß, daß" nicht zum Ausdruck von Gewißheit im philosophischen Sinne verwendet werden kann, also nicht dazu, dasjenige auszudrücken, was uns *unter allen Umständen* gewiß ist. Auch andere Ausdrücke sind für diesen Zweck ungeeignet. Sätze wie „Es ist meine unerschütterliche Überzeugung, daß p", „Ich bin absolut sicher, daß p" oder „Es gibt keinen Zweifel, daß p" haben andere Konnotationen – sie sind im Alltag mit „Ich weiß, daß p" beinahe synonym, aber vom philosophischen Gebrauch noch weiter entfernt. Es klänge seltsam, zu sagen „Es ist meine unerschütterliche Überzeugung, daß es eine Außenwelt gibt" – als ob sich dafür auf dieselbe Weise argumentieren ließe, wie für die Existenz von Leben auf dem Mars. Obwohl es also vermutlich Überzeugungen gibt, die quer durch verschiedene „Theorien" hindurch stabil bleiben, wird ihre Wahrheit zweifelhaft, sobald sie formuliert werden.

Sätze der Form „Ich weiß, daß p" haben in der Interpretationstheorie Davidsons keinen ausgezeichneten Status; man würde ihnen also bestimmte Wahrheitsbedingungen zuordnen, die insgesamt gesehen vermutlich das wiedergeben, was Wittgenstein als das Sprachspiel des Wissens beschreibt. Viele Beispiele, in denen Wittgenstein dieses Sprachspiel erläutert, lassen sich als ungefähre Angaben dieser Wahrheitsbedingungen für den alltäglichen, sinnvollen Gebrauch von „wissen" lesen. Da der philosophische Gebrauch diesen Bedingungen nicht entspricht, dürften Schwierigkeiten bei seiner Interpretation auftauchen.[13] Versuchen wir, solchen philosophischen Sätzen über Gewißheiten Wahrheitsbedingungen zuzuordnen, dann stellen wir fest, daß es sich zumindest zum Teil um Bedingungen handelt, die von der Situation der Interpretation im weiteren Sinne selbst vorausgesetzt werden. Es sind also Sätze mit einem „transzendentalen" Hintergrund. Sätze wie „Ich weiß, daß es eine Außenwelt gibt", „Ich weiß, daß ich hier bin", „Ich weiß, daß ich spreche (zweifle, denke)" beziehen sich auf notwendige Bedingungen dafür, daß sie überhaupt verstanden werden können, sie sind daher „solchermaßen in allen meinen Fragen und Antworten verankert [...], daß ich nicht an sie rühren kann". (103) Sie gehören zu einem „Weltbild", das den Hintergrund der Unterscheidung zwischen wahr und falsch bildet. (94) Da Wittgenstein alles, was die Form von Sprachspielen betrifft, zur Logik rechnet, sind Überzeugungen dieser Art deshalb gewiß, weil ein Irrtum *logisch* ausgeschlossen ist. (194) Im Sinne der Interpretationstheorie könnte man sagen, daß ein Irrtum sich durch die Logik der Interpretation verbietet.

Sätze der Form „Ich weiß, daß p" sind also sinnlos, wenn „p" durch einen Satz ersetzt wird, der sich auf die „Grammatik" des jeweiligen Sprachspiels bezieht. Trotz dieser Unaussprechlichkeit sind uns die Dinge, die in solchen Sätzen ausgedrückt werden, gewiß. Diese Tatsache „zeigt" sich sowohl in dem Mißbrauch, der von solchen Sätzen gemacht wird, als auch im Leben selbst. „Mein Leben zeigt, daß ich weiß oder sicher bin, daß dort ein Sessel steht, eine Tür ist usf. Ich sage meinem Freunde z. B. ‚Nimm den Sessel dort', ‚Mach die Tür zu', etc.etc." (7) Worin besteht also diese Gewißheit? Da sie sich selbst nicht in einem sinnvollen Satz ausdrücken läßt, könnte sie in einer Art Einstellung zu bestimmten Sätzen bestehen. Viele klassische Erklärungen gehen von der Existenz einer solchen besonderen Einstellung aus, die manchmal als eine Art inneres Sehen, manchmal als Evidenz oder, wie bei Russell, als „Bekanntschaft" charakterisiert wird. Wittgenstein selbst verneint diese Möglichkeit und zwar nicht deshalb, weil er jede Art von Evidenz ablehnen würde. Tatsächlich hatte er ja auch in dem eben angeführten Absatz bekräftigt, daß sich Gewißheit im Leben *zeigt*. So fordert er auch in den *Philosophischen Untersuchungen*, daß Erklärungen durch Beschreibungen ersetzt werden sollen, weil die Beschreibung etwas *zeigt*, das sich propositional nicht erklären läßt. (PU § 109) Wittgenstein ist vielmehr deshalb gegen die Evidenzauffassung, weil die Gewißheit, um die es geht, nicht *propositional* ist, also auch nicht in einer Einstellung zu Sätzen bestehen kann. Er vergleicht sie einmal mit dem impressionistischen Gemälde eines Baumes, das von weitem eindeutig einen Baum zeigt, aus der Nähe aber nur eine Sammlung von Farbflecken, die für sich gar nichts bedeuten. (481) Die Unsprachlichkeit von Gewißheit ist ein wichtiges Merkmal, das wir weiter unten noch genauer betrachten werden. Ihr Vorläufer im *Tractatus* ist die Unmöglichkeit, *formale*

Merkmale und Eigenschaften von Sachlagen sprachlich zu beschreiben. (Vgl. Kap. III.4)

Wittgenstein weist die Erklärung von Gewißheit durch Evidenz in bezug auf Sätze auch mit dem Argument zurück, daß sie dem holistischen Charakter von *Wissens- und Spracherwerb* widerspricht. Wir lernen eine Menge von Urteilen, die untereinander in verschiedener Weise als Prämissen und Folgerungen vernetzt sind, aber wir lernen nicht Sätze, die als Prämissen oder als Folgerungen zu gelten haben. Man bringt uns nicht zuerst Axiome bei, von denen wir dann unerschütterlicher überzeugt wären, als von anderen Sätzen. Wir lernen den Glauben an ein ganzes System von Sätzen, nicht einzelne Sätze. (141) Dieses Lernen geschieht nun in einer Situation der Interpretation, die ganz der Darstellung Davidsons entspricht. Wenn wir lernen, müssen wir einen Großteil dessen, was wir hören, zunächst einmal für wahr halten, wir können nicht von Anfang an jeden Satz überprüfen. „Alle Prüfung, alles Bekräften und Entkräften einer Annahme geschieht schon innerhalb eines Systems.“ (105) „Wer an allem Zweifel wollte, der würde auch nicht bis zum Zweifel kommen. Das Spiel des Zweifels selbst setzt schon die Gewißheit voraus.“ (115) „Wer keiner Tatsache gewiß ist, der kann auch des Sinnes seiner Worte nicht gewiß sein.“ (114) Wir nehmen also zunächst die dargebotenen Sätze unterschiedslos an und „schlucken“ gewisse Folgerungen ohne zu fragen. So lernt ein Kind, daß Berge soundso hoch sind, von gewissen Leuten bestiegen wurden, zur Erde gehören, die seit soundsoviel Jahren existiert etc. Mit diesen Aussagen ist etwa die stillschweigende Folgerung verknüpft, daß ein bestimmter Berg nicht erst gestern geschaffen wurde. Es sind solche implizit vermittelten Hintergrundaussagen, die zu den Gewißheiten gezählt werden, ohne überhaupt formuliert oder auch nur gedacht worden zu sein. (159) Ohne jemals den Gedanken bewußt erwogen zu haben, reagieren wir auf die Behauptung, die Alpen seien erst zwei Tage alt, spontan mit dem Ausruf „Unsinn!“, im Bewußtsein einer unerschütterlichen Gewißheit.

Auch dieses zweite Ergebnis ist wesentlich. Gewißheiten sind nicht nur von einer Art, die einen sprachlich korrekten Ausdruck faktisch unmöglich macht, es ist auch nicht nötig, einen Versuch zu ihrer Formulierung anzustrengen oder den Gedanken überhaupt zu denken. So folgt aus dem Bericht eines Bekannten, daß er soeben mit Kairo telefoniert habe, daß Kairo existiert, aber auch wenn wir uns gezwungen sehen würden, den Bericht selbst nachzuprüfen, würden wir die Prüfung nicht auf diese Folgerung ausdehnen. Lavoisier experimentiert mit bestimmten chemischen Stoffen in seinem Labor und zieht daraus bestimmte wissenschaftliche Schlüsse, aber er sieht sich nicht gezwungen, seine Experimente jede Stunde zu wiederholen: er nimmt stillschweigend an, daß die Welt im großen und ganzen konstant bleibt. Dieses letzte Beispiel zeigt nun, daß es nicht nur *Sätze* sind, die uns durch implizite Folgerungen Gewißheiten vermitteln, sondern *Handlungen*. Wir lernen, uns in der Welt zu bewegen, ohne im allgemeinen an der Festigkeit des Bodens, der Existenz anderer Menschen oder der Konstanz gewisser Ereignisse zu zweifeln; in anderen Fällen jedoch lernen wir solchen Zweifel durchaus mit. Wittgenstein betont, daß es sich hier um eine Art von *Vertrauen*, nicht von begründeter Überzeugung handelt.[14] Wir „wissen", daß der Boden fest ist, nicht, weil wir uns davon überzeugt hätten, sondern weil wir in unserem Handeln voraussetzen, daß er es ist. „Der vernünftige Mensch hat gewisse Zweifel *nicht*." (220) Gewißheit ist also die Einstellung des sich Verlassens auf die Wahrheit gewisser „Sätze", die nicht etwa an sich evident wären, sondern vom ganzen System unseres Denkens und Handelns meist implizit vorausgesetzt werden. Man könnte versucht sein, diese Einstellung, da sie sich faktisch nicht manifestieren muß, als *Disposition* eines Sprechers zu beschreiben, bestimmten Sätzen, die die Form gewöhnlicher Erfahrungssätze haben, unter allen Umständen zuzustimmen. Dies wäre eine Art Reizanalytizität im Sinne Quines; aber der Nutzen einer solchen Definition ist zweifelhaft. Wie sich eingangs zeigte, sind Sätze dieser Art im philosophischen Gebrauch sinnlos. Dies wird sich typischerweise durch Verwirrung und Unsicherheit der Testperson ausdrücken, sodaß die Reaktion auf die Frage „Ist dies deine Hand" ebensowohl „Selbstverständlich!" wie „Ich weiß nicht" oder „Was meinst du mit dieser Frage?" lauten könnte. Gleichzeitig bedeutet die Sinnlosigkeit nicht, daß es keine „Tatsache" gäbe, die einem solchen Satz entspricht – das entsprechende Vertrauen ist geradezu die Vorbedingung für das Funktionieren alltäglicher Sprachspiele –, nur zeigt sie sich auf ganz andere Weise.

In diesem Punkt offenbart sich ein wesentlicher Unterschied zwischen Wittgenstein und den analytischen Holisten wie Davidson und Quine. Die letzteren betrachten alle Überzeugungen als *propositional*, als Sätze oder als Einstellungen zu Sätzen. Die Gewißheiten, daß die Außenwelt existiert, daß dies meine Hand ist und hier eine andere Person, sind *Meinungen* oder *Repräsentationen*, die sich prinzipiell in die Form von sinnvollen Sätzen und in ein System bringen lassen. Aus diesen Meinungen folgen andere und sie selbst folgen aus anderen, sie bilden ein Netz von Überzeugungen, das die Daten mit Theorie auflädt. Diese propositionale Auffassung des Holismus zeigt sich besonders deutlich bei Davidson, der die Annahme, daß der andere *Sätze* äußert, gerade zu einer unabdingbaren Voraussetzung von Interpretation erklärt. Dieser „theoretische" Holismus, wie Dreyfuß ihn einmal genannt hat[15], betrachtet grundlegende Meinungen als Hypothesen, die prinzipiell von derselben Natur sind, wie wissenschaftliche Hypothesen und denselben Bedingungen unterliegen: sie stehen „als Kollektiv vor dem Tribunal der Erfahrung", d. h. sie können auf Kosten anderer Hypothesen beibehalten werden, selbst wenn die Erfahrung ihnen zu widersprechen scheint. Deshalb ist auch eine Entscheidung zwischen verschiedenen „Weltbildern" prinzipiell ebenso möglich, wie eine Entscheidung zwischen zwei konkurrierenden wissenschaftlichen Behauptungen – natürlich unter den beschriebenen holistischen Bedingungen.

Dagegen ist der Holismus, den Wittgenstein verficht, *nicht propositional*. Die Gewißheiten, auf die wir in unserer Lebenspraxis vertrauen, sind nicht Sätze, obwohl wir sie uns „im Nachhinein" bewußt machen und in die Form von Sätzen bringen können. Sie werden dann entgegen der Intention als normale wahr/falsch-Sätze interpretiert und erzeugen dadurch eine typische Form philosophischer Verwirrung. Solche Rationalisierungen nennt Wittgenstein mit einem irreführenden Ausdruck auch *methodologische Sätze* (318)[16]. Sie betreffen in gewissem Sinne die Regeln, nach denen ein Sprachspiel funktioniert, jedoch ohne daß diese Regeln – wie in wirklichen Spielen – außerhalb der Sprachhandlungen formuliert wären oder feststünden. Wir sprechen und handeln also u.a. nach einer impliziten Regel, die man als „Es gibt eine von uns unabhängige Außenwelt" formulieren könnte, und der Regelcharakter dieses Satzes zeigt sich daran, daß wir ihn nicht wirklich in Frage stellen können. Solche Regeln sind aus einem Sprachspiel abstrahiert und nicht etwa unabhängig von ihm gegeben. „Ich folge der Regel blind", sagte Wittgenstein schon in den *Philosophischen Untersuchungen* (§ 219). „Die Sätze, die für mich feststehen, lerne ich nicht ausdrücklich", schreibt er in *Über Gewißheit*, aber „ich kann sie nachträglich finden, wie die

Rotationsachse eines sich drehenden Körpers." (152) Aus diesem Grund kann uns auch niemand von der *Falschheit* solcher Sätze überzeugen, ohne uns ein anderes Sprachspiel zu lehren. (310–315) Umgekehrt können wir kein fremdes System verstehen, indem wir uns seine methodologischen Sätze aneignen, und ohne daß wir lernen, in ihm zu sprechen und zu handeln. So erklärt sich, weshalb einzelne Sätze eines Systems in Frage gestellt werden können, ohne daß die Spielregeln davon berührt würden, während eine dramatische Änderung großer Teile unserer Überzeugungen bewirkt, daß wir zu einem anderen Spiel übergehen und sich also auch die zugrundeliegenden Gewißheiten ändern. Ein solcher Übergang wird aber im allgemeinen nicht plötzlich, sondern allmählich vor sich gehen, in einer Weise, daß wir die langsame Umdeutung unserer methodologischen Sätze gar nicht wahrnehmen. Dieser Übergang ist nicht der Wechsel von einem Glaubenssystem zu einem anderen, sondern eine Änderung der *Lebensform*. Diesen umstrittenen Begriff werden wir weiter unten noch genauer betrachten.

Da das letzte Holon in Handlungen im sozialen Kontext besteht, sprechen wir hier von einem *praktischen Holismus*. Die Lebenspraxis, nicht ein System von Hypothesen, ist die Grundlage unserer Überzeugungen. Unsere Gewißheiten entnehmen wir der Art und Weise, wie wir in der Welt und mit der Sprache umgehen, sie müssen weder die Form von Sätzen annehmen, noch überhaupt gedacht werden. In gewissem Sinne bilden sie ein *Fundament* dieses Umgangs (402) und Wittgenstein erklärt sie einmal als „Flußbett", in dem die anderen Überzeugungen fließen, und das sich im Laufe der Zeit verschieben oder versanden kann. Zum Teil besteht dieses Flußbett aus hartem Gestein, das wenig Veränderung unterliegt, zum Teil aus Sand, der hier und dort weg- oder angeschwemmt wird. Regeln, die das große Spiel der Interpretation betreffen, mögen solchem harten Gestein entsprechen, während Regeln bloß kulturell bedingter Sprachspiele eher variabel sind. Die Entstehung und Verschiebung des Flußbettes geschieht dadurch, daß einiges von Sprechern oder Sprachgemeinschaften als unbezweifelbar betrachtet wird und anderes nicht. Allerdings ist dieses Nichtbezweifeln kein willkürlicher Akt, keine Einstellung, die man gegenüber einem einzelnen Satz einnehmen kann oder nicht. „Was feststeht", schreibt Wittgenstein in einer anderen Metapher, „tut dies nicht, weil es an sich offenbar oder einleuchtend ist, sondern es wird von dem, was darum herumliegt, festgehalten". (144) Das Bild läßt sich auch als Antwort auf Moores Beweis einer Außenwelt verstehen: „Moore *weiß* nicht, was er zu wissen behauptet, aber es steht für ihn fest, so wie auch für mich; es als feststehend zu betrachten, gehört zur Methode unseres Zweifelns und Untersuchens." (151) *Ein methodologischer Satz p ist gewiß* heißt also soviel wie *p steht fest* in dieser doppelten Bedeutung von „feststehen": wir gehen davon aus, daß er gegenüber allen sonstigen Veränderungen stabil bleibt. In diesem Sinne ist also das Motto dieses Kapitels zu verstehen: „Ich bin auf dem Boden meiner Überzeugungen angelangt. Und von dieser Grundmauer könnte man beinahe sagen, sie werde vom ganzen Haus getragen." (248) Das eigentliche Fundament und der Ausgangspunkt sind die sprachlichen und sonstigen *Handlungen*, daher paßt hier das Goethe-Zitat: „Im Anfang war die Tat". (402)

3 Lebensform

Lebensformen sind nichts Festes und auch Sprachen oder Sprachspiele entstehen, veralten und werden vergessen. In den *Philosophischen Untersuchungen* zählt Wittgenstein eine ganze Reihe von Sprachspielen auf, die sich auf verschiedenste Weisen wandeln können. Dazu gehört: Beschreiben eines Gegenstandes, Berichten eines Hergangs, eine Hypothese aufstellen und prüfen, Theater spielen, Rätsel raten, Bitten, Danken, Fluchen, Grüßen, Beten ... (§ 23) Der typische Fall, der den Gedanken Quines zugrunde lag, das Aufstellen und Testen von Hypothesen, ist hier nur eine von zahlreichen Möglichkeiten, mit Sprache umzugehen – analog zur Behauptung Rortys, daß das Vokabular der Wissenschaft nur eines von vielen möglichen ist und nichts darauf hinweist, daß es gegenüber den anderen als „besser" oder „wahrer" betrachtet werden müsse. Für Wittgenstein sind jedoch die Sprachspiele selbst nicht voneinander unabhängig, sondern durch die gemeinsame Lebensform geeint. Sie alle finden in einem sozialen Ganzen statt, das auf vielfältige Weise miteinander verwoben ist. Die unausgesprochenen und (im oben beschriebenen Sinne) unaussprechlichen Gewißheiten sind es, die diese Lebensform zusammenhalten und dadurch auch den Fluß der Gedanken und die Bildung von Theorien und Meinungen lenken. Die Theorien wiederum sorgen für die Bedeutungen der Sätze und aus den Sätzen werden die Bedeutungen der Ausdrücke abstrahiert. Die

Lebensform könnte man also als das eigentliche Holon bezeichnen, das letztlich die Bedeutung unserer Wörter bestimmt.

Der Begriff der Lebenform ist nicht unumstritten.[17] Wittgenstein spricht manchmal so, als sei eine Lebensform die Gesamtheit der Sprachspiele, manchmal scheint er direkt Lebensform und Sprache zu identifizieren. Am Ende der *Philosophischen Untersuchungen* heißt es: „Das Hinzunehmende, Gegebene – könnte man sagen – seien Lebensformen" (S. 572).[18] Die meisten Interpreten sind sich darüber einig, daß eine Lebensform nicht in einer Sprache oder deren Sprachspielen selbst, sondern in gewissen „Regelmäßigkeiten" oder Invarianzen besteht, die sich in den Sprachspielen zeigen. Solche Regelmäßigkeiten sind „gegeben", sie werden nicht in Frage gestellt, sondern bilden die Grundlage sprachlicher Handlungen. Eine Lebensform ist also dasjenige, was nicht bezweifelt oder geprüft werden kann, da es vom Sprachspiel des Zweifelns und Prüfens selbst vorausgesetzt wird. Die Lebensform ist den Sprechern einer Sprache oder Sprachgemeinschaft gewiß, sie wird in ihren Handlungen unbefragt vorausgesetzt und nur im Nachhinein unzulänglich propositional erfaßt. Die Lebensform *ist* also jenes Fundament aus methodologischen „Sätzen", das aus dem Ganzen der Lebenspraxis implizit gewonnen und damit vom ganzen Gebäude getragen wird. Simon (1995) hat darauf hingewiesen, daß aus diesem Grund eine aktuelle Lebensform niemals von einem Sprecher als Ganzes überblickt und beschrieben werden kann, es sei denn, sie ist bereits im Absterben begriffen oder „primitiver" als die Lebensform, in der die Beschreibung stattfindet. Simon vergleicht dieses Phänomen mit der Rolle, die die „logische Form der Abbildung" im *Tractatus* einnahm. Ein Bild einer Sachlage ist ein Modell, in welchem gewisse Gegenstände (z. B. Namen) die Gegenstände in der Sachlage vertreten. Die abstrakten formalen Merkmale der Sachlage können nicht von „formalen Gegenständen" vertreten werden, sondern müssen durch die logische Form der Abbildung selbst dargestellt werden. Eine der wichtigsten Aussagen Wittgensteins im *Tractatus* lautete daher, daß die logische Form selbst nicht „von außen" dargestellt werden kann, sondern sich in jeder möglichen Darstellung *zeigen* muß. Wie Wittgenstein schon 1917 an Engelmann schrieb, ist „das Unaussprechliche [...], – unaussprechlich – in dem Ausgesprochenen *enthalten*".[19] In demselben Sinne könnte man nun die Lebensform als dasjenige betrachten, was unaussprechlich in den sprachlichen Handlungen enthalten und daher einfach hinzunehmen und gegeben ist.[20]

Betrachten wir nun von diesem Standpunkt aus die Situation radikaler Übersetzung oder Interpretation, die Begegnung des Feldforschers mit dem unbekannten Dschungelstamm, für dessen Sprache keine Kette von Übersetzern existiert. Welche Rolle spielt „die Lebensform“ in diesem Zusammenhang? Wie stellt sich die Situation gegenüber den Erklärungsversuchen von Quine und Davidson nun dar?

Die erste Frage lautet: Gibt es nur *eine* universale Lebensform oder gibt es verschiedene Lebensformen, die miteinander in Konflikt treten können?[21] Eine universale Lebensform wäre z. B. eine Art universaler Grammatik im Sinne der klassischen Rationalisten. Die Situation der radikalen Übersetzung würde unter der Voraussetzung, daß eine solche Grammatik existiert, kein wesentliches Problem darstellen. Die Übersetzung oder Interpretation würde sich immer in gewissen Kategorien bewegen, von denen vorausgesetzt werden könnte, daß sie in allen Kulturen und allen Sprachen ähnlich oder gleich sind. Die Bedeutungen von Ausdrücken wären durch solche zugrundeliegenden Strukturen hinreichend bestimmt; die universale Grammatik würde ein Fundament bilden, auf dessen Basis ein Vergleich von Begriffen, Überzeugungen oder Theorien keine wesentlichen Unbestimmtheiten zur Folge hätte.

Wittgensteins Metapher vom Flußbett, das sich mit der Zeit verschieben oder versanden kann, widerspricht einer solchen Idee nicht prinzipiell, denn auch die universale Grammatik könnte sich im Laufe der Zeit schon aus biologischen Gründen verändern. Aber seine Beschreibung, *wie* sich eine Lebensform herausbildet und kristallisiert, läßt kaum eine solche „monistische“ Deutung zu. Die Lebensform ist, wie sich zeigte, in der Lebenspraxis *fundiert*, und dies ganz im Sinne Husserls (vgl. Kap. II): sie ist von den Handlungen der Subjekte einer kulturellen Gemeinschaft ontologisch abhängig und gleichzeitig nicht auf diese reduzierbar. Das Handeln scheint gewissen Regeln zu folgen, es weist Regelmäßigkeiten und Analogien auf, und es sind gerade diese Regelmäßigkeiten, die durch eidetische oder sprachliche Variationen von Situationen entdeckt und in beschränktem Maße auch „von innen“ beschrieben werden können. Aber man kann nicht sagen, daß Handeln im Befolgen solcher Regeln besteht – sie sind vielmehr implizite, nichtsprachliche, aus den Tatsachen unbewußt abstrahierte Maximen, deren Formulierung erst gelingt, wenn sie schon ihre Rolle verloren haben. Die Verwicklung von

„Erkenntnis" und „Technik des Denkens" ist so eng, daß wir in der Regel gar nicht unterscheiden können, auf was wir uns unhinterfragt verlassen. Erst wenn die kulturellen Gegebenheiten und damit auch die Inhalte sich so stark ändern, daß sie von der gewohnten Technik nicht mehr adäquat erfaßt werden können, wird die Verbindung augenfällig. Aber die Tatsache, daß die Lebensform vom Gebäude des ganzen Lebens getragen wird, zeigt eben doch, daß verschiedene Arten zu leben auch verschiedene Lebenformen bedingen müssen. Die rudimentären Gemeinsamkeiten aller menschlichen Gesellschaften – Essen, Nahrungserwerb, Sexualität, Geburt, Tod etc. – können dabei gewisse gemeinsame Bezugspunkte oder Grundkategorien bieten – der Grund, weshalb etwa Malinowski eine universale Anthropologie für möglich hielt. Aber auch hier können sich die Wertungen so weit verschieben, daß ein Vergleich praktisch unmöglich ist. Man denke etwa an Huxleys Konstruktion einer „schönen neuen Welt" aus den dreißiger Jahren, in der Konsum den Lebensmittelpunkt darstellt, Zeugung und Geburt nur noch *in vitro* stattfinden, sexuelle Promiskuität zur gesellschaftlichen Norm erhoben ist und natürliche Fortpflanzung, Alter und Tod tabuisiert sind. Die Konfrontation von Angehörigen dieser Zivilisation mit den traditionalen Lebensbedingungen in Indianerreservaten bedroht die „Zivilisierten" im Prinzip aus dem Grunde nicht, weil die grundlegenden Wertungen diametral entgegengesetzt sind: Was dem Indianer heilig ist, ist dem Bürger der Schönen Neuen Welt an sich ein Greuel; ein Vergleich und damit ein echter Konflikt scheint für die Angehörigen der einen oder anderen Seite unmöglich. Huxleys Geschichte lebt zwar davon, daß ein solcher Vergleich sowohl intern innerhalb der Erzählung, als auch extern vom Standpunkt des Erzählers aus geschieht. Die Protagonisten, denen ein solcher Vergleich gelingt und die dadurch teils in lebensbedrohliche Konflikte geraten, sind jedoch entweder Bürger beider Welten, oder stehen wie der „Weltkontrolleur" über beiden Welten in einer Art umfassenden Lebensform.

Die Existenz verschiedener Arten von Lebenspraxis zeigt also, daß es verschiedene Lebensformen gibt, die sich ebenso weit voneinander unterscheiden können, wie die kulturellen Unterschiede reichen. Da nun Lebensformen in einem stillschweigenden Sich-Verlassen auf die Gültigkeit gewisser „Folgerungen" und „Regeln" oder in impliziten Überzeugungen bestehen, die ihre prinzipielle Bedeutung verlieren, sobald sie propositional erfaßt und ausgesprochen sind, stößt die Konfrontation von verschiedenen Lebensformen auf systematische Probleme. Die Situation des Fremden im fremden Land stellt sich nun nicht mehr als das Problem dar, die andere Sprache ohne Hilfe eines Übersetzers aus den Äußerungen des anderen zu erschließen. Denn der Eingeborene kann dem Besucher ein völliges Rätsel sein, auch dann, wenn er dessen Sprache gelernt hat. „Man *versteht* die Menschen nicht", schreibt Wittgenstein in diesem Zusammenhang einmal. „(Und nicht darum, weil man nicht weiß, was sie zu sich selber sprechen.) Wir können uns nicht in sie finden."[22] Das Problem ist nicht das Verständnis der Bedeutung von Sätzen, denn selbst wenn ein Löwe sprechen könnte, würden wir ihn nicht verstehen. (ebd.) Das Problem ist vielmehr, daß die sprachlichen und sonstigen Handlungen andere „methodologische Sätze" implizieren, so daß selbst eine korrekte Übersetzung einer Äußerung in einen Ausdruck der anderen Sprache keinerlei Verständnis erzeugt. Die Sprachen können dabei sogar dieselben sein, wie in Huxleys Schöner Neuer Welt: Als Linda, die von ihrem Freund schwanger in einem Reservat zurückgelassen wurde, nach Jahren zurückkehrt und dem jetzigen Direktor erklärt, daß sie die Mutter seines Sohnes, er also der Vater ist, spricht sie, obwohl Englisch, in gewissem Sinne die Sprache des Reservats. Die Ausdrücke „Vater", „Sohn" und „Mutter" bezeichnen beinahe sakrale menschliche Beziehungen; mit ihnen appelliert Linda an elementare Gefühle, die für den zivilisierten Direktor jedoch nicht existieren. Ihre Äußerung im Kontext der Schönen Neuen Welt löst im Gegenteil das Gefühl von außerordentlicher Peinlichkeit aus und führt zum sozialen Ruin des Direktors. Die Methode der radikalen Interpretation ist hier also kein Ausweg: Daß die Menschen dort Sätze mit Bezug auf dieselben äußeren Gegenstände gebrauchen wie wir, vermittelt uns nicht die methodologischen Sätze, die ihre Gedanken und Handlungen leiten. Der Aufbau der Interpretation auf dem Begriff der Wahrheit erweist sich als fragwürdig. Das Ende einer solchen Interpretation kann nur darin bestehen, daß das eigene Weltbild dem fremden übergestülpt wird. Gibt es einen Ausweg aus dieser Situation?

Folgen wir Wittgenstein, dann kann eine Verständigung zwischen Angehörigen verschiedener Lebensformen nur dann zustandekommen, wenn der eine die Lebensform des anderen übernimmt. Erst dann wird der Prozeß einsetzen, der die Regeln der Lebenspraxis, die unaussprechlichen methodologischen Sätze, unmittelbar zeigt. Eine

Übersetzung solcher Sätze kann dazu offenbar wenig beitragen, da die methodologischen Sätze zum einen in ihrer alltäglichen Verwendung einen anderen Sinn erhalten, und zum zweiten, wie die Äußerungen Lindas, im Rahmen der fremden Lebensform ganz anders interpretiert werden. In *Über Gewißheit* schildert Wittgenstein diesen Vorgang der Übernahme gewisser Grundlagen im Prozeß des Lernens: „(310) Ein Schüler und ein Lehrer. Der Schüler läßt sich nichts erklären, denn er unterbricht (den Lehrer) fortwährend mit Zweifeln, z. B. an der Existenz der Dinge, der Bedeutung der Wörter etc. Der Lehrer sagt: ‚Unterbrich mich nicht mehr und tu, was ich dir sage; deine Zweifel haben jetzt noch gar keinen Sinn.' [...] (314) Denk dir, der Schüler fragte wirklich: ‚Und ist ein Tisch auch da, wenn ich mich umdrehe; und auch, wenn ihn *niemand* sieht?' Soll da der Lehrer ihn beruhigen? und sagen ‚Freilich ist er da!' – Vielleicht wird der Lehrer ein bißchen ungeduldig werden, sich aber denken, der Schüler werde sich solche Fragen schon abgewöhnen." Was vom Schüler verlangt wird, ist die Übernahme der methodologischen Sätze, die von dem Gelernten vorausgesetzt werden, die Übernahme der Lebensform also, die „hinter" dem zu Lernenden steckt.

4 Fremde Welten

Wir kehren zum Abschluß unserer Untersuchungen ein letztes Mal zu dem seltsamen Denken der Azande zurück, das vor allem in den philosophischen Debatten über Rationalität und Relativität von Erkenntnis eine große Rolle gespielt hat.[23] Das Weltbild der Azande scheint ein guter Testfall für die Frage, ob es rudimentäre Gemeinsamkeiten auch noch so verschiedener Lebensformen gibt oder nicht. Diese Frage ist allerdings angesichts unserer bisherigen Untersuchungen naiv: Es steht nicht zu erwarten, daß wir durch Forschungen oder Überlegungen irgendeiner Art herausfinden, ob das Zande-Denken mit dem unseren „tatsächlich übereinstimmt", da wir – wenn Wittgenstein recht hat – weder unsere eigene Lebensform als Ganze überblicken und mit einer anderen vergleichen können, noch – wenn Davidson recht hat – die Lebensform des anderen verstehen können, ohne bereits einen großen Teil unserer eigenen auf die fremde zu projizieren. Auch die Möglichkeit, die Lebensform der Azande zu übernehmen, steht uns nicht offen. Der Sinn eines solchen Vergleichs muß also ein anderer sein: Wir können ihn benutzen, um die verschiedenen Variationsmöglichkeiten einer Interpretation sichtbar zu machen und ihre Plausibilität zu überprüfen. Die Kontrahenten in der Debatte um die Azande haben sich selten auf Davidson, dagegen häufig auf Wittgenstein berufen, aber nichtsdestoweniger ausführlichen Gebrauch von Nachsichtigkeitsprinzipien à la Davidson gemacht. In gewissem Sinne liefert uns die Kontroverse daher ein lebendiges Beispiel radikaler Interpretationsversuche und zeigt, in welcher Weise damit verbundene Prinzipien revidiert werden sollten, um nicht gänzlich unerwünschte Ergebnisse zu zeitigen.[24]

Nach Wittgensteins Auffassung sollten Gemeinsamkeiten zwischen Lebensformen dort zu finden sein, wo die Lebensumstände sich ähneln, und dies war, wie Evans-Pritchard eindrucksvoll bezeugt hat, bei den Azande nicht der Fall. Selbst die Organisation des Lebens nach dem Muster des britischen Rechtssystems brachte die Azande (zumindest zunächst) nicht von ihren magischen Vorstellungen ab. Dies könnte darauf hinweisen, daß solches Denken sehr tief in der Kultur und in den Handlungen einer Gemeinschaft verankert ist, in der es durch entsprechende Rituale immer wieder reproduziert wird, und daß es nicht durch äußerlich aufgezwungene soziale Veränderungen verschwindet. Jedoch ist die Forschungslage hier zu unsicher (vor allem fehlen Langzeitbeobachtungen), als daß sich weitreichende Spekulationen lohnen würden. Daher war es auch nicht so sehr das magische Denken an sich, das die Phantasie der Philosophen bewegt hat – solches Denken ist westlichen Gesellschaften keineswegs fremd – sondern, wie schon in der Einleitung bemerkt, der Gebrauch der *Logik*, der unseren Vorstellungen von Rationalität so gänzlich zu widersprechen scheint. Das gutwillige Bemühen, den Fremden nicht als irrational abzustempeln, schien hier an seine Grenzen zu stoßen – für uns ein Zeichen, daß in diesem Punkt verschiedene Lebensformen aufeinanderprallen.

Quine glaubt, daß die Logik das Zentrum unseres Begriffsnetzes bildet, das nur im äußersten Notfall für Revisionen zugänglich ist. Man könnte vermuten, daß die Logik aus diesem Grund methodologische Sätze einer besonders allgemeinen und verbreiteten Art umfaßt, die sich so zwingend aus unseren sprachlichen und sonstigen Handlungen ergeben, daß sie nicht angetastet werden können, ohne das ganze Gebäude ins Wanken zu bringen. Die Überlegungen Rortys und Wittgensteins legen die Möglichkeit nahe, daß eine solche Auffassung selbst nur für eine gewisse Lebensform – die wissenschaftliche – charakteristisch und keineswegs universell sein könnte. Was folgt daraus für den semantischen Holismus? In Davidsons Theorie der Interpretation ist die Annahme, daß der andere die Regeln der Prädikatenlogik erster Stufe beherzigt, eine unabdingbare Voraussetzung, damit der Interpretationsprozeß überhaupt in Gang gesetzt wird und die Tarskische Wahrheitstheorie Anwendung findet. Auch für Quine zählte die Möglichkeit, aussagenlogische Junktoren zu identifizieren, zu einer der Vorbedingungen radikaler Übersetzung. Sollten wir also schließen, daß der Zande, der seine für uns widersprüchlichen Vorstellungen über Hexerkraft erklärt, keine Sprache spricht? Dies wäre sicherlich voreilig: Die Tatsache, daß wir ihm logische Konsistenz unterstellen müssen, um seine Sprache zu lernen, schließt nicht aus, daß wir in einem späteren Stadium feststellen, daß wir uns darin geirrt haben.[25] Aber gerade das Prinzip der Nachsicht verlangt, daß wir an dieser Stelle nicht stehenbleiben, sondern versuchen, sowohl Konsistenz, als auch Übereinstimmung mit unseren eigenen Überzeugungen zu maximieren. Es wäre möglich, daß dies eine paradoxe Forderung ist, und zwar gerade dann, wenn die Zande-Auffassungen nach unserer Logik schlicht inkonsistent sind und bleiben. Aber paradoxe Interventionen mögen auch in der Philosophe therapeutischen Erfolg nach sich ziehen, und dies scheint eine Lehre, die aus der Anwendung von Davidsons Interpretationstheorie auf das Denken der Azande gezogen werden muß.

Von den Berichten Evans-Pritchards über die Azande hat besonders die Schilderung ihrer Auffassungen über Hexer die philosophische Diskussion belebt. Schon in der Einleitung hatten wir gesehen, daß ihre Vorstellungen über die Vererbung der Hexerkraft nach unseren Auffassungen inkonsistent sind. Wir wiederholen das Argument, das die Azande nicht anerkennen, in einer ausführlicheren Variation:[26]

(Z) 1) Nur und ausschließlich Hexen haben Hexerkraft.
2) Hexerkraft wird immer auf die gleichgeschlechtlichen Kinder eines Hexers vererbt.
3) Der Zande-Clan ist eine Gruppe von Personen, die biologisch über die männliche Linie miteinander verwandt sind.
4) Die männliche Person A des Clans C ist ein Hexer.

(*) 5) Alle Männer in Clan C sind Hexer.

Nach Evans-Pritchard verstehen die Zande „den Sinn dieses Einwands, erkennen die Schlußfolgerungen daraus jedoch nicht an“[27], sie betrachteten also nicht automatisch alle männlichen Mitglieder eines Clans als Hexer, wenn sie einen Hexer in diesem Clan entdeckt hatten. Evans-Pritchards nächster Satz liefert bereits eine gewünschte Erklärung für dieses Verhalten: „Sollten sie es tun, würde das die gesamte Vorstellung von Hexerei in Widersprüche verwickeln.“ Mit anderen Worten finden wir hier eine typische Instanz der Duhem-Quine-These: Eine bevorzugte Hypothese („A ist ein Hexer“) wird auf Kosten anderer Aussagen aufrechterhalten, und zwar zählen die geopferten Aussagen zum Zentrum des Begriffsnetzes, zur Logik. Denn die Schlußfolgerung (*) wird gar nicht erst gezogen, und um sie nicht ziehen zu müssen, werden zwingende logische Schlußregeln (in unserer einfachen Rekonstruktion der Einleitung der *modus ponens*) aufgegeben.

Wie überzeugend ist diese Rekonstruktion? Sie bietet zwar eine relativ simple Anwendung des modernen wissenschaftstheoretischen Holismus, aber sie läßt die Azande gerade in jenem Licht erscheinen, das selbst Frazer für antiquiert hielt: als eine soziale Gruppe, die sich aus an sich schon irrationalen Motiven kollektiv weigert, einfache logische Gesetze anzuerkennen. Nach den Regeln der Interpretationstheorie wurden hier also keineswegs Konsistenz und Übereinstimmung mit den eigenen Auffassungen maximiert. Das Verhalten der Azande gleicht unter dieser Beschreibung eher der Vogel-Strauß-Politik, die Charles Sanders Peirce als die niedrigste Stufe der Erkenntnis betrachtet hatte.[28] Evans-Pritchard vertrat in der Tat einen differenzierteren Standpunkt. Er unterschied die *Praxis* von der *Theorie* des Zande-Denkens und erklärte im Anschluß an den zuletzt zitierten Satz: „In der Praxis sehen sie nur nahe paternale Verwandte als Hexer an. Nur in der Theorie kommt es vor, daß sie die Anschuldigungen gegen einen Hexer auf alle Männer seines Clans ausdehnen.“ Theorie betrieben die Azande jedoch selten und sie waren nicht einmal an relativ konkreten Fragen wie derjenigen, ob A ein Hexer ist, interessiert. In der Praxis versuchten sie herauszufinden, ob eine Person für einen bestimmten magischen Akt verantwortlich ist, und die Frage, ob A ein Hexer ist, interessierte sie nur in solchen Zusammenhängen. Es braucht nicht betont zu werden, daß die Azande als schriftloser Stamm keine logischen Gesetze formuliert hatten.

Unter Beachtung dieser Fakten wurden nun verschiedene Erklärungsversuche des Zande-Verhaltens angeboten. Evans-Pritchard selbst betrachtete dieses als eine Form irrationalen Verhaltens, das nicht spezifisch für das Volk der Azande oder für illiterale Kulturen überhaupt ist, sondern im alltäglichen Leben auch des „westlichen" Menschen ständig vorkommt. Man macht sich eben über die logischen Grundlagen seiner Handlungen keine weiteren Gedanken und bemerkt Widersprüche nur dort, wo praktische Konsequenzen auftauchen. Bei den Azande war dies z. B. dann der Fall, wenn ein Mann einmal mit dem Argument, er sei Sohn eines Hexers, der Hexerei bezichtigt wurde. In einem solchen Fall antworteten die Azande mit Zusatzannahmen, z. B. bestritten sie die Vaterschaft oder behaupteten, daß die Hexerkraft im Körper eines Menschen „kühl" bleiben und niemals genutzt werden könne. Die Azande entgingen auf diese Weise offenen Widersprüchen, aber sie handelten doch nach westlichen Maßstäben unvernünftig: Ihre eigene Auffassung, so die Unterstellung des Ethnologen, hätte sie eigentlich dazu zwingen müssen, ihre Vorstellungen von Hexerei wegen interner Widersprüchlichkeit aufzugeben. Die Erklärung ihres Verhaltens als eine Art unlogische, aber nützliche Praxis, wie sie überall vorkommt, maximiert also zwar in gewissem Sinne die Übereinstimmung, sie läßt die Azande nicht mehr als primitive Idioten erscheinen, die einfache logische Widersprüche institutionalisieren, aber sie bleibt bei der Auffassung, daß „die Wirklichkeit" unserer Logik entspricht und die Azande sich in objektivem Irrtum befinden.

Jedoch gibt es Versuche, auch die logische Konsistenz der Azande zu maximieren. So behauptete Triplett (1988), daß das Verhalten der Azande in keiner Weise unlogisch und im Gegenteil geradezu ein Beweis für Universalität der aristotelischen Logik sei, die im praktischen Denken aller Kulturen Verwendung finde. Triplett argumentiert auf die folgende Weise: Wenn die Azande auf den Widerspruch hingewiesen wurden, reagierten sie mit Antworten, die eine der Prämissen des Arguments in Frage stellten, und dieses Vorgehen ist eine Instanz der *reductio ad absurdum*, einer völlig korrekten logischen Methode. Insbesondere bedeutet die Behauptung, daß Hexerkraft in einer Person ruhen („kühl" bleiben) könne, eine Zurückweisung der Prämisse (1), denn Personen mit kühler Hexerkraft wurden eben nicht als Hexer betrachtet. Entsprechend deutet die Beobachtung von Evans-Pritchard, daß die Azande nur die nächsten paternalen Verwandten als Hexer betrachteten, auf eine Zurückweisung von Prämisse (2).

Wie steht es mit der Plausibiliät dieser Erklärung? Sie bildet sicherlich einen heroischen Versuch, die Rationalität der Azande zu maximieren, jedoch geht sie wiederum auf Kosten der Übereinstimmung mit unserem Denken. Gerade durch die Rekonstruktion einer internen Logik erscheint das Weltbild der Azande nun wie das Überzeugungssystem einer weltfremden Sekte, das zwar in sich stimmig ist, aber auf absurden Prämissen beruht. Die Rekonstruktion Tripletts ist ein Beispiel für jenes Denken, das Frazer – zu seiner Zeit als unleugbaren Fortschritt – in die Anthropologie eingebracht hatte: Der „Wilde" gilt als durchaus rational, seine Denkschritte sind folgerichtig, seine Beobachtungen im Rahmen seiner Möglichkeiten korrekt, nur daß sein Wissen nicht ausreicht, um jene Erklärungen zu produzieren, die die moderne Wissenschaft als Annäherungen an die Wirklichkeit erachtet. Magisches Denken ist nach dieser Auffassung eine primitive Form von Naturwissenschaft. Dies ist sicherlich eine gründliche Anwendung des Nachsichtigkeitsprinzips, vielleicht sogar die gründlichste, die auf dem Boden der Interpretationstheorie Davidsons möglich ist.

Die Azande verweigerten sich jedoch einem solchen Zugang. Wie Evans-Pritchard und nach ihm Bloor und Jennings (1989) betont haben, kann der Widerstand der Azande gegen Argument (Z) nicht als logische Schlußfolgerung betrachtet werden. Evans-Pritchard stellte fest, daß die Azande *keinen Widerspruch wahrnehmen*, daß sie die Prämissen akzeptieren, aber nicht die Konklusion. Dies steht nur scheinbar im Gegensatz zu der Beobachtung, daß sie auf drängende Fragen hin einzelne Prämissen verwarfen und dadurch den Widerspruch vermieden. Triplett hatte behauptet, daß die Azande angesichts des Widerspruchs ihre Überzeugungen revidierten, aber diese Revisionen schlugen sich nicht im öffentlichen Überzeugungssystem der Azande nieder. Sie müssen als individuelle Versuche gelten, den Einwänden des Ethnologen mittels einer Art natürlicher Rationalität zu entgegnen. Aber sie repräsentieren, wie Jennings betont hat, nicht das *institutionalisierte* Denken der Azande. Wäre dem so, dann hätten Prämissen wie (1) und (2) nicht mehr als korrekt gelten können, das ganze System der Magie hätte revidiert werden müssen. Der Widerspruch bleibt also ebenso bestehen, wie die Tatsache, daß die Azande ihn nicht weiter bedrohlich fanden. Mit anderen Worten: Der Satz „Alle männlichen Mitglieder von C sind Hexer und nicht alle männlichen Mitglieder von C sind Hexer" oder die allgemeine Form der Kontradiktion „p und nicht-p" brachte die Azande nicht ins Grübeln. Für die wohlwollende Interpretation stellt sich das Problem der Existenz einer Gesellschaft, die auf logische Konsistenz offenbar keinen Wert legte. Wie schon früher bemerkt waren die Azande davon praktisch in keiner Weise beeinträchtigt; weder in ihrem Handwerk, noch im Ackerbau, noch in sonstigen Fertigkeiten unterliefen ihnen schwerwiegende oder folgenreiche Irrtümer.

Wie erklärt sich also ein solches Verhalten? Die Frage selbst ist keineswegs selbstverständlich: ebensogut könnten wir fragen, weshalb die Indifferenz der Azande überhaupt erklärungsbedürftig sein sollte? Der Grund, weshalb uns eine Erklärung des Zande-Denkens dringlich erscheint, kann nur darin liegen, daß wir die Regeln der Logik als besonders *fundamental* betrachten, gewissermaßen, wie Wittgenstein im *Tractatus*, als Ausdruck formaler Eigenschaften jeder möglichen Sprache (jedes möglichen Überzeugungssystems, jeder möglichen Theorie), so daß, was immer den Anspruch erhebt, ein Satz oder ein Gedanke zu sein, diesen Regeln zu folgen hat. Aber wie gesagt hielten sich die Azande nicht an solchen Fundamentalismus und heute würde ihnen niemand deshalb Denken und Sprache absprechen wollen. Auch Wittgensteins vorgeblicher logischer Atomismus im *Tractatus* war ja im faktischen Sprachgebrauch fundiert und nicht diesem einfach zugrundegelegt worden. Anstatt also zu fordern, daß sich alle Kulturen nach der aristotelischen Logik richten, versuchen wir es umgekehrt mit einem Erklärungsversuch durch den praktischen Holismus. In Wittgensteins Sinne hat etwa Bloor (1983) eine naturalistische Deutung von logischen Kontradiktionen entwickelt. Diese entstehen nach Bloor aus der Unmöglichkeit, gewisse Handlungen durchzuführen, und zwar auf dieselbe implizite Weise wie Wittgensteins methodologische Sätze. „Wir sollten nicht", schreibt Bloor, „die Unbrauchbarkeit der Konjunktion ‚p und nicht-p' unter Hinweis auf die Bedeutung der Negation erklären. Die Bedeutung der Negation bestimmt nicht den Gebrauch; sondern der Gebrauch bestimmt die Bedeutung."[29] Der *logische* Satz „p und nicht-p" (die Form einer Kontradiktion) wird also in dieser Betrachtungsweise zu einem *methodologischen* Satz (oder besser: der Form eines solchen), der sich aus der Unmöglichkeit ergibt, gewisse Handlungen durchzuführen. Im selben Sinne schreibt Jennings: „Wenn uns jemand erklärt, daß es regnet und nicht regnet, liegt die Schwierigkeit nicht etwa darin, daß dies ein Widerspruch ist, sondern darin, daß man nicht gleichzeitig einen

Schirm aufspannen und nicht aufspannen kann.“[30] Logische Kontradiktionen entstehen also nur dort, wo praktische Widersprüche in der Ausführung von Handlungen auftreten, wo also eine Handlung gleichzeitig ausgeführt und nicht ausgeführt werden müßte. Die Azande stießen in ihrem Umgang mit Hexerei nicht auf solche Probleme, und ihre indifferente Reaktion, wenn sie auf den *theoretischen* Widerspruch aufmerksam gemacht wurden, scheint ein guter Beleg für die naturalistische Deutung. Wittgenstein selbst hat in den *Bemerkungen über die Grundlagen der Mathematik* diesen praktischen Aspekt des Widerspruchs zu zeigen versucht. Interessant wird ein Widerspruch, behauptet Wittgenstein, nur durch die faktischen Folgen, die er nach sich zieht. Zumeist sind es gar keine, z. B. lassen sich aus einem Widerspruch keine Vorhersagen treffen und selbstwidersprüchliche Sätze sind unbrauchbar. Das Lügnerparadox etwa, erhält Interesse „nur dadurch, daß [es] Menschen gequält hat und dadurch zeigt, wie aus der Sprache quälende Probleme wachsen können; und was für Dinge uns quälen können“.[31] Wittgenstein führt das Beispiel eines illiteralen Stammes an, dessen Mitglieder nur mündlich rechnen können und sich häufig verzählen. Wenn nun ein Besucher ihre Rechungen niederschreibt, wird er zahlreiche faktische Widersprüche entdekken. Ebensowenig wie die Azande sich für irrational erklären müssen, brauchen die Mitglieder dieses Stammes anzunehmen, daß sie eigentlich nicht gerechnet haben. Möglicherweise rechneten sie sogar schneller und effektiver, als sie es mittels korrekter Schriftzeichen tun würden. Die Haltung hinter dieser Darstellung ist die des praktischen Holisten: die Gesamtheit der Zwecke und Handlungen bestimmt die Bedeutung, nicht umgekehrt. „Ist es aber falsch zu sagen: ‚Nun, ich gehe meinen Weg weiter. *Sehe* ich einen Widerspruch, so ist es Zeit, etwas zu machen.‘? – Heißt das: nicht wirklich Mathematik betreiben? Warum soll das *nicht* Kalkulieren sein?! Ich gehe ruhig diesen Weg weiter; sollte ich an einen Abgrund kommen, so werde ich versuchen, umzukehren. Ist das nicht ‚gehen‘?“[32] Diese Analogie beschreibt treffend die Antworten der Azande auf die drängenden Fragen des Ethnologen: Auf den Widerspruch aufmerksam gemacht, suchten sie Lösungen und fanden intuitiv gerade diejenigen, die den Widerspruch tatsächlich vermieden.[33] Bevor sie dies taten, bestand jedoch keine Kontradiktion.

Wir kehren nun zum Schluß zu demjenigen Merkmal der „methodologischen Sätze“ zurück, das am meisten den Widerstand analytischer Philosophen hervorruft: ihre Unausprechlichkeit. Wir hatten weiter oben gesehen, daß Überzeugungen in Bezug auf solche Quasi-Sätze nicht Einstellungen bezüglich gewisser *Propositionen* sind und nicht in der Überzeugung bestehen, daß gewisse Sätze faktisch wahr sind, d. h. Tatsachen in der Wirklichkeit abbilden. Dies zeigte sich daran, daß methodologische Sätze, wenn sie ausgesprochen werden, außerhalb ihres eigentlichen Sprachspiels verwendet werden, und daher keine wirkliche Bedeutung besitzen. Sie unterscheiden sich darin von anderen Sätzen (die exakt dieselbe äußere Form annehmen können), die sinnvoll zur Abbildung von Tatsachen verwendbar sind. So ist „Dies ist eine Hand" in seinem alltagssprachlichen Gebrauch sinnvoll, in seinem philosophischen jedoch nicht. Trotzdem *existiert* die Gewißheit, die durch den philosophischen Satz ausgedrückt werden soll. Sperber und da Costa/French haben noch weitere Indizien für eine Unterscheidung zwischen sprachlichen und solchen nicht-sprachlichen Überzeugungen angeführt. Sperber beobachtete etwa, daß Sprecher implizit unterscheiden zwischen „p glauben" und „wissen, wie p interpretiert werden muß". So gibt es Fälle, in denen jemand eine bestimmte Überzeugung erläutert, verteidigt oder darüber streitet, und es gibt andere Fälle, in denen er sich auf Experten oder seine Vorfahren beruft. Diese zweite Art von Überzeugungen wird typischerweise vage und allgemein formuliert, ihre Beziehungen zu anderen Überzeugungen und zu faktischer Evidenz sind unklar, weshalb auch nicht leicht offene Widersprüche auftauchen. Sperber nennt sie *kulturelle Überzeugungen* und schreibt ihnen einen „semi-propositionalen", einen halb-sprachlichen Charakter zu. Propositionale Überzeugungen sind im Sinne einer Korrespondenztheorie der Wahrheit wahr oder falsch, semi-propositionale nicht. Die Standardbeispiele der Tarskischen Wahrheitstheorie „Gras ist grün" oder „Schnee ist weiß" erfassen solche Überzeugungen nicht. Die Halb-Sprachlichkeit kultureller Überzeugungen rührt nach Sperber daher, daß sie Elemente enthalten, deren begrifflicher Gehalt nicht eindeutig bestimmt ist; nach Wittgenstein sind sie deshalb nicht ausdrückbar, weil sie dann außerhalb ihres Sprachspiels verwendet würden.[34] So geht aus den Beschreibungen von Evans-Pritchard recht deutlich hervor, daß die Auffassungen der Azande über Hexerei von dieser semi-propositionalen Form waren. „Es gibt weder eine ausgearbeitete und in sich stimmige Darstellung der Hexerei, die ihr Wirken im einzelnen erklärte", schreibt er einmal,

„noch eine der Natur [...]. Diese Anschauungen werden von den Zande eher gelebt als verstandesmäßig erfaßt, und ihre Maximen werden eher in gesellschaftlich reguliertem Verhalten als in Lehren ausgedrückt. Daher die Schwierigkeit, mit Zande über Hexerei zu reden, denn ihre Ideen sind im Handeln eingeschlossen und können nicht zur Erklärung und Rechtfertigung von Handeln angeführt werden.“[35] Da Costa und French haben darauf aufmerksam gemacht, daß sich diese Haltung keineswegs auf magische Überzeugungen illiteraler Kulturen beschränkt, sondern vielmehr die typische Einstellung des Laien wiedergibt. So sind die üblichen Überzeugungen des Angehörigen der westlichen Zivilisation bezüglich Elektrizität oder der Newtonschen Mechanik ebenso halb-sprachlich, vage und möglicherweise partiell inkonsistent, wie die der Azande über Hexerei. Hier wie dort genügt der Hinweis auf Experten (erfahrene Hexer oder Wissenschaftler), die im Zweifelsfall die erforderlichen Propositionen liefern. Jedoch selbst elaborierte physikalische Theorien, die sich widersprechen – etwa die Relativitätstheorie und die Quantenmechanik –, können von ein und demselben Individuum gleichzeitig vertreten werden, sofern sie in verschiedenen Situationen angewendet werden. Die Widersprüche werden dann nicht offensichtlich, solange (mit Evans-Pritchards Worten) die Situationen, in denen die Individuen ihre Überzeugungen anwenden, ihnen keine Probleme aufzwingen. Und auch ein Quantenphysiker wird sich bezüglich einiger Gebiete auf das Wissen anderer Experten verlassen und sich selbst mit halb-propositionalen Überzeugungen begnügen müssen. Sprachlich lassen sich also zwei Arten von Glauben unterscheiden: Ein propositionales *Glauben, daß etwas der Fall ist oder nicht der Fall ist,* und ein semi-propositionales oder auch nicht propositionales *Glauben an etwas,* wobei „etwas“ ganz unspezifisch ist: Man kann sowohl an Gott, als auch an Personen oder deren Eigenschaften, an Theorien, an die Richtigkeit einer Vorhersage oder eine Vielzahl anderer Dinge glauben. Ein solcher Glaube ist nun von vornherein nur insofern interessant, als er sich in praktischen Handlungen *zeigt,* nicht als unvollständiger Glaube, daß dieses und jenes der Fall ist. Denn wenn auch der Glaube an die Richtigkeit einer bestimmten Hypothese H in die propositionale Form „glauben, daß H wahr ist“ übersetzt werden kann, so gilt dies für die methodologischen Sätze Wittgensteins und grundsätzlich für die „fundamentalen Sätze“ einer Lebensform nicht. Auch diese Tatsache wird durch das Verhalten der

Azande illustriert: sie formulierten nur solche Sätze, die in ihrem Sinne überprüfbar wahr oder falsch waren („A ist für Ereignis E mittels Hexerei verantwortlich"), nicht aber allgemeine theoretische Aussagen wie „Alle männlichen Nachkommen eines Hexers sind selbst Hexer".

Müssen wir uns nun mit der vagen Auskunft, daß gewisse Sätze „unaussprechlich" sind, begnügen oder gibt es Möglichkeiten, sie zu präzisieren? Sperber hatte behauptet, daß die semipropositionalen Sätze solche seien, in denen bestimmte Begriffe nicht definiert sind. In Wittgensteins Sichtweise könnte man diese Begriffe als solche identifizieren, die mit der *gesamten* Lebenspraxis zu tun haben, und deshalb nicht definiert werden können. Nun besteht die Möglichkeit, eine Sprache, die solche Sätze enthält, als eine *partielle semantische Struktur* zu rekonstruieren und mit den Mitteln der Modelltheorie zu beschreiben. Die Idee ist kurz die folgende: Die Bedeutung eines normalen wahren oder falschen Satzes einer Sprache läßt sich formal durch ein Modell darstellen, das den Ausdrücken dieses Satzes systematisch bestimmte Denotate und Denotatmengen eines „Universums" zuordnet. Einem Namen (einer *Konstante*) wird z. B. durch die Interpretation ein Element des Universums U, einem n-stelligen Prädikat eine Menge geordneter n-Tupel von Elementen von U zugeordnet. Einem Satz (einer *Formel*) wird einer der beiden Wahrheitswerte „wahr" (*T*) oder „falsch" (*F*) zugeordnet und zwar in Abhängigkeit von den Denotaten seiner Ausdrücke. So legt z. B. die Interpretationsfunktion fest, daß der Satz „Schnee ist weiß" genau dann *T* denotiert (also wahr ist), wenn das Denotat von „Schnee" Element der Denotate von „ist weiß" ist. Eine gewöhnliche semantische Struktur besteht aus dem Universum (der Trägermenge) und einer Interpretationsfunktion, die solche Zuordnungen für *alle* Konstanten, Prädikate und Funktionen einer Sprache vornimmt. Eine *partielle* semantische Struktur ist dann eine Struktur, bei der bestimmte Sätze (*Formeln*) keinen Wahrheitswert erhalten; ihre Bedeutung ist also „offen" oder „unbestimmt". Nach da Costa und French sind solche partiellen Strukturen bestens geeignet, um die semipropositionalen Überzeugungen der Azande oder überhaupt das *Glauben-an-etwas* formal zu beschreiben.[36] In ihrer Rekonstruktion heißt ein Satz partiell wahr, wenn er wahr ist in einer partiellen Interpretation *g*, relativ zu einer Menge P von „etablierten" Sätzen, die ihrerseits im klassischen Sinne wahr sind. Eine partielle Interpretation ist dabei eine solche, die die sprachlichen Ausdrücke nicht für alle Elemente des Universums definiert. So ist z. B. der Ausdruck „Hexer" bei den Azande nur partiell interpretiert, denn nicht für alle Männer steht fest, ob sie Hexer sind oder nicht. Mit der Relativierung partieller Interpretation auf P wird der Tatsache Rechnung getragen, daß sich auch Wittgensteins unaussprechliche methodologische Sätze oder die impliziten Überzeugungen der Azande über Hexerei aus dem Umgang mit normalen Sätzen ergeben, die mit der Wirklichkeit übereinstimmen oder nicht. Partielle Strukturen können darüberhinaus auch „inkonsistente" Überzeugungssysteme beschreiben, denn der Wahrheitswert strittiger Sätze bleibt unbestimmt, so daß sich kein Widerspruch konstruieren läßt. Die Situation eines Zande, der von Evans-Pritchard mit der Existenz eines Satzes der Form „p oder nicht-p" konfrontiert wird, läßt sich dann etwa so beschreiben: Evans-Pritchard geht davon aus, daß die Sätze des Zandischen nach den Regeln der zweiwertigen Logik interpretierbar und deshalb entweder wahr oder falsch sein müssen. Tatsächlich ist der Wahrheitswert des Satzes „Alle Männer von Clan C sind Hexer" ebenso wie seine Negation unbestimmt, so daß sich für den Zande kein Widerspruch ergibt („Die Zande nahmen keinen Widerspruch wahr ..."). Von Evans-Pritchard auf Zweiwertigkeit festgenagelt, reagiert der Zande nun entsprechend: Er definiert das Prädikat „Hexer" so, daß für alle männlichen Azande prinzipiell bestimmt ist, ob sie darunter fallen oder nicht. Damit wandelt er den praktischen Glauben der Azande an Hexerei in einen theoretischen Glauben, daß gewisse Sätze wahr sind, um. Es ist nun dieser theoretische Glaube, der mit wissenschaftlichen Überzeugungen verglichen wird und ihnen eindeutig unterlegen erscheint.[37]

Es sollte nun klar geworden sein, daß ein solcher Vergleich in mehrfacher Hinsicht unangemessen ist. Zum einen werden ad-hoc-Definitionen als „eigentliche Bedeutung" eines nur „vage gebrauchten" Ausdrucks betrachtet, während die eigentliche Bedeutung tatsächlich vage *ist* und als solche völlig ausreicht. Es ist, um ein triviales Beispiel aufzugreifen, als verlange man von einem Gemüsehändler, daß sein Begriff des Gemüses in Bezug auf das Universum der Tomaten, Karotten, Bohnen, Kartoffeln etc. vollständig definiert ist und unterstelle ihm Inkonsistenz, wenn seine Meinung bezüglich Kürbissen oder Avocados unbestimmt bleibt und er sie manchmal dazu zählt und manchmal nicht. Sicherlich können Situationen entstehen, in denen sich diese Unbestimmtheit unangenehm auswirkt und zu einer Entscheidung zwingt. Aber solange die Praxis funktioniert, gibt es keinen Grund, theoretische Vollständigkeit der Interpretation zu fordern.

Ein zweiter Grund, weshalb ein Vergleich des wissenschaftlichen Denkens mit dem Zande-Weltbild unangemessen erscheint, ist der folgende: Viele Auffassungen der Azande sind praktische Überzeugungen und die Ausdrücke ihrer Sprache sind also nur im System ihrer Handlungen einigermaßen bestimmbar. Die wissenschaftlichen Überzeugungen des westlichen Beobachters sind jedoch nicht vollständig theoretischer Natur, sondern enthalten ebenfalls und zwar notwendigerweise praktische Überzeugungen, u. a. diejenigen, die aus den propositionalen Überzeugungen implizit folgen und auf die sich der Wissenschaftler stillschweigend verlassen muß. Da also nach der Ansicht des praktischen Holismus die Sätze und Begriffe der jeweiligen Protagonisten im Rahmen ihres gesamten Lebenszusammenhangs teils bestimmt, teils unbestimmt sind, setzt ein Vergleich der „Systeme" Dinge in Beziehung, die (unter Umständen) gar nicht vergleichbar sind. So haben Ethnologen betont, daß es ganz unangemessen wäre, die Auffassungen der Azande über Hexerei mit westlichem Aberglauben über Hexerei zu vergleichen. Letzterem liegt eine quasi-wissenschaftliche Auffassung von Magie als *kausaler* Ursache physischer Ereignisse zugrunde, während traditionales magisches Denken nach dem Prinzip der *Analogie* vorgeht, einem Prinzip, das (z. B. in Modellen) ebenso wie die semi-propositionalen Überzeugungen im wissenschaftlichen Denken eine große Rolle spielt.[38] Die Schwierigkeit bei einem Vergleich von Zande-Denken und Wissenschaft liegt also nicht so sehr darin, daß beide „ganz verschiedene Arten zu denken" repräsentieren würden (was sie nicht tun), sondern darin, die „richtige" Zuordnung zu finden. Und dies kann nicht auf rein theoretischem Wege geschehen.

Was folgt also aus der Auseinandersetzung mit dem Weltbild der Azande für die Interpretation von Sprache? In erster Linie muß das Phänomen der semi-propositionalen Überzeugungen in der Interpretation berücksichtigt werden, da sonst keine adäquate Bedeutungszuschreibung stattfinden kann. Wie dies geschehen kann, ist eine offene Frage, für die jedoch nun einige vielversprechende Hinweise zur Verfügung stehen. Es ist offensichtlich, daß für die Beschreibung der Bedeutung sprachlicher Ausdrücke eine Tarskische Wahrheitstheorie im eigentlichen Sinne nicht ausreichend sein kann; daß eine pragmatische Wahrheitstheorie, wie sie von Mikenberg et al. vorgeschlagen wurde, dagegen im Sinne Davidsons benutzt werden kann, also *Bedeutungen* liefert, ist unwahrscheinlich. Zumindest jedoch kann sie die Überzeugungen des anderen in gewissem Rahmen mit formalen Mitteln – partiellen semantischen Strukturen und einer pragmatischen Wahrheitstheorie – beschreiben und damit die Idee nichtsprachlicher oder halbsprachlicher Überzeugungen von dem Ruch des Mystischen befreien, der ihnen seit Wittgensteins *Tractatus* anhaftet.

Eine Interpretation, die in einem vernüftigen Sinne Adäquatheit verspricht, muß darüberhinaus das Prinzip der Nachsicht *entsprechend* revidieren. Dieses Prinzip unterstellt dem anderen Konsistenz und Rationalität; beide Begriffe müßten nun so definiert werden, daß sie einer pragmatischen Wahrheitstheorie entsprechen. Wieder ist es fraglich, ob Davidsons Argumente unter solchen Revisionen gültig bleiben, insbesondere fragt sich, ob auch solche Voraussetzungen für eine Interpretation die Existenz verschiedener „Begriffsschemata" von vornherein undenkbar machen. Einem Fremden z. B. „praktische Konsistenz" zu unterstellen, würde bedeuten, daß er in seinen Handlungen nicht auf Widersprüche gestoßen ist und seine Überzeugungen revidieren würde, wenn dies geschieht. Aber reicht dies aus, um seine Überzeugungen so zu vernetzen, daß ein System entsteht, das unserem eigenen weitgehend entspricht, so daß wir entsprechende „Orte" in der Struktur identifizieren könnten? Offenbar nicht. Die Unbestimmtheiten sind durch die Existenz der semi-propositionalen Überzeugungen unübersehbar geworden. Umso wichtiger scheint es, die Forderung nach Maximierung der Übereinstimmung mit unserem eigenen Weltbild aufrechtzuerhalten, da dies der einzige Motor ist, der zu einem echten Verstehen führen kann. Denn es ist offenbar relativ leicht, eine andere Lebensform zu übernehmen und zu lernen, in ihr zu denken, aber entsprechend schwer, die Denkstrukturen der eigenen und der fremden Lebensform einander – soweit dies überhaupt möglich ist – richtig zuzuordnen, ohne oberflächlichen Analogien zu verfallen. Dies hat die Geschichte der Auseinandersetzung des wissenschaftlichen Weltbildes mit traditionalen, magisch denkenden Kulturen deutlich gezeigt.

Methodologische Sätze und semi-propositionale Überzeugungen sind im faktischen Handeln „eingeschlossen" und können nur durch solches erschlossen werden: die Lücken in der Bedeutung werden nur durch Handlungen gefüllt. In gewissem Ausmaß scheint also die Übernahme einer Lebensform unabdingbar, um die Bedeutungen der Sätze zu verstehen. Jedoch setzt auch die pragmatische Wahrheitstheorie Sätze voraus, die im klassischen Sinne wahr oder falsch sind. Welche dies sind, steht nicht von vornherein fest, allerdings scheinen Sätze über die unmittelbare Umgebung und über elementare Gefühle und Erfahrungen gute Kandidaten. Die praktischen Gemeinsamkeiten im Leben eröffnen also einen Zugang für die Interpretation und – was nicht weiter überraschend ist – je weniger solcher Gemeinsamkeiten es gibt, umso mehr wird die Interpretation Gefahr laufen, bloß das eigene Weltbild in der einen oder anderen Form zu reproduzieren. Eine Interpretation fremden Denkens kann also, anders als Davidson glaubte, nicht davon ausgehen, daß der Fremde im großen und ganzen ohnehin so denkt wie wir selbst. Es gibt verschiedene Lebensformen, und ihre Interpretation stellt größere Anforderungen, als dies zunächst scheinen mochte. Vor allem muß folgendes beachtet werden: Die eigenen propositionalen Überzeugungen „beruhen" auf solchen, die ihrerseits nicht ausformuliert sind und nicht sprachlich eindeutig erfaßt werden können. Nichts bewahrt uns also vor der Möglichkeit, selbst noch auf praktische Inkonsistenz zu stoßen – eine Möglichkeit, die auch die Bedeutungen unserer eigenen Sätze, wie Wittgenstein unermüdlich betont hat, zu einer vorläufigen, pragmatischen, revidierbaren Sache macht. „Wir gingen schlafwandelnd den Weg zwischen Abgründen dahin", so beschreibt Wittgenstein in den *Bemerkungen über die Grundlagen der Mathematik* unseren alltäglichen Umgang mit Arithmetik, der sich von unserem Umgang mit Sprache nicht wesentlich unterscheidet. „Aber wenn wir auch jetzt sagen: ‚Jetzt sind wir wach', – können wir sicher sein, daß wir nicht eines Tages aufwachen werden? (Und dann sagen: wir haben also wieder geschlafen.)" (S. 205)

5 Resümee

Die bisher dargestellten Formen des semantischen Holismus konzentrierten sich auf Überzeugungen, die in Form von Sätzen, d. h. propositional, dargestellt werden können. Dies zeigt sich auch in der jüngsten Diskussion um die Thesen von Fodor und Lepore über semantischen Holismus. Die Entwicklung von Davidsons Interpretationstheorie wies jedoch schon darauf hin, daß praktische Aspekte, die Bedeutung von Sätzen in konkreten Verwendungssituationen, bei der Interpretation eine wesentliche Rolle spielen und daß die Interpretation im Kontext ihrerseits nicht rational rekonstruierbar ist. Rorty hat diesen Aspekt der Interpretationstheorie zu einem praktischen Holismus ausgeweitet, der auf den Begriff der Rationalität weitgehend verzichtet und ein beliebiges Nebeneinander von „Vokabularen" verficht. Eine Rekonstruktion der Interpretationsversuche, die vor allem mit dem Denken der Azande befaßt sind, zeigt, daß Interpretation nicht aussichtslos ist, aber um zwei Aspekte erweitert werden muß: zum einen um die Einsicht, daß nicht alle Überzeugungen propositional sind und zum zweiten um die Erkenntnis, daß auch semi-propositionale Überzeugungen die Bedeutungen unserer Ausdrücke mitbestimmen. Formale und theoretische Mittel können zum Verständnis solcher Überzeugungen und damit zum Verständnis von Sprachen und Lebensform nur bedingt beitragen. Sowohl das Bemühen um eine Interpretation, als auch das Leben der anderen Lebensform sind dafür entscheidend. Es mag sein, daß auch eidetische Variation zu einem solchen Verstehen beitragen kann, zumindest schlägt Wittgenstein dies beiläufig auf den letzten Seiten der *Philosophischen Untersuchungen* vor. Wie als Fazit unserer Diskussion schreibt er hier: „Ich sage nicht: Wären die und die Naturtatsachen anders, so hätten die Menschen andere Begriffe (im Sinne einer Hypothese), sondern: Wer glaubt, gewisse Begriffe seien schlechtweg die richtigen, wer andere hätte, sähe eben etwas nicht ein, was wir einsehen, – der möge sich gewisse sehr allgemeine Naturtatsachen anders vorstellen, als wir sie gewohnt sind, und andere Begriffsbildungen als die gewohnten werden ihm verständlich werden." (S. 578)

Anmerkungen

Einleitung

1 Dummett 1988, S. 11.

2 Davidson 1984, S. 47. Seitenangaben beziehen sich im folgenden immer auf die deutsche Ausgabe, falls es eine solche gibt. Sie ist im Literaturverzeichnis nach der Originalausgabe aufgeführt. Die Jahreszahlen dienen der Identifikation des Textes, sie beziehen sich also auf die Originalausgabe.

3 Diese Thesen werden wir in den folgenden Kapiteln genauer untersuchen: Quine in Kap. 4, Davidson in Kap. 5.

4 Quine 1951, S. 46.

5 Für eine historische Untersuchung der Entwicklung des Holismus und seiner politischen Auswirkungen in Deutschland vgl. Harrington 1996.

I Was ist Holismus?

1 Nach Robert van Gulik 1988: *Mord in Kanton*. Zürich: Diogenes.

2 „Azande" ist die Pluralform der Singular- und Adjektiv-Form „Zande". In der deutschen Übersetzung ist dies leider nicht berücksichtigt worden.

3 Im Literaturverzeichnis Carnap 1979.

4 Ehrenfels war ein Schüler Brentanos und hatte bei Meinong in Graz promoviert.

5 Duhem 1978, S. 249.

6 Carnap 1979, S. 17f.

7 Ebd., S. 18.

8 Moulines 1996, S. 9.

9 Vgl. Balzer/Moulines/Sneed 1987 und Stegmüller 1973; eine kurze übersichtliche Einführung in die Struktur empirischer Theorien fin-

det sich in Balzer 1982, Kap. V, ein Überblick über die Grundideen in Moulines 1996 und in Bartelborth 1996, Kap. VII.

10 Ein Bild, das später Quine wieder aufgegriffen hat; vgl. 1951, S. 47.

11 Schlick 1987.

12 Frege 1986, § 62.

13 Vgl. Brandl 1993, S. 3.

14 Der Leser setze die jeweiligen Varianten von „bestimmen“ ein

15 Wittgenstein 1984, Bd. 8: „Über Gewißheit“, § 611.

16 Hollis 1995, S. 31.

17 Haller 1991, S. 272.

18 Glüer 1993, S. 74.

19 „Holistic properties are properties such that, if anything has them, then *lots* of other things must have them too.“ Fodor/Lepore 1992, S. 2.

20 Vgl. die Beispiele in Devitt 1993, S. 22; Brandl 1993 widerspricht der „rein quantitativen“ Auffassung von Holismus, Harman 1993 der „totalitären“.

21 Dummett 1973, S. 599–600.

22 Vgl. zu wissenschaftstheoretischen Varianten Moulines 1986.

II Fundament und Fundierung

1 Planck 1910, S. 96f.

2 Vier Erklärungsversuche beschreibt Palmer 1990.

3 Köhler 1983, S. 195.

4 Rumi 1988, S. 129.

5 Z. B. Leibniz 1982, S. 43f.

6 Vgl. dazu vor allem den *Essay* (Locke 1975), Buch II.

7 Hume 1984, S. 33

8 Zitiert nach Baßler 1988, S. 62

9 Arnauld und Nicole 1972, S. 284

10 Vgl. Brentano 1970, darin „Von der Evidenz der inneren und der Nichtevidenz der äußeren Wahrnehmung“, S. 158ff. Vgl. dazu auch Baßler 1988, Kap. 3.

11 Vgl. für einen Überblick über die Entwicklung der Gestalttheorie und ihrer Schulen B. Smith: „Gestalt Theory: An Essay in Philosophy“, in Smith 1988, S. 11–81.

12 Vgl. Kanizsa 1994, S. 152.

13 Nach J. A. Fraser, „A new visual illusion of direction" in *British Journal of Psychology* 1908/2, S. 307–320.

14 Vgl. Kanizsa 1994.

15 Wertheimer 1927, S. 43.

16 Vgl. Baßler 1988.

17 Vgl. Köhler 1920 und 1933.

18 Grelling/Oppenheim 1938, Kap. 5.

19 Kant 1956, B 10.

20 Vgl. Meinong 1890.

21 Schlick 1987, S. 142

22 Vgl. Simons 1987, Kap. 9, „Integral Wholes", insbesondere 9.7 „Structure and Gestalt". Simons ist einer der wenigen, die den Gestaltbegriff formal mit mereologischen Mitteln erfaßt und dadurch etwas vom Ruf der prinzipiellen Vagheit befreit haben. Vgl. auch Grelling/Oppenheim 1938 und Smith 1988.

23 Köhler nannte als Beispiel für eine echte Summe drei zufällig gewählte Steine aus verschiedenen Kontinenten, aber da alle unter den Oberbegriff „Stein" fallen, ist das Beispiel etwas unglücklich.

24 Simons 1987, Kap. 9; vgl. auch ders. 1988.

25 Mit dem Ausdruck „Inhalt" betont Meinong, daß es sich um psychische Phänomene und nicht um reale Qualitäten handelt – eine Präzisierung, die allerdings nur einen Teil der gestalttheoretischen Intentionen wiedergibt. Der späte Ehrenfels war überzeugt, daß Gestalten reale Eigenschaften von Dingen sind.

26 Meinong 1890, S. 263.

27 Simons 1987; ders. 1982a; Fine 1995.

28 Vgl. Husserl 1992, Bd. 2, I, B 231.

29 Die Definitionen von schwacher (F) und starker (FF) Fundierung lassen sich auch formal ausdrücken (Simons 1987):
DD1: $(\Box)\ (xFy \quad x \neq y \wedge \sim \Box E!y \wedge \Box(E!x \rightarrow E!y))$
DD4: $(\Box)\ (xFFy \quad x \neq y \wedge \sim \Box E!y \wedge \Box(E!x \rightarrow E!y \wedge \sim y \leq x))$. „$\leq$" bezeichnet hier die Teil-Beziehung, „E!" singuläre Existenz und „$\Box$" Notwendigkeit.

30 Eine formale Darstellung der verschiedenen Möglichkeiten ist denkbar; vgl. dazu Simons 1987, Kap. 9 und Husserl LU, A 268f. Die Teile können z. B. ineinander fundiert sein oder alle zusammen einen neuen Inhalt fundieren. Stücke sind natürlich nicht ineinander fundiert.

31 „Jedenfalls ist der Fortschritt von den vagen zu den mathematisch exakten Begriffsbildungen und Theorien hier wie überall die Vorbe-

dingung voller Einsicht in die apriorischen Zusammenhänge und die unabweisbare Forderung der Wissenschaft." (a. a. O. B288)

32 Dieses Beispiel verwendet auch Rota 1989.

33 Wittgenstein 1984, *Philosophische Untersuchungen* (PU), § 171. Wittgensteins Hauptschriften werden im folgenden nach den Kürzeln im Literaturverzeichnis zitiert.

34 *Lexikon der Philosophischen Werke*, Hrsg. F. Volpi und J. Nida-Rümelin, Stuttgart: Kröner (1988), S. 422.

35 Den Ausdruck „Erlebnisstrom" möchte Carnap deshalb vermeiden, weil er suggeriert, daß ein Subjekt, das den Erlebnisstrom hat, vorausgesetzt wird. Dagegen sagt man besser, das diesen Erlebnisstrom nicht irgendein Subjekt *hat*, sondern daß er *geschieht*. Der Begriff eines Ich und erst recht der eines erkenntnistheoretischen Subjekts wird erst auf höheren Stufen des Systems gebildet.

36 Carnap 1974, S. 207.

37 TLP, 3.328.

38 Vgl. Block 1986 und 1993.

39 1992, Kap. 6; zur Auseinandersetzung zwischen Semantikern der begrifflichen Rolle und Fodor und Lepore vgl. die Artikel von Devitt, Rey, McLaughlin, Brandom und Churchland in *Philosophy and Phenomenological Research* 1993.

40 Fodor und Lepore 1992, S. 261.

41 Rey 1993, S. 647.

III Protokolle

1 *Kritik der reinen Vernunft*, B 140f.

2 Ebd. A 111.

3 *Logik* in Kant 1959, § 3, Anm. 2.

4 Lotze 1912, S. 17.

5 Frege 1969, S. 16f.

6 Vgl. dazu auch das Sprachspiel, das Wittgenstein am Anfang der *Philosophischen Untersuchungen* entwirft. Hier hat das Wort „Platte" die Funktion eines ganzen Satzes „Bring mir eine dieser Platten".

7 Wundt 1912, S. 95.

8 Frege 1986, S. XI.

9 Schlick 1969, S. 89.

10 Poe 1980, S. 194.

11 Vgl. etwa den Artikel „Verificationism" in der *Encyclopedia of Philosophy* und Ayer 1970, Kap. I.

12 Etwa von Carnap in dem Artikel „Überwindung der Metaphysik durch logische Analyse der Sprache"1931.

13 Schlick 1969, S. 340.

14 Neurath 1932, S. 206. Für eine detaillierte historische Darstellung Vgl. Uebel 1992.

15 Vgl. dazu die ausführliche Darstellung von Bartelborth (1996).

16 Derselbe Einwand läßt sich, wie Wittgenstein erkannte, auch gegen den *Tractatus* selbst richten. Dessen Sätze sprechen ebenso fast ausschließlich über die Form der Welt und sind daher bloße Scheinsätze, die nur den Zweck der Erläuterung erfüllen und die in dem Augenblick, in dem die Erläuterung verstanden wurde, als unsinnig erkannt werden. (TLP, 6.54)

17 Schlick in Schleichert 1975, S. 14.

18 Schlick 1934, S. 290.

19 Carnap verwendet dieses Beispiel, obwohl er kurz zuvor betont hatte, daß „Rot" als Substantiv *kein* Bestandteil von Protokollsätzen sein könne.

20 Es ist bezeichnend, daß Carnap selbst diesen Übergang verschleiert, indem er an der betreffenden Stelle den Satz „(S sieht) jetzt Rot" verwendet, anstatt des eigentlich gemeinten Satzes in der ersten Person. (S. 458) Auf diesen Punkt hat Werner Sauer 1989 aufmerksam gemacht.

21 Vgl. dazu Uebel 1995.

22 Neurath 1932, S. 210f.

23 Neurath 1931, S. 418. Die physikalische Sprache ist dabei nicht eigentlich die der Physik, sondern eine Sprache, die von raumzeitlichen Gegenständen und ihren Eigenschaften spricht.

24 Die modernen Kohärenztheorien stellt Bartelborth 1996 dar, fundamentalistische Theorien Triplett 1990.

25 Vgl. Bartelborth 1996, S. 159ff.

IV Theorie und Erfahrung

1 Frege 1967, S. 198 Anm.

2 Evans Pritchard 1937, S. 203.

3 Zitiert nach Winch 1987, S. 88.

4 Frege 1969, S. 46.

5 *Kritik der reinen Vernunft*, B 10f.

6 Ebd., B 190f.

7 Dies trifft allerdings nur für den strengen wissenschaftlichen Sprachgebrauch zu. In der Alltagssprache oder in religiösen Texten erfüllen Kontradiktionen oft einen pragmatischen Zweck, indem sie z. B. auf Zwischenbereiche oder auf Zustände jenseits der beiden Alternativen hinweisen. Zum Sinn von Kontradiktionen kommen wir noch im Kap. VI.

8 Vgl. dazu auch den Aufsatz „Two Dogmas in Retrospect" von 1991, in dem Quine die „unnötig starke Formulierung des Holismus" bedauert und seinen neuen gemäßigten Holismus kurz darstellt.

9 Eine Möglichkeit, quasi-analytische Aussagen auszugrenzen, sog. *observation categoricals,* erläutert Quine in Quine 1991; vgl. den nächsten Abschnitt. Die Diskussion um die Unterscheidung zwischen analytischen und synthetischen Aussagen ist immer noch nicht ausgestanden; vgl. Harman 1996 und Boghossian 1996.

10 Quine 1951, S. 46.

11 Evans Pritchard 1937, S. 63f.

12 Ebd., S. 46.

13 Quine 1960, S. 20.

14 Hacking 1975, S. 137.

15 Vgl. für einen kurzen Überblick Mühlhölzer 1990 und Quine 1991.

16 Quine 1981, S. 11.

17 So glauben nach einer Beschreibung Malinowskis die Trobriander, daß die Äußerung des Wortes für Spinne auf sympathetische Weise eine spinnwebartige Entwicklung der Yamsranken hervorrufe. Vgl. „Eine ethnographische Theorie des magischen Wortes" in Malinowski 1986.

18 Malinowski 1986, S. 169.

19 Der Wiener Kreis hat die Frazersche Theorie dankbar übernommen. Vgl. etwa Neurath 1981, S. 375.

20 Frazer 1977, Bd. I, S. 28.

21 Ebd., Bd. II, S. 1034.

22 Ebd., Bd. II, S. 1028.

23 Vgl. Agassi in Kippenberg/Luchesi 1987, S. 127.

24 Die aussagenlogische Konjunktion verknüpft z. B. nur Sätze, während das normalsprachliche „und" auch Terme verbindet.

25 Eine kurze und einleuchtende Zusammenfassung der wichtigsten Einwände vgl. Gochet (1986).

26 So steht selbst in einer von Quine autorisierten Darstellung seiner Philosophie zu lesen, daß für Holismus in den „Two Dogmas" nicht argumentiert, sondern daß er bloß behauptet werde. Vgl. Gibson 1974 und Rey 1993.

27 Zur Diskussion über Grünbaums These vgl. den Reader von S. Harding, *Can Theories be Refuted?*.

28 Vgl. Lauener 1982, S. 116.

29 Diesen Einwand erheben z. B. Rey 1993 und Peruzzi 1993.

30 „Even our primordial objects, bodies, are already theoretical – most conspicuously so when we look to their individuation over time. Whether we encounter the same apple the next time around, or only another like it, is settled if at all by inference from a network of hypotheses that we have internalized little by little in the course of acquiring the non-observational superstructure of our language." In *Theories and Things*, S. 20.

31 Diese Beobachtung bestätigt nocheinmal die Überzeugung Freges, daß es Sätze sind, von denen die Bedeutung der Ausdrücke bestimmt wird, und nicht umgekehrt.

32 *Reply to Hilary Putnam*, in Schilpp, S. 427ff. Quine schreibt hier: „[...] I did intend the stimulus meaning to capture the notion of meaning – for the linguistic community in the case of an observation sentence and for the individual speaker in the case of many other occasion sentences. [...] Analytical meaning then supervenes upon holophrastic meaning, and resists satisfactory general explication."

33 Vgl. Foellesdal 1973, S. 296, vgl. auch Quine 1981, Kap. 1.

V Interpretationen

1 Lauener, S. 97.

2 Davidson 1984, S. 47.

3 Wie schon Frege (vgl. III.1) betont hatte, heißt das nicht, daß die Teile der Struktur *unabhängig* voneinander gegeben sind.

4 Davidson 1984, S. 205.

5 Vgl. den gleichnamigen Artikel in ebd., S. 183ff.

6 Vgl. zum folgenden die Darstellungen von Glüer 1993 und in Hacking 1975.

7 Daß dieses Vorgehen nur scheinbar trivial ist, zeigt sich daran, daß die Wahrheitsbedingungen von Äußerungen von denen von Sätzen

eklatant abweichen können: Die Äußerung „Es ist schon Mitternacht" kann eben wahr sein, auch wenn es noch nicht Mitternacht ist, aber der Sprecher damit *meint*, daß das Neue Jahr gleich beginnt. Vgl. dazu jedoch die Behandlung abweichender Interpretationen weiter unten.

8 Vgl. außerdem „Die semantische Konzeption der Wahrheit und die Grundlagen der Semantik". Eine kurze populäre Zusammenfassung ist Tarski 1935a. Für einen Überblick über Tarski und Davidsons Anwendung vgl. Puntel 1978.

9 Tarski 1935a, S. 2.

10 Die Objektsprache darf z. B. kein Wahrheitsprädikat enthalten und die Metasprache muß wesentlich reicher sein, als die Objektsprache. Vgl. dazu die Darstellung in Ramberg 1989, Kap. 5.

11 Tarski 1935, S. 450.

12 Davidson 1984, S. 217.

13 „The theory captures the impact of a sentence being true or false on the language as a whole, because it reflects this in the structural role it assigns to the terms of that sentence." Ramberg 1989, S. 62.

14 Davidson 1984, S. 191.

15 Ebd., S. 220; zum Verständnis dieses Prinzips vgl. Malpas 1988.

16 Das Prinzip der Nachsicht besteht tatsächlich aus verschiedenen Teilprinzipien oder Interpretationsmaximen, die Davidson selbst nicht klar unterscheidet. Glüer trennt das Prinzip der Nachsicht von der Zuschreibung von Konsistenz.

17 Der deutlichste Hinweis darauf, daß die Anklage nicht ganz unberechtigt ist, sind Davidsons Formulierungen des *principle of charity* selbst. So spricht er oft davon, daß wir annehmen müssen, daß die Äußerungen des anderen im großen und ganzen *wahr sind*, und fügt nur an einigen Stellen dazu, daß „wahr" hier im Sinne der eigenen Wahrheitstheorie und der Überzeugungen des Interpreten zu verstehen ist.

18 Davidson 1984, S. 151.

19 Ebd., S. 66.

20 Vgl. Glüer 1993, S. 66.

21 Davidson 1984, S. 340.

22 Hacking 1975, S. 136

23 Vgl. dazu Henderson 1987.

24 Davidson 1986, S. 173.

25 Vgl. Stroecker, S. 80. Gleichwohl finden sich auch Sätze wie der folgende: „[...] changing the interpretation of one sentence requires changing the interpretation of all other sentences." (ebd., S. 55f.)

26 Vgl. Kap. II.7, sowie z. B. Block 1993, Boghossian 1993 und 1994, und die Kritik dieser Positionen in Fodor und Lepore 1992 und 1993b.

27 Auf dieses Argument antwortet z. B. Boghossian 1994 mit einer Unterscheidung zwischen „reiner" und „unreiner" Analytizität. Block 1993 behauptet dagegen, daß Analytizität zu dem erwünschten Ziel einer Auszeichnung bestimmter Bedeutungen gar nichts beitragen könne.

28 Vgl. die Diskussion in den *Grazer Philosophischen Studien* Vol. 46, 1993, die Diskussion von Fodor und Lepore mit Boghossian und Perry in den *Philosophical Studies* Vol. 73, 1994, mit Devitt, Churchland u. a. in *Philosophy and Phenomenological Research* Vol. LIII, 1993 und mit Block und Boghossian in *Mind and Language* Vol. 8, 1993.

29 Fodor und Lepore 1992, S. 35 und Gauker 1993.

30 Diese Frage diskutiert z. B. schon Putnam 1986 in bezug auf Quine.

31 Churchland 1993, S. 669.

VI Lebensformen

1 Vgl. Dreyfuß 1980.

2 Vgl. Rorty 1979.

3 Davidson 1984, S. 282.

4 Ebd. S. 262.

5 Rorty 1979, S. 346.

6 Vgl. Kuhn 1962.

7 Vgl. Rorty 1979, S. 356ff.

8 Ebd., S. 359f.

9 Rorty 1989, S. 24.

10 Ebd., S. 30.

11 Rorty 1997, S. 6.

12 Zahlen direkt hinter Zitaten beziehen sich im folgenden auf Abschnitte in *Über Gewißheit* (Wittgenstein 1984 G)

13 Vermutlich werden Inkonsistenzen auftreten, wenn „wissen" einmal im Sinne von „überprüfbar sein" und ein anderes Mal im Sinne von „nicht überprüfbar (unbezweifelbar) sein" verwendet wird.

14 Die übliche Analyse von Wissen als „wahrer begründeter Überzeugung" gilt also hier nicht.

15 Dreyfuß 1980, S. 3.

16 Mit diesem Ausdruck lehnt sich Wittgenstein wohl ganz bewußt an die „logischen Sätze" des *Tractatus* an, die eine ganz ähnliche, wenn auch weitaus begrenztere Funktion erfüllen und übrigens auch in ähnlicher Weise aus der Gesamtheit der Sätze gewonnen werden.

17 Vgl. dazu *Wittgenstein Studies* Vol. 2, 1995, den Überblick von Lütterfelds 1995 und die Literaturangaben dort.

18 Eine Vorstufe dieses Zitats aus einem früheren Text lautet: „Statt des Unzerlegbaren, Spezifischen, Undefinierbaren: die Tatsache, daß wir so und so handeln, z. B., gewisse Handlungen *strafen*, den Tatbestand so und so *feststellen*, *Befehle geben*, Berichte erstatten, Farben beschreiben, uns für die Gefühle der Andern interessieren. Das hinzunehmende, gegebene – könnte man sagen – seien Tatsachen des Lebens//seien Lebensformen." *Bemerkungen über die Philosophie der Psychologie*, Bd. I, § 630, Werkausgabe, Bd. 7.

19 Wittgenstein 1980, Brief Nr. 81 an Engelmann vom 9. 4. 1917.

20 „Im ‚Tractatus' wurde generell davon *ausgegegangen*, daß ‚die Wahrheit' eine ‚Beziehung zwischen dem Satz und dem Sachverhalt' sei, ohne daß ‚eine solche Beziehung' jemals ‚ausfindig' zu machen wäre, *wenn* sie denn bezweifelt werden sollte. Solch ein Zweifel würde die immanente Gewißheit der ‚Lebensform' zerstören, zu der das gelingende ‚Sprachspiel' gehört. Es ist deshalb auch problematisch zu sagen, man würde sich eine ‚Sprache' (mit intern ‚geregelter' Semantik) in ihrer ganzen Komplexheit, in der sie mit einer ‚Lebensform' verwoben ist, ‚vorstellen' können. Wittgenstein spricht zwar davon, daß man sich ‚eine Sprache' *vorstellen* könne; aber dann ist es eine Sprache, die ‚primitiver' ist als ‚unsere', die Sprache der gerade sprechenden ‚Person' einbeziehende Sprache. So kann man sich z. B. ‚leicht eine Sprache vorstellen, die nur aus Befehlen und Meldungen' besteht, oder ‚eine Sprache, die nur aus Fragen besteht und einem Ausdruck der Bejahung und der Verneinung'. Und unzählige Andere." Simon 1995.

21 Vgl. dazu die Kontroverse zwischen Haller und Garver 1984 und Haller 1995.

22 PU, S. 568.

23 Vgl. zur sozialwissenschaftlichen Kontroverse etwa den Band von Kippenberg 1987.

24 Artikel zu diesem Thema in Kippenberg/Luchesi 1987 (vgl. Literaturangaben dort), darin vor allem Winch, „Was heißt ‚eine primitive Gesellschaft verstehen'?"; für die Diskussion über die Logik der Azande im engeren Sinne vgl. Bloor 1976 und 1983, Triplett 1988, Jennings 1989, Henderson 1987 und da Costa/French 1995.

25 In diesem Sinne hat Henderson 1987 gezeigt, daß das Prinzip der Nachsicht nur für die Konstruktion von vorläufigen „first approximation translation manuals" notwendig ist. Um auch die Zuschreibung von irrationalem Verhalten zu ermöglichen, hat Henderson das Prinzip der Nachsicht als Spezialfall eines „Prinzips der Erklärbarkeit" (explicability) aufgefaßt.

26 Wir folgen hier der Darstellung von Jennings 1989.

27 Evans-Pritchard 1937, S. 41.

28 Vgl. das Motto zu Kap. 4.

29 Bloor 1983, S. 122.

30 Jennings 1989, S. 284.

31 Werkausgabe Bd. 6, S. 120.

32 Ebd., S. 212.

33 Dies wäre eine mögliche, aber doch dünne Basis für die Behauptung der Universalität der aristotelischen Logik. Wir wissen nicht, was sie jemand anderem geantwortet hätten.

34 Sperber 1982, S. 175f.

35 Evans-Pritchard 1937, S. 76.

36 Der formale Apparat einer pragmatischen Wahrheitstheorie wird dargestellt in Mikenberg/da Costa/Chuaqui 1986, die informelle Diskussion und weitere Literaturhinweise in da Costa/French 1995. Für eine Einführung in den Begriff der Struktur und des Modells vgl. Suppe 1989 und Stegmüller/Varga 1984.

37 Wittgenstein diskutiert einen vergleichbaren Fall in seinen Vorlesungen über religiösen Glauben im Zusammenhang mit dem Dogma der Auferstehung. Die Behauptung, daß die Teile des Körpers im Grab sich in tausend Jahren zusammenfügen und der Mensch auferstehen wird, kommentiert er so: „Wenn man mich fragte ‚Glaubst du das?' würde ich sagen ‚Nein'. ‚Widersprichst du ihm?' Ich würde sagen ‚Nein', [...] Würde man sagen ‚Ich glaube das Gegenteil' oder ‚Es gibt keinen Grund für eine solche Annahme'? Ich würde keins von beiden sagen." Wittgenstein 1968, S. 87.

38 Vgl. dazu S. J. Tambiah, „Form und Bedeutung magischer Akte. Ein Standpunkt", in Kippenberg 1987, S. 259–296. Wittgenstein hat die

Idee der Analogie (bei ihm „Stellvertretung") in seinen Bemerkungen über Frazer ausgeführt (Wittgenstein 1989). Hier betont Wittgenstein auch, daß religiösen oder magischen Handlungen keine *Meinung* zugrundeliegt (ebd. S. 32, 35, 39).

Glossar

anatomische Eigenschaft: Von Fodor und LePore 1992 eingeführter Ausdruck für Eigenschaften, die mindestens zwei Gegenständen zukommen müssen. Beispiel: Zwilling.

Atomismus: Eine Klasse von Theorien, nach denen gewisse Gegenstände unabhängig von anderen gegeben sind. Der *logische Atomismus* Russells behauptet, daß es logische Atome gibt („kleine Farbflecke, Töne, [...] Prädikate, Relationen usw."), die die logische Form der Welt bestimmen; der *erkenntnistheoretische Atomismus* z. B. der englischen Empiristen, daß der Geist aus voneinander unabhängigen Einheiten (Sinnesdaten und einfachen Ideen) besteht; der *semantische Atomismus*, daß Ausdrücke einer Sprache ihre Bedeutung durch Ideen oder durch einen direkten Weltbezug erhalten.

analytisch-synthetisch-Unterscheidung: Analytische Aussagen sind solche, deren Wahrheit nur von der Bedeutung ihrer Teilausdrücke abhängt. Beispiel: „Alle Schimmel sind weiße Pferde". Synthetische Aussagen sind solche, deren Wahrheit außerdem von den Tatsachen abhängt. Heute gilt als zweifelhaft, ob eine solche Unterscheidung sinnvoll ist.

Bedeutung: Grundbegriff der →*Semantik*, entspricht formal →*Intension*. Wird oft als Ergänzung zu →*Referenz*, →*Extension* betrachtet; die meisten Ausdrücke haben demnach sowohl Bedeutung als auch Referenz. Semantische Holisten (→*Holismus, semantischer*) behaupten, daß Bedeutung durch das Ganze der Sprache gegeben oder auch eliminierbar ist, semantische Atomisten (→*Atomismus*), daß Bedeutung isoliert gegeben ist.

Extension →*Referenz*. Die Extension eines Ausdrucks ist der Gegenstand oder die Klasse der Gegenstände, auf die er referiert.

Fundamentalismus: Klasse von Theorien, nach denen es grundliegende Überzeugungen gibt, die nicht bezweifelbar sind und aus denen alle anderen Überzeugungen direkt oder indirekt abgeleitet werden können.

Fundierung: Ein Gegenstand ist in einem anderen fundiert, wenn er von diesem abhängig, aber nicht auf ihn reduzierbar ist. Beispiel: Ein Lächeln ist fundiert in einem Gesicht (Meinong, Husserl).

Holismus der Bestätigung: Hypothesen oder Überzeugungen werden nur „im Kollektiv" durch Erfahrung bestätigt (Quine).

Holismus, praktischer: Die These, daß die Bedeutung von Ausdrükken oder daß Überzeugungen nur in der Lebenspraxis bestimmt sind. *Radikaler* praktischer Holismus besagt, daß verschiedene Lebensformen verschiedene nicht-vergleichbare Bedeutungen/Überzeugungen zur Folge haben.

Holismus, semantischer: Klasse von Theorien, die die Bedeutung eines Ausdrucks vom Ganzen der Sprache abhängig machen. Verschiedene Varianten: 1. Die Bedeutung ist durch Strukturbeziehungen zwischen *allen* Ausdrücken der Sprache bestimmt; 2. durch eine Teilmenge solcher Beziehungen; 3. durch Strukturbeziehungen und andere Annahmen (→*Prinzip der Nachsicht*); 4. die Bedeutung ist unbestimmt; 5. es gibt keine Bedeutung.

Holismus, Übersetzungs-: Ausdrücke können nicht isoliert, sondern nur im Zusammenhang ganzer Sprachen übersetzt werden. Beispiel: das englische Wort „mind" muß durch verschiedene nichtsynonyme deutsche Ausdrücke übersetzt werden.

Holismus: Allgemein eine Theorie, die behauptet, daß ein Gegenstand nur in einem umfassenden Ganzen gegeben ist. Holismus ist eine ganze Klasse von Theorien, die sich darin unterscheiden, welche Gegenstände und welche Theorien gemeint sind und in welcher Hinsicht der Gegenstand durch das Ganze „gegeben" ist. *Radikaler* Holismus behauptet, daß nur das Ganze und keine anderen Prinzipien oder Unterteilungen das Einzelne bestimmen. Gegensatz zum Holismus ist →*Atomismus* oder →*Fundamentalismus*. Beispiel: Eine Zahl ist nur im System der Arithmetik gegeben (atomistische Gegentheorie: Zumindest die Grundzahlen sind an sich, z. B. durch Gott gegeben.)

Intension: Begriff der →*Semantik*. Die Intension eines Ausdrucks ist seine →*Bedeutung*. Als Intension eines Prädikats gilt traditionell sein Inhalt. Er wird in der formalen Semantik z. B. als „Extension in allen möglichen Welten" konstruiert. Zwischen Intension und →*Extension* muß unterschieden werden, weil Sätze der Form

„a = b“ informativ sind, obwohl die Extension von a und b dieselbe ist. (Frege)

Interpretation, radikale: Eine →*Interpretation*, die nicht auf Kenntnis der Bedeutung der Ausdrücke oder der Überzeugungen des Sprechers beruht, sondern die Überzeugungen gleichzeitig mit der Bedeutung aus dem Äußerungskontext mit Hilfe von →*Prinzipien der Nachsicht* erschließt (Davidson).

Interpretation: Der Prozeß, durch den sprachlichen Zeichen eine Bedeutung zugeordnet wird.

Kohärenz: allgemein „Zusammenhang“ von Überzeugungen, wobei die Forderung logischer →*Konsistenz* eine Mindestbedingung, aber nicht ausreichend ist. Kohärente Überzeugungen müssen untereinander inferentiell verknüpft sein, aber die Forderung, daß die inferentiellen Beziehungen aus deduktiven Schlüssen bestehen müssen, ist zu stark. Die Definitionen sind unterschiedlich; oft wird Kohärenz als intuitiver Grundbegriff behandelt.

Kompositionalität: Die Bedeutung komplexer Ausdrücke ist eine Zusammensetzung oder Funktion der Teilausdrücke.

Konsistenz: Eine Menge von Überzeugungen ist konsistent, wenn sich keine Widersprüche aus ihr herleiten lassen.

Mereologie: Die formale Theorie der Beziehungen zwischen Ganzen und ihren Teilen, v. a. von Lesniewski, Tarski und Goodman entwickelt. Die Mereologie betrachtet Ganze als Summen von Teilen; mittels bestimmter Erweiterungen versucht Simons (1987), auch Gestalten und organische Ganzheiten zu beschreiben.

Molekularismus: Die These, daß Ausdrücke durch eine Teilmenge anderer Ausdrücke einer Sprache (und Überzeugungen durch eine Teilmenge anderer Überzeugungen eines Systems), aber nicht durch *alle* Ausdrücke oder Überzeugungen gegeben sind.

Prinzip der Nachsicht: Eine Klasse von Voraussetzungen für eine *radikale* →*Interpretation*. Die wichtigste ist die Annahme, daß die Äußerungen des Sprechers im Sinne einer Tarskischen Wahrheitstheorie wahr sind. Damit verbunden ist die Annahme, daß der Sprecher rational ist und im wesentlichen dasselbe glaubt, wie der Interpret.

Proposition: Umstrittener abstrakter Gegenstand der Semantik; das, was von einem wahren oder falschen Satz behauptet wird, oder das, was von ihm ausgedrückt wird. Zählt wie „Bedeutung“ zu den

Begriffen, die nach Auffassung mancher Philosophen eliminiert werden sollten.

Protokollsatz: Satz, der unmittelbare Beobachtung protokolliert. Sollte ursprünglich im Wiener Kreis die →*Bedeutung* von Sätzen wiedergeben. Beispiel: Die Bedeutung von „Wasser kocht bei 100 °C" wird u. a. durch den Protokollsatz „Der Zeiger des Thermometers steht auf der Zahl 100" wiedergegeben. Die Form der Protokollsätze war strittig.

Quine-Duhem-These: Eine einzelne Hypothese wird nicht isoliert bestätigt, sondern nur im Ganzen der Theorie. Eine Hypothese kann angesichts widersprechender Daten aufrechterhalten werden, indem Randbedingungen manipuliert werden. →*Holismus der Bestätigung.*

Referenz: Bezug eines sprachlichen Ausdrucks zur Welt. Ein Name „referiert" auf einen Gegenstand, ein Prädikat auf eine Klasse von Gegenständen.

Semantik: Theorie der Bedeutung sprachlicher Ausdrücke. In der *formalen* Semantik wird die Bedeutung mit Mitteln der Mengentheorie durch Zuordnung von Gegenständen und Mengen aus einem Individuenbereich zu den Ausdrücken einer Sprache beschrieben.

Übersetzung, radikale: Eine Übersetzung, die „bei Null anfängt", nur von beobachtbaren Fakten Gebrauch macht und keine gegebenen Bedeutungen voraussetzt.

Verifikation: Das Feststellen der Wahrheit einer Aussage. Empirische Verifikation bezieht sich auf empirische Aussagen und stellt deren Wahrheit durch Beobachtung fest. Eine Verifikation kann sich aber auch auf abstrakte Aussagen beziehen und z. B. in einem mathematischen Beweis oder einer Rechnung bestehen.

Verifikationsprinzip: Die Bedeutung (der Sinn) einer Aussage ist die Methode seiner →*Verifikation* (Wiener Kreis). Variante: Eine Aussage ist sinnlos, wenn ihre Wahrheit keine praktischen Konsequenzen hätte (Ostwald, Peirce).

Literaturverzeichnis

(Zitiert wurde nach den Jahreszahlen hinter dem Namen. Wenn eine deutsche Übersetzung vorliegt, beziehen sich die Seitenangaben auf diese; wenn keine deutsche Ausgabe erwähnt wird, stammt die Übersetzung der Zitate von der Verfasserin.)

Anthony, L. (1993): „Conceptual Connection and the Observation/ Theory Distinction“, in *Grazer Philosophische Studien* Vol. 46, S. 135–162.

Arnauld, A./Nicole, P. (1972): *Die Logik oder die Kunst des Denkens*, Darmstadt: WBG.

Ayer, A. J. (1958): *Language, Truth and Logic*, London: Victor Gollancz; deutsche Übersetzung: *Wahrheit, Logik und Sprache*, Stuttgart: Reclam 1970.

Balzer, W. (1982): *Empirische Theorien: Modelle, Strukturen, Beispiele*, Braunschweig: Viehweg.

Balzer, W./Moulines, C. U./Sneed, J. D. (1987): *An Architectonic for Science. The Structuralist Program*, Dordrecht, Boston: Reidel.

Bartelborth, T. (1996): *Begründungsstrategien. Ein Weg durch die analytische Erkenntnistheorie*, Berlin: Akademie-Verlag.

Baßler, W. (1988): *Ganzheit und Element. Zwei kontroverse Entwürfe einer Gegenstandsbildung in der Psychologie*, Göttingen/Toronto/ Zürich: Verlag für Psychologie.

Belnap Jr. N. D./Massey, G. J. (1990): „Semantic Holism“, in *Studia Logica* Vol. 49, S. 67–82.

Block, N. (1986): „Advertisement for a semantics for psychology“, in P. French/T. Uehling/H. Wettstein (Hrsg.), *Midwest Studies in Philosophy* Vol. 10: *Studies in the Philosophy of Mind*, Minneapolis: University of Minnesota Press, S. 615–678.

Block, N. (1993): „Holism, Hyper-analyticity and Hyper-compositionality“, in *Mind and Language* Vol. 8, S. 1–26.

Bloor, D. (1976): *Knowledge and Social Imagery*, London: Routledge and Kegan Paul.

Bloor, D. (1983): *Wittgenstein: A Social Theory of Knowledge*. London: The Macmillan Press.

Boghossian, P. (1993): „Does Inferential Role Semantics Rest on an Mistake ?", in *Mind and Language* Vol. 8, S. 27–40.

Boghossian, P. A. (1994): „Inferential Role Semantics and the Analytic/Synthetic Distinction", in *Philosophical Studies* Vol. 73, S. 109–122.

Boghossian, P. A. (1996): „Analyticity Reconsidered", in *Noûs* Vol. 30, S. 360–391.

BonJour, L. (1985): *The Structure of Empirical Knowledge*", Harvard UP.

BonJour. L. (1978): „Can Empirical Knowledge Have a Foundation?", in *American Philosophical Quarterly* Vol. 15, S. 1–13.

Brandl, J. (1993): „Semantic Holism Is Here To Stay", in *Grazer Philosophische Studien* Vol. 46, S. 1–16.

Brandom, R. (1993): „The Social Anatomy of Inference", in *Philosophy and Phenomenological Research* Vol. LIII, S. 661–666.

Brentano, F. (1970): *Versuch über die Erkenntnis*, Hamburg: Meiner.

Carnap, R. (1931): Überwindung der Metaphysik durch logische Analyse der Sprache", *Erkenntnis* Vol. 2, S. 219–241.

Carnap, R. (1932): „Die physikalische Sprache als Universalsprache der Wissenschaft", in *Erkenntnis* Vol. 3, S. 432–465.

Carnap, R. (1974): *Der logische Aufbau der Welt*, Frankfurt, Berlin, Wien: Ullstein.

Churchland, P. M. (1993): „State-Space Semantics and Meaning Holism", in *Philosophy and Phenomenological Research* Vol. LIII, S. 667–672.

da Costa, N./French, S. (1995): „Partial Structures and the Logic of the Azande", in *American Philosophical Quarterly* Vol. 32, S. 325–339.

Davidson, D. (1986): „A Nice Derangement of Epitaphs", in Richard E. Grandy/Richard Warner (Hrsg.) *Philosophical Grounds of Rationality. Intentions, Categories, Ends*, Oxford: Clarendon Press, S. 157–174.

Davidson, D. (1984): *Inquiries into Truth and Interpretation*. Oxford: Oxford UP. Deutsche Übersetzung: *Wahrheit und Interpretation*. Frankfurt: Suhrkamp 1990

Devitt, M. (1993): „A Critique of the Case for Semantic Holism", in *Grazer Philosophische Studien* Vol. 46, S. 17–60.

Dreyfuß, H. (1980): „Holism and Hermeneutics", in *Review of Metaphysics* Vol. 34, S. 3–23.

Duhem, P. (1904/1905): „La theorie physique, son objet et sa structure", in *Revue de Philosophie* IV–VI. Deutsche Übersetzung: *Ziel und Struktur physikalischer Theorien*, Hamburg: Meiner 1978.

Dummett, M. (1973): *Frege, Philosophy of Language*, London: Duckworth.

Dummett, M. (1988): *Ursprünge der analytischen Philosophie*. Frankfurt: Suhrkamp.

Ehrenfels, C. v. (1980): „Über ‚Gestaltqualitäten'", in *Vierteljahresschrift für wissenschaftliche Philosophie* XIV. Wiederabgedruckt in F. Weinhandl (Hrsg.): *Gestalthaftes Sehen. Ergebnisse und Aufgaben der Morphologie*, Darmstadt: WBG, S. 11–46, ergänzt durch „Weiterführende Bemerkungen" (1922), ebd. S. 47–60, und „Über Gestaltqualitäten" (1932), ebd. S. 61–63.

Evans-Pritchard, E. E. (1937): *Witchcraft, Oracles and Magic among the Azande*, Clarendon Press. Deutsche Übersetzung: *Hexerei, Orakel und Magie bei den Zande*, Frankfurt: Suhrkamp 1988.

Fine, K. (1995): „Part-Whole", in Barry Smith and David Woodruff Smith (Hrsg.), *The Cambridge Companion to Husserl*, Cambridge: Cambridge UP, S. 463–487.

Fodor, J./Lepore, E. (Hrsg.)(1993): „Holism: A Consumer Update", in *Grazer Philosophische Studien* Vol. 46, S. I–II.

Fodor, J./Lepore, E. (1992): *Holism, a Shopper's Guide*, Oxford/Cambridge USA: Blackwell.

Fodor, J./Lepore, E. (1993a): „Précis of *Holism: A Shopper's Guide*", und *Reply to Critics* in *Philosophy and Phenomenological Research* Vol. LIII, S. 637–640 und 673–682.

Fodor, J./Lepore, E. (1993b): „Reply to Block and Boghossian", in *Mind and Language* Vol. 8, S. 41–48.

Fodor, J. & LePore, E. (1994): „Replies to Boghossian and Perry", in *Philosophical Studies* Fodor, J./Lepore, E. Vol. 73, S. 139–147.

Foellesdal, D. (1973): „Indeterminacy of Translation and Under-Determination of the Theory of Nature", in *Dialectica* Vol. 27, S. 289–301.

Frazer, J. G. (1977): *The Golden Bough*, deutsche Übersetzung: *Der goldene Zweig, Eine Studie über Magie und Religion*, 2 Bde, Frankfurt: Ullstein.

Frege, G. (1967): *Kleine Schriften*, Darmstadt/Hildesheim: WBG.

Frege, G. (1986): *Grundlagen der Arithmetik*, Hamburg: Felix Meiner.

Frege, G.(1976): *Wissenschaftlicher Briefwechsel*, Hamburg: Felix Meiner.

Frege, Gottlob (1969): *Nachgelassene Schriften*, Hamburg: Felix Meiner.

Garver, N. (1984): „Die Lebensform in Wittgensteins Philosophischen Untersuchungen", in: *Grazer Philosophische Studien* Vol. 21, S. 33–54.

Garver, N. (1994): *This Complicated Form of Life: Essays on Wittgenstein*, La Salle: Open Court.

Gauker, C. (1993): „Holism without Meaning: a critical review of Fodor and LePore's *Holism: A Shopper's Guide*", in *Philosophical Psychology* Vol. 6, S. 441–449

Gibson, R. (1974): *The Philosophy of W. V. Quine*, Tampa: University of South Florida.

Glüer, K. (1993): *Donald Davidson zur Einführung*, Hamburg: Junius.

Gochet, P. (1986): *Ascent to Truth*, München, Wien: Philosophia.

Grelling, K./Oppenheim, P. (1938): „Der Gestaltbegriff im Lichte der neuen Logik", in *Erkenntnis* Vol. 7, 211–225.

Grünbaum, A. (1960): „The Duhemian Argument", in S. Harding (Hrsg.), *Can Theories be Refuted ?* Dordrecht: Reidel.

Hacking, I. (1975): *Why Does Language Matter to Philosophy?* Cambridge: Harvard UP; deutsche Übersetzung: *Die Bedeutung der Sprache für die Philosophie*, Meisenheim: Anton Hain 1984.

Hahn, L. E./Schilpp, P. A. (Hrsg.) (1986): *The Philosophy of W. V. O. Quine*, LaSalle/Ill.: Open Court.

Haller, R. (1984), „Lebensform oder Lebensformen? – Eine Bemerkung zu N. Garvers ‚Die Lebensformen in Wittgensteins Philosophischen Untersuchungen'", in: *Grazer Philosophische Studien* Bd. 21 (1984), S. 55–63.

Haller, R. (1991): „Atomism and Holism in the Vienna Circle", in Gerhard Schurz/Georg J. W. Dorn (Hrsg.), *Advances in Scientific Theory*, Amsterdam: Rodopi.

Harding, S. (1960): *Can Theories be Refuted?. Essay on the Duhem-Quine-Thesis*, Dordrecht/Boston: Reidel.

Harman, G. (1993): „Meaning Holism Defended", in *Grazer Philosophische Studien* Vol. 46, S. 163–172.

Harman, G. (1996): „Analyticity Regained?" in *Noûs* Vol. 30, S. 392–400.

Harrington, Anne (1996): *Reenchanted Science. Holism in German Culture from Wilhelm II to Hitler.* Princeton: Princeton UP.

Heal, J. (1994): „Semantic Holism: Still a Good Buy" in *Proceedings of the Aristotelian Society* Vol. 14, S. 325–339.

Henderson, D. K. (1987): „The Principle of Charity and the Problem of Irrationality", in *Synthese* Vol. 73, S. 224–252.

Hollis, M. (1994):*The Philosophy of Social Science. An Introduction.* Cambridge: Harvard UP. Deutsche Übersetzung: *Soziales Handeln. Eine Einführung in die Philosophie der Sozialwissenschaft,* Berlin: Akademie Verlag 1995.

Hollis, M./Lukes, S. (1982): *Rationality and Relativism,* Cambridge: M.I.T. Press.

Hume, D. (1973): *A Treatise on Human Nature*; deutsche Übersetzung: *Ein Traktat über die menschliche Natur,* Hamburg: Reclam.

Hume, D. (1984): *An Enquiry Concerning Human Understanding*; deutsche Übersetzung: *Eine Untersuchung über den menschlichen Verstand,* Hamburg: Reclam.

Husserl, E. (1992): *Logische Untersuchungen* Bd. 1 und 2, in *Gesammelte Schriften* Bd. 2 und 3, Hamburg: Felix Meiner.

Jennings, R.C. (1989): „Zande Logic and Western Logic", in *British Journal for the Philosophy of Science* Vol. 40, S. 275–285.

Kanizsa, G. (1994): „Gestalt theory has been misinterpreted, but has also had some real conceptual difficulties", in *Philosophical Psychology* Vol. 7, S. 149–162.

Kant, I. (1956): *Kritik der reinen Vernunft,* Hamburg: Meiner.

Kant, I. (1959): *Schriften zur Metaphysik und Logik,* Darmstadt: WGB.

Kippenberg, H./Luchesi, B. (Hrsg.) (1987): *Magie. Die sozialwissenschaftliche Kontroverse über das Verstehen fremden Denkens.* Frankfurt: Suhrkamp.

Köhler, W. (1920): *Die Physischen Gestalten in Ruhe und im stationären Zustand. Eine naturphilosophische Untersuchung.* Braunschweig: Vieweg.

Köhler, W. (1933): *Psychologische Probleme.* Berlin: Springer.

Köhler, W. (1983): „Gestaltprobleme und Anfänge einer Gestalttheorie", Reprint aus *Jahresberichte über die gesamte Physiologie und experimentelle Pharmakologie für das Jahr 1922*, 1925, S. 512–539, in *Gestalt Theory* Vol. 5, S. 178–205.

Köhler, W. (1971): *The Task of Gestalt Psychology*, Princeton: Princeton UP; deutsche Übersetzung: *Die Aufgabe der Gestaltpsychologie*. Berlin/New York: de Gruyter.

Kuhn, T. S. (1962): *The Structure of Scientific Revolutions*, University of Chicago, 2. Aufl. 1970; deutsche Übersetzung: *Die Struktur wissenschaftlicher Revolutionen*, Suhrkamp-Verlag, Frankfurt 1976.

Künne, W. (1993): „Truth, Meaning and Logical Form", in Stoecker 1993, S. 1–21

Lauener, H. (1982): *Williard Van Orman Quine*, München: Beck.

Leibniz, G. W. (1982): „Über den ersten Ursprung der Dinge", in ders., *Fünf Schriften zur Logik und Metaphysik*, Stuttgart: Reclam.

Lerner, D. (1963): *Parts and Wholes*, New York: The Free Press of Glencoe.

Levine, J. (1993): „Intentional Chemistry", in *Grazer Philosophische Studien* Vol.46, S. 103–134.

Locke, J. (1975): *An Essay Concerning Human Understanding*, Oxford: Oxford UP.

Lotze, H. (1874, 1912): *Logik. Drei Bücher vom Denken, vom Untersuchen und vom Erkennen*. Leipzig: Felix Meiner.

Ludwig, K. A. (1993): „Is Content Holism Incoherent?", in *Grazer Philosophische Studien* Vol. 46, S. 173–196.

Lütterfelds, W. (1995): „Der Konflikt der Lebensformen in Wittgensteins Philosophie der Sprache", in *Wittgenstein Studies* Vol. 2, Datei 06-2-95.txt (Diskette).

Malinowski, B. (1986): *Schriften zur Anthropologie*, Frankfurt: Syndikat.

Malpas, I. E.(1992): *Donald Davidson and the mirror of meaning*, Cambridge: Harvard UP.

Malpas, J. (1988): „The Natur of Interpretative Charity", in *Dialectica* Vol. 42, S. 17–36.

Malpas, J. (1991): „Holism and Indeterminacy", in *Dialectica* Vol. 48, S. 47–58.

McCarty, D. C. (1991): „The Philosophy of Logical Wholism", in *Synthese* Vol. 87, S. 51–123.

McLaughlin, B. P. (1993): „On Punctate Content and Conceptual Role", in *Philosophy and Phenomenological Research* Vol. VIII, S. 653–659.

Meinong, A. (1890): „Zur Psychologie der Komplexionen und Relationen“, in *Vierteljahresschrift für wissenschaftliche Psychologie*, S. 249–292.

Mikenberg, I./da Costa, N./Chuaqui, R. (1986): „Pragmatic Truth and Approximation to Truth“, in *The Journal of Symbolic Logic* Vol. 51, S. 201–221.

Moser, P. (1985): *Empirical Justification*, Dordrecht: Reidel.

Moulines, C. U. (1986): „The Ways of Holism“, in *Noûs* Vol. 20, S. 313–331.

Moulines, C. U. (1996): „Structuralism: The Basic Ideas“, in W. Balzer/ C. U. Moulines (Hrsg.), *Structuralist theory of Science*, Berlin, New York: de Gruyter, S. 1–15.

Mühlhölzer, F. (1990): „Williard Van Orman Quine. Partnerschaft zwischen Philosophie und den Naturwissenschaften“, in *Philosophen des 20. Jahrhunderts*, Hrsg. Margot Fleischer, Darmstadt: WBG.

Nagel, E. (1963): „Wholes, Sums and Organic Unities“, in Lerner 1963, S. 135–156.

Neurath, O. (1931): „Physikalismus“, in ders. 1991, S. 417–421.

Neurath, O. (1931): „Wege der wissenschaftlichen Weltauffassung“, in ders. 1981, S. 371–386.

Neurath, O. (1932): „Protokollsätze“, in *Erkenntnis* Vol. 3, 1932/33, S. 204–214.

Neurath, O. (1991): *Gesammelte philosophische und methodologische Schriften*, herausgegeben von R. Haller und R. Rutte, Wien: Hölder-Pichler-Tempsky.

Pacherie, E. (1994): „Holophobia“, in *Acta Analytica* Vol. 12, S. 105–112.

Palmer, S. (1990): „Modern Theories of Gestalt Perception“, in *Mind and Language* Vol. 5, S. 289–321.

Pears, David (1990): „Wittgenstein's Holism“, in: *Dialectica* Vol. 44, S. 166–173.

Perry, John (1994): „Fodor and Lepore on Holism“, in *Philosophical Studies* Vol. 73, S. 123–138.

Peruzzi, A. (1993): „Holism: The Polarized Spectrum“, in *Grazer Philosophische Studien* Vol. 46, S. 231–282.

Petrick, J. (1991): „Every Dogma Must Have Its Day“, in *Communication and Cognition* 24, S. 137–148.

Planck, M. (1910): *Acht Vorlesungen über Theoretische Physik*, Leipzig: S. Hirzel.

Poe, E. A. (1980): *Phantastische Geschichten*, München: Lothar Borowsky.

Puntel, B. (1978): *Wahrheitstheorien in der neueren Philosophie*, Darmstadt: WBG.

Putnam, H. (1986): „Quine's Holism". With Reply by Quine, in *Hahn/ Schilpp* (1986), S. 405–432.

Putnam, H. (1987): „Meaning Holism and Epistemic Holism", in Cramer et al. (Hrsg.), *Theorie der Subjektivität*, Frankfurt: Suhrkamp, S. 251–277.

Quine, W. V. O. (1951): „Two Dogmas of Empiricism", wiederabgedruckt in *From a Logical Point of View*, Cambridge: Harvard UP 1953. Deutsche Übersetzung: *Von einem logischen Standpunkt*, Frankfurt: Ullstein-Verlag, 1979.

Quine, W. V. O. (1960): *Word and Object*. Cambridge/Mass.: M.I.T. Press. Deutsche Übersetzung: *Wort und Gegenstand*. Stuttgart: Reclam 1980

Quine, W. V. O. (1974): *The Roots of Reference*, La Salle/Ill.: Open Court. Deutsche Übersetzung: *Die Wurzeln der Referenz*, Frankfurt: Suhrkamp.

Quine, W. V. O. (1981): *Theories and Things*, Cambridge: Harvard UP. Deutsche Übersetzung: *Theorien und Dinge*, Frankfurt 1985.

Quine, W. V. O. (1990): *Pursuit of Truth*, Cambridge: Harvard UP.

Quine, W. V. O. (1991): „Two Dogmas in Retrospect", in *Canadian Journal of Philosophy* Vol. 21, S. 265–274.

Ramberg, B. T. (1989): *Donald Davidson's Philosophy of Language. An Introduction*, Oxford: Basil Blackwell.

Rescher, N. (1980): „Conceptual Schemes", in *Midwest Studies in Philosophy* Vol. 5, S. 323–345.

Rey, G. (1993): „Idealized Conceptual Roles", in *Philosophy and Phenomenological Research* Vol. LIII, S. 667–652.

Rorty, R. (1972): „The World Well Lost", in *The Journal of Philosophy* Vol. 69, S. 649–667.

Rorty, R. (1979): *Philosophy and the Mirror of Nature*, Princeton: Princeton UP, deutsche Übersetzung: *Der Spiegel der Natur: eine Kritik der Philosophie*, Frankfurt: Suhrkamp, 1987.

Rorty, R. (1989): *Contingency, Irony and Solidarity*, Cambridge UP. Deutsche Übersetzung: Kontingenz, Ironie und Solidarität, Frankfurt: Suhrkamp 1992.

Rorty, R. (1997): „Relativismus: Entdecken und Erfinden", in *Information Philosophie* Heft 1, S. 5–23

Rota, G.-C. (1989): „Fundierung as a Logical Concept", *The Monist* Vol. 72, S. 70–77.

Rumi, D. (1988). *Von Allem und vom Einen. Fihi man fihi*, München: Diederichs.

Sauer, W. (1989): „Carnap 1928–1932", in *Traditionen und Perspektiven der Analytischen Philosophie. Festschrift für Rudolf Haller*, hrsg. von W. Gombocz/H. Rutte/W. Sauer, Wien: Hölder-Pichker-Tempsky, S. 173–186.

Savigny, E. V. (1995): „Bedeutung, Sprachspiel, Lebensform", in *Wittgenstein Studies* Vol. 2, Datei 11-2-95.txt (Diskette)

Schleichert, H. (Hrsg.)(1975): *Logischer Empirismus – der Wiener Kreis*. München: Wilhelm Fink-Verlag.

Schlick, M. (1933/34): „Über den Begriff der Ganzheit" in Schlick 1969, S. 252–266.

Schlick, M. (1934): „Über das Fundament der Erkenntnis", in Schlick 1969, S. 289–310.

Schlick, M. (1969): *Gesammelte Aufsätze 1926–1936*, Hildesheim: Olms.

Schlick, M. (1987): „Gestaltpsychologie". Seminar über „Philosophie der Psychologie (1033/34), autorisiertes Manuskript von Dr. Käthe Steinhardt, in *Conceptus* Vol. XXI, S. 127–142.

Sellars, J. R. (1963): *Science, Perception and Reality*, London, New York: Routledge and Kegan Paul.

Simon, J. (1995): Lebensformen. Übergänge und Abbrüche. In *Wittgenstein Studies* Vol. 2, Datei 14-2-95.txt (Diskette).

Simons, P. (1982): „The Formalisation of Husserl's Theory of Wholes and Parts", in Barry Smith 1982, S. 113–159.

Simons, P. (1988): „Gestalt and Functional Dependence", in Barry Smith 1988, S. 158–189.

Simons, P.(1987): *Parts. A Study in Ontology*. Oxford: Oxford UP.

Smith, B. (1982): *Parts and Moments*, München/Wien: Philosophia.

Smith, B. (1988): *Foundations of Gestalt Theory*, München/Wien: Philosophia.

Smuts, J. C. (1938): *Die holistische Welt*, Berlin: Alfred Metzner.

Sosa, E. (1986): „‚Circular' Coherence and ‚Absurd' Foundation", in E. LePore (Hrsg.), *Truth and Interpretation. Perspectives on the Philosophy of Donald Davidson*, Oxford: Basil Blackwell, S. 387–397.

Sperber, D. (1982): „Apparently Irrational Beliefs", in M. Hollis und S. Lukes, S. 149–180.

Stegmüller, W. (1973): „Logische Analyse der Struktur ausgereifter physikalischer Theorien. ‚Non-statement view' von Theorien" in *Probleme und Resultate der Wissenschaftstheorie und Analytischen Philosophie Band II: Theorie und Erfahrung*, Studienausgabe Teil D, Berlin, Heidelberg, New York: Springer.

Stegmüller, W./Varga v. Kibéd, M. (1984): *Strukturtypen der Logik*, Berlin/Heidelberg/NewYork: Springer.

Stern, D. (1991): „The ‚Middle Wittgenstein': From Logical Atomism to Practical Holism", in *Synthese* Vol. 87, S. 203–226.

Stoecker, R. (Hrsg.)(1993): *Reflecting Davidson. Donald Davidson Responding to an International Forum of Philosophers*, Berlin: de Gruyter.

Suppe, F. (1989): *The Semantic Conception of Truth and Scientific Realism*, University of Illinois Press.

Swindler, J. K. (1991): „Davidson's Razor", in *Southwestern Philosophical Review* Vol. 7, S. 87–99.

Tarski, A. (1935): *Der Wahrheitsbegriff in den formalisierten Sprachen*, Lemberg; abgedruckt in K. Berka/L. Kreiser, *Logik-Texte*, Berlin: Akademie-Verlag 1971, S. 445–559.

Tarski, A. (1935a): „Grundlegung der wissenschaftlichen Semantik", in *Actes du Congrès International du Philosophie Scientifique*, Vol. III: Language et Pseudo-Problèmes, Paris: Sorbonne, S. 1–8.

Tarski, A. (1944): „Die semantische Konzeption der Wahrheit und die Grundlagen der Semantik", in *Wahrheitstheorien*, hrsg. v. G. Skirbekk, Frankfurt: Suhrkamp, S. 140–187.

Triplett, T. (1988): „Azande Logic Versus Western Logic?", in *The British Journal for the Philosophy of Science* Vol. 39, S. 361–366.

Triplett, T. (1990): „Recent Work on Foundationalism", in *American Philosophical Quarterly* Vol. 27, S. 93–116.

Uebel, T. (1992): *Overcoming Logical Positivism from Within*. Amsterdam: Rodopi.

Vuillemin, J. (1986): „On Duhem's and Quine's Thesis", in Hahn/ Schilpp (1986), S. 395–622.

Wagner, S. (1986): „Quine's Holism", in *Analysis* Vol. 46, S. 1–6.

Weir, A. (1985): „Against Holism", in *The Philosophical Quarterly* Vol. 35, S. 225–244.

Wertheimer, M. (1927): „Über Gestalttheorie", in *Symposion. Philosophische Zeitschrift für Forschung und Aussprache* Vol. 1, S. 39–60.

Winch, P. (1987): „Was heißt ‚eine primitive Gesellschaft verstehen'?" in Kippenberg 1987, S. 73–120.

Wittgenstein, L. (1968): *Vorlesungen und Gespräche über Ästhetik, Psychologie und Religion*, Göttingen: Vandenhoeck & Ruprecht.

Wittgenstein, L. (1980): *Briefe*. Frankfurt: Suhrkamp.

Wittgenstein, L. (1984): *Werkausgabe*. Frankfurt: Suhrkamp. Bd. 1: *Tractatus Logico-Philosophicus* (TLP) und *Philosophische Untersuchungen* (PU); Bd. 5: *Das Blaue Buch* (BL); Bd. 6: *Bemerkungen über die Philosophie der Mathematik* (BM); Bd. 8: *Über Gewißheit* (G).

Wittgenstein, L. (1989): *Vortrag über Ethik*, Frankfurt: Suhrkamp.

Wundt, W. (1919): *Logik. Eine Untersuchung der Prinzipien der Erkenntnis und der Methoden wissenschaftlicher Forschung*. Vierte, bearbeitete Auflage, Stuttgart: Ferdinand Enke.

Register

Abhängigkeit 49, 60ff.,78, 185
Abstraktion 24, 55, 72f., 85f., 112f.,160, 188
Ähnlichkeit 72f.
Analyse 24f., 53, 127
analytisch 125–132, 184f., 201, 239, 243
analytische Hypothese 147
Anatomismus 32, 185, 243
Assoziation 18ff., 26, 45f., 51, 93
Atomismus 40–46, 49, 61, 78, 89, 159, 220, 243
Äußerung 162f., 174, 178, 182, 194
Azande 14, 122ff., 214ff., 229

Basissatz s. Protokollsatz
begriffliche Rolle s. inferentielle Rolle
Begriffsschema 17, 194f., 227
Beobachtung 20, 95, 98, 106f., 112, 146
beobachtungskategorisch 142, 155
Beobachtungssatz (s. a. Protokollsatz) 97, 140ff., 156
Bestätigung 39, 123f., 133–137
Bild 99f.
Block, N. 77
Bloor, D. 220
BonJour, L. 119
Brentano, F. 48, 52

Carnap, R. 21ff., 67ff., 78, 92, 99, 102, 104, 108–112, 130, 161
Churchland, P. M. 188
da Costa, N. 222ff.

Davidson, D. 9, 28, 125, 160, 191, 193, 196f., 200, 206f., 216
Descartes, R. 47, 52
Dilthey, W. 47, 52
Dreyfuß, H. 207
Duhem, P. 20f., 33, 92, 112, 124, 135, 150
Duhem-Quine-These s. Quine-Duhem-These
Dummett, M. 8, 34f., 183, 189, 200

Ebbinghaus, J. 47
Ehrenfels, C. v. 18, 49f.,62
eidetische Variation 62f., 88, 116, 161, 229
Erlebnisstrom 71f., 78, 138, 234
Evans-Pritchard, E. E. 14f., 124, 136, 216ff., 222ff.

Evidenz 49, 204

Feld 24, 30, 52, 153
Fodor, J. 31f., 183ff., 228
Frazer, J. G. 145f., 219
Frege, G. 27, 29, 72, 81, 85-90, 103, 116, 122f., 128f.
funktionale Rolle s. inferentielle Rolle
Fundament 60, 89ff., 97, 104ff., 112, 120, 134, 160, 182, 201, 208ff.
Fundierung 60–69, 73, 96, 104, 185, 189, 211, 233, 244

Ganzes 23ff., 53–60, 66
Gegebenes 52, 71
Genese 42f., 45, 82f.
Gestalt 18ff., 49–53, 65, 159
Gestaltqualität 50, 60, 65
Gestalttheorie 17ff., 38f., 50ff., 92, 107, 186
Gewißheit 111, 200–209
Gochet, P. 153
Goethe, J. W. 47
Grelling, K. 52
Grünbaum, A. 152

Hacking, J. 139, 174
Handlung 206, 209, 220ff.
Holismus, Bestätigungs- 151, 244
Holismus, praktischer 193ff., 196, 208, 220, 244
Holismus, radikaler 137, 151, 161
Holismus, semantischer 151, 156, 159ff., 188, 216, 244
Holismus, Übersetzungs- 151ff., 188, 244
holophrastisch 144, 151, 155
Hume, D. 45
Husserl, E. 50, 62ff., 69, 78, 105, 116, 161, 186, 189, 211
Hypothese 20f., 106f., 109, 112, 140, 150, 170, 207f.

Idee 40–46, 127
inferentielle Rolle 77, 183ff.
Inkommensurabilität 152, 197
Interpretation 17, 20, 163, 166–182, 194, 228, 245
Invarianz 50, 210

Jennings, R. C. 220

Kant, I. 53, 84, 46, 95, 127
Koffka, K. 52
Kohärenz 112–116, 245
Köhler, W. 30, 39f., 49, 52f., 153
Kommunikation 34f., 180, 189f., 200
Komplex 19, 26, 45, 70, 189
Kompositionalität 55, 162, 245
Konsistenz 169, 190, 216–226, 245
Konstatierung 104–108
Konstitutionssystem 67–76, 108
Kontextprinzip 55, 161
Kontingenz 198f.
Konvention 130, 132, 152, 178ff.
Konvention W 165
Kuhn, T. S. 30, 195, 198

Lebensform 208–214
Leibniz, G. W. 44, 126f.

Lepore, E. 31f., 183ff., 228
Locke, J. 44, 49
Logik 15, 40f., 84f., 141, 172, 215ff.
Lokalismus 185

Mach, E. 18, 60
Magie 14, 123ff., 145, 219
Malinowski, B. 121f., 139, 144, 212
Meinong, A. 29, 49, 54f., 60ff., 78
Mereologie 56, 62, 245
Metasprache 163–167, 238
methodologischer Satz 207
Modelltheorie 224
Molekularismus 185, 245
Moore, G. E. 201, 209
Moser, P. 118

Nagel, E. 56ff., 67
Netz 25, 124, 133ff., 147, 153f., 156, 195f., 207
Neurath, O. 18, 92, 98f., 112–116, 125, 138, 173, 182

Objektsprache 165, 238
Ontologie, formale 62
Oppenheim, P. 52
Organismus 21, 38
Ostwald, W. 7, 55, 82, 92, 133

Paradigma 30, 37, 195
passing theory 180f., 197
Peirce, Ch. S. 121, 217
Peruzzi, A. 186
Phänomen 47, 105f., 116
Phi-Phänomen 51f., 64
Physikalismus 109ff.
Planck, M. 37, 49
Prinzip der Nachsicht 169ff., 175, 217, 227, 238, 245
prior theory 180ff.
Privatsprache 114, 125, 150, 173
Proposition 90, 206ff., 222, 229, 245
Protokollsatz 93, 97ff., 103, 109–116, 246
Putnam, H. 152

Quine, W. V. O. 10, 18, 30, 85, 121, 125–159, 173, 182, 190, 193, 206, 215f.
Quine-Duhem-These 28, 135, 246

radikale Interpretation 17, 125, 163, 167–175, 211, 245
radikale Übersetzung 17, 125, 137–145, 146, 163, 168, 211, 246
Rationalität 169f., 190, 195, 214f., 219, 229
Rechtfertigung 42, 81ff., 97
Reduktion 60f., 185
Reizbedeutung 139–145, 152, 155
Rey, G. 77
Rorty, R. 11, 33, 193, 195–200, 229
Rumi, D. 40f.
Russell, B. 70

Scheinsatz 101
Schlick, M. 26, 55f., 92, 96, 99, 104–108
Simon, J. 240
Sinn 87, 125ff.
Sinnesdatum 18, 45, 138

slippery slope 35, 177, 183
Smuts, J. C. 13, 23ff., 30, 32, 52, 153
Sperber, D. 222, 224
Spracherwerb 72, 138, 149, 161
Sprachgebrauch 77, 114, 164, 178ff., 188ff., 220, 229
Sprachspiel 204f., 207, 209f., 222
Stegmüller, W. 23
Struktur, partielle semantische 224ff.
Strukturbeschreibung 21ff., 75, 102, 108f., 116, 186
Subjektivität 75f., 107ff., 114, 150
Substitution 131, 133, 189
Summe 26, 53–60
synthetisch 125–132, 184f., 243

Tarski, A. 163–167, 169, 190
Täuschung, optische 50f.
Tautologie 127, 129f., 163, 179
Teil 40ff., 53–60, 63f.
Theorieabhängigkeit 14, 112, 122, 209
Transponierbarkeit 19, 61
Triplett, T. 218
Typentheorie 70

Übersetzung 16, 111, 137f.
Übersetzungsmanual 147, 168
Übersummativität 19
Unbestimmtheit 33, 148, 151, 160, 172ff.
Urinterpretation s. radikale Interpretation
Urübersetzung s. radikale Übersetzung

Verifikation 82, 92–99, 133, 164, 246
Verstehen 34f., 162, 164, 188ff., 200
Vokabular 33, 197, 200f., 229
Vuillemin, J. 152

Wahrheit 93, 115, 165ff., 196f.
Wahrheitsbedingung 134, 164, 191, 203
Wahrheitstheorie 163–167, 169, 190,
Wahrnehmung 48, 51, 62
Waismann 95f., 99
Weltbild 69, 125, 204
Wertheimer, M. 51f.
Winch, P. 124
Wirkungssystem 52f.
Wittgenstein 7, 12, 67f., 99–103, 114, 116ff., 161, 186, 193, 200–229, 241
Wundt, W. 87

Zerlegung 127, 147